미래 인문학 트렌드

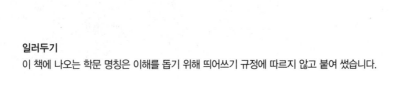

일러두기
이 책에 나오는 학문 명칭은 이해를 돕기 위해 띄어쓰기 규정에 따르지 않고 붙여 썼습니다.

의료인문학

진화심리학　신경인문학

디지털인문학　생명인문학

우리가 꼭 알아야 할
미래 인문학 트렌드

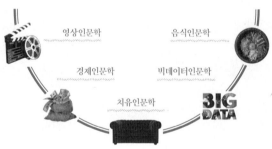

영상인문학　음식인문학

경제인문학　빅데이터인문학

치유인문학

BIG DATA

김시천 기획·대담 | 박석준 외 지음

아날로그

ʒ 차례 ϵ

1부 삶, 사회와 소통하는 인문학

2부 과학, 정보통신기술과 융합하는 인문학

10장 디지털인문학 오준호: 매체 연구자
디지털 세대에게 인문학을
어떻게 가르쳐야 할까?

인문학은
시대마다 늘 모습을 달리했다

소크라테스와 공자는 인문학을 몰랐다?

며칠 전에 꿈을 꾸었다. 이 책의 서문을 쓰기 위해 이 궁리 저 궁리를 하던 차에 꿈에서 소크라테스와 공자를 만난 것이다. 꿈속에서 나는 연이어 두 사람을 만나 잠깐의 대화를 나누었다. 춘추(春秋)시대 노(魯)나라의 말이나 소크라테스 시대 아테네의 말을 몰랐던 내가 어떻게 그들과 소통할 수 있었는지는 모르겠다.

현실에서는 불가능한 만남이었기에 매우 설레었고, 언제 깰지 모른다는 불안감에 다짜고짜 궁금한 사항들을 물었다.

"인문학이란 무엇인가요?"

그러자 두 사람은 의아한 듯이 내게 되물었다.

"자네가 말하는 인문학이 무엇인가?"

나는 놀라지 않을 수 없었다. 하지만 공손하게 대답했다.

"인문학이란 서양 말로는 휴머니티즈(Humanities) 혹은 자유학예 (Liberal Arts)라고도 하고, 동양 말로는 '문사철(文史哲)', 즉 문학과 역사, 철학을 아우르는 말입니다."

그러자 소크라테스는 더욱 답답한 듯 다시 물었다.

"문학, 역사, 철학이라고? 내 제자 플라톤은 시인을 추방하자는 주장을 펼쳤지. 철학은 아마 애지자의 학(學)인 지혜에 대한 사랑(Philosophia)을 말하는 것 같은데, 인문학은 뭘 하는 것인가?"

공자 역시 못 알아듣겠다는 듯이 물었다.

"인문학이라고? 그건 어떤 사람들이 하는 것인가? 그게 군자(君子) 의 학을 말하는 것인가?"

그 순간 질문이 잘못됐음을 깨달았다. 소크라테스와 공자가 살았던 시대에는 '인문학'이란 말이 없었고, 대학도 없고 철학과와 사학과도 없었다는 것을 말이다. 순식간에 그간 책을 통해 익혀온 사항들이 머릿속을 스쳐 지나갔다. '자유학예'는 7학과로도 불리며 본래 자유 시민들의 교양으로, 중세 대학에서는 문법, 수사학, 논리학(변증술)과 산술, 기하학, 점성술, 음악을 가리킨다는 것을 말이다. 소크라테스가 인문학을 모른다는 것은 너무 당연한 일이다.

그렇다면 우리가 아는 문사철로서의 인문학은 어쩌면 인문대학이라는 단과대학의 문 앞에 새겨진 말일 뿐인지도 모른다. 서양 중세 대학에서 유래했지만, 우리에게 전해진 문사철로서의 인문학은 근대 유럽과 미국을 거쳐 자유로운 사고를 계발하기 위한 교양교육으로 새롭게 편제된 것임을 나는 다시금 깨달았다. 엄밀한 의미에서 보면 '자유학예'에서 '인문학'으로 바뀐 것도 최근의 일이다.

인문학은 역사의 산물이며 시대마다 내용과 목적이 바뀌었다는 것은 누구나 아는 사실이다. 이는 동아시아 학문에서도 마찬가지다. 전통적으로 동아시아 문헌은 '경사자집'(經史子集)으로 편찬되었고, 조선의 과거제도는 시문(詩文)을 위주로 하는 '진사과'(進士科)와 경학을 중심으로 하는 '생원과'(生員科)로 나뉘었다. 그리고 과거는 국가를 통치하는 관리가 되기 위한 시험이었다.

이미 눈치챈 독자들이 있겠지만 지금까지의 이야기는 꿈을 핑계로 지어낸 가상의 이야기다. 이런 장황한 이야기를 한 까닭은, 인문학이 역사를 초월하여 늘 존재했던 그런 학문이 아니라, 시대에 따라 사람에 따라 물음의 내용이 달랐고, 그 분야에 종사한 사람들의 직업이 달랐고, 소속된 기관이나 사회 제도가 달랐으며, 따라서 사회적 역할 또한 달랐음을 말하려는 것이다. 달리 말해 인문학도 늘 변해왔다는 것이다.

인문학의 위기와 붐, 어떻게 이해할까?

요즘 우리 사회를 보면, 인문학과 관련하여 설명하기 어려운 모순된 현상이 계속되고 있다. 학문의 전당인 대학에서는 '인문학 위기'라는 논란이 분분하다면 사회에서는 '인문학 붐'이 열기를 더해가는 모습이다. 한편에서는 위기라고 하는데 다른 한편에서는 붐이 일어나고 있으니 참으로 기묘한 일이다. 그렇다면 정말 인문학은 위기인가, 아니면 호황을 누리고 있는 건가?

대학에서 철학을 공부했고, 글을 쓰고 강의를 하며 학자로서 살아가는 내게 이 문제는 학문적 물음이기 이전에 실존적인 문제, 먹고사는 것과 직결되는 절박한 현실이다. 하지만 내가 대학원에 진학하던 1990년대 초반만 해도 인문학이 위기라는 말은 없었고, 현실로 직접 느낄 정도의 상황도 아니었다. 왜냐하면 그때까지는 박사과정에 진학하면 일단 교양 강의를 담당하면서 최소한의 경제적 문제를 해결할 수 있었기 때문이다.

하지만 내가 박사과정에 들어간 1996년 무렵 상황이 크게 바뀌었다. 게다가 1997년 'IMF 구제 금융'을 받아야 하는 경제 위기를 겪으면서 위기감은 더욱 증폭되었다. 기업의 구조조정 바람은 대학에까지 몰아쳤고, 대학에서 인문학 관련 교양과목은 축소되거나 인기 있는 강좌로 대체되기 시작했다. 1990년대 말의 '인문학 위기 담론'은 이런 배경에서 나왔을 것이다.

다른 한편 대학 입시에서 '논술' 비중이 커지면서 많은 인문학 전공자들이 학원에서 강의를 하면서 경제 문제를 해결했다. 그 가운데 일부는 학원 강의를 통해 경제적 부를 축적하기도 했다. 그리고 세기말과 21세기에 들어서면서 조선의 역사와 18세기 문학, 일제 강점기의 문화 연구가 큰 호응을 받으며 유행했고, 일반 시민의 지적 욕구를 채워주는 인문학 강좌가 유행하면서 인문학 붐이 일어나는 듯 보였다.

하지만 대학의 상황은 이와 전혀 달랐다. 90년대 말부터 일부 대학의 철학과가 사라지고 문화콘텐츠학과 혹은 문화기획학과 같은 명칭으로 바뀌었다. 21세기에 들어서면서 이러한 흐름은 더욱 강화되었다. 1990년대 초반까지 인문대학은 철학과와 국문학과, 사학과 그리고 영어영문학과, 불어불문학과, 독어독문학과 등으로 구성되어 있었으나 학과들은 점차 통폐합되고, 인문학 관련 교양과목은 실용적인 강좌로 대체되었다.

대학의 상황만을 놓고 보자면 인문학이 위기인 건 틀림없다. 게다가 인문대학 출신 졸업자의 취업률이 갈수록 하락하는 상황은 전반적인 대학 졸업자 취업률 부진이라는 현실과는 상관없이 인문학을 전공해서는 취업이 힘들다는 사회적 인식을 더욱 확고히 했다. 모든 것은 '취업'을 중심으로 재편되었고, 취업에 불리한 것은 대학에서 축소되거나 바뀌고 있다. 그것이 바람직하든 바람직하지 않든 지금 현실은 그렇다.

그렇다면 인문학은 이렇게 사라져가는 것일까? 그렇지는 않은 것 같다. 2000년 서울 인사동에 문을 연 '철학아카데미'에서 개설한 철학과 예술에 대한 다양한 강좌는 성황을 이루었고, 몇몇 연구자들의 공동 연구 공간이었던 '수유+너머 연구실'은 학자와 시민이 일종의 공동체를 이루어 인문학 공부를 하는 진지를 형성했다. 지금은 전국의 수많은 지역자치단체와 공공 도서관에서 다양한 인문학 관련 강좌를 개설해 시민의 호응을 얻고 있다.

달리 말하면 '인문학 위기와 붐'이라는 모순된 현상의 공존은 대학의 '안'과 '밖'이라는 관점에서 보면 전혀 다른 양상을 띤다. 대학의 '안'에서 터져 나오는 인문학 위기가 인문학 학제의 위기라면, 대학의 '밖'에서 보이는 인문학 붐의 열기는 인문학에 대한 대중의 새로운 요구의 표현으로 보인다. 문제는 대학의 안과 밖을 나누게 한 인문학에 대한 다른 진단과 요구가 어떤 현실의 변화를 반영하고 있는가를 이해하는 것이다.

돌아온 현자와 전문가의 진지전

나는 인문학 위기와 붐이라는 현상을 두 가지 틀에서 이해할 수 있다고 생각한다. 하나는 '돌아온 현자(賢者)', 다른 하나는 전문가의 '진지전'이라고 말할 수 있다. 이 표현은 현재 진행되고 있는 인문학 변화의 양상이 어떠한지를 잘 보여주는 절단면에 해당한다고 할 수 있다. 하나가 대중 매체를 통해 잘 보이는 것이라면 다른 하나는 잘 보이지 않는 것이기도 하다.

그렇다면 '돌아온 현자'란 무엇을 의미하는 걸까? 나는 '돌아온 현자'라는 사회적 현상이 개인의 고민 해결이라는 사회적 요구에 의해서 비롯됐다고 생각한다. 그와 함께 인문학자의 사회적 위상도 변화를 맞이했다. 보편적 물음을 던지고 이성적 추론을 통해 새로운 개념과 대안을 제시하는 대신, 현자는 인문학을 통해 개개인의 삶을 함께 고민하고, 철학과 문학, 역사를 통해 적절한 치유와 처방을 제시한다.

최근 화제를 모은 《강신주의 다상담》은 이와 같은 흐름을 잘 보여준다. 《강신주의 다상담》은 사랑, 몸, 고독, 일, 정치와 같은 특정 주제어에 대한 저자의 강의와 더불어 주제와 관련된 구체적인 사연과 상담을 모아 펴낸 책이다. 예를 들어 '사랑'을 강의한 뒤에 연애 경험이 없는 사람, 결혼의 조건 때문에 고민하는 개인들에게 구체적인 조언이나 처방을 제시한다.

그렇다면 이러한 인문학 강의는 일부의 판단처럼 '엔터테인먼트'에 지나지 않으며 인문학과는 거리가 먼 것일까? 근대 이전의 인문학자는 대체로 왕과 귀족의 조언자이거나 신을 모시는 사제였다. 그래서 그들이 말하고 쓰는 '조언'은 주로 왕과 국가의 업무와 관련되었다. 분명 한 사람 또는 몇 사람을 대상으로 말하고 썼지만 그 한 사람 또는 몇 사람은 결코 사적인 개인이 아니었다.

그런 반면에 우리가 오늘날 마주하는 인문학의 한 흐름은 개인의 사적 문제에 인문학의 적극적인 개입을 요청한 데에서 비롯된 것이 아닐까? 대중적으로 크게 인기를 끄는 인문학은, 예를 들어 "낭만적 사랑"의 문화가 태동한 역사적 의미를 탐구하는 대신 "나는 사랑을 제대로 할 수 있을까?"와 같은 지극히 사적인 다양한 물음과 함께 생겨난 건 아닐까?

이런 의미에서 대중 인문학 강좌는 재미와 교양은 물론 개인의 고민에 적절한 응답을 할 수 있어야 했다. 이런 개인적 고민에 대한 처방을 유도하는 인문학이 바로 몇 년 전부터 유행하는 '치유인문학'이 아닐까 싶다. 이제 인문학은 한 사람, 한 사람의 요청에 귀를 기울여야 하는 시대가 된 것이다.

이런 대중적 요청 자체를 문제시하는 인문학자는 거의 없을 것이다. 하지만 이러한 인문학적 요구는 개개인의 삶을 보듬고 끌어안는다는 정당성도 있지만, 한편으로는 파편화되는 현대인의 어떤 심성을 그저 수용해버린다는 우려도 존재한다. 인문학자들이 방송 매체를 통해 시청자와 소통하는 것에 비판적 태도를 취하는 데는 나름의 이유가 있는 것이다.

바로 사적 영역이 확대되면서 공적 영역이 왜곡되고 왜소해지는 '공공성의 축소'에 대한 우려다. 하지만 이런 공공성을 두고 씨름하는 인문학적 고민은 문제의 성격상 사회 전체와 관련되는 것임에도, 전통적 인문학 전공자들이 참여하는 것이 아니기에 잘 드러나지 않는다. 게다가 문제의 사안들이 비교적 전문적이기에 특별한 계기가 있지 않으면 잘 눈에 띄지 않는다는 점도 특징이다.

이 책에서 다루는 주제들 가운데 상당수가 그러한 영역에 해당한다. 음식인문학, 경제인문학, 의료인문학, 빅데이터인문학, 생명인문학, 디지털인문학 등과 같은 분야는 연구자가 '문사철'을 전공한 학자들이 아니라 해당 분야 출신의 학자들이다. 이처럼 새로운 접경에서 일어나는 인문학적 문제들은 전문 지식을 요하기에 대중적 관심의 대상이 되기가 쉽지 않다.

이런 전문가들에 의해 이루어지는 다양한 인문학의 논제가 사회의 여러 영역에서 마치 별개인 것처럼 일어나기에 잘 노출되지 않고, 문제의 사안 자체가 고도의 전문성을 요구받는다는 점에서 일종의 '진지전'과 같은 방식으로 이루어진다고 볼 수 있다. 즉 전문가들에 의한 '진지전 인문학'인 것이다. 달리 말해 근대의 인문학이 인간 일반을 향한 전면전을 수행해왔다면, 21세기 인문학은 사회의 다양한 영역에서 일종의 진지전을 벌이며 수행되고 있는 것이다.

삶의 변화에 따른 인문학 트렌드 읽기

이 책에서 글을 쓰고 대담을 한 저자들의 이력이 다채로운 까닭이 바로 여기에 있다. 10개의 꼭지로 이루어진 저자들은 한의사, 철학자, 경제학자, 의철학자, 다큐멘터리 PD, 정보통신정책연구원 연구위원, 철학자, 미학자, 인문의학자, 매체 연구자 등 대학에서 전공한 학문 분야가 매우 다양하고, 사회적으로 활동하는 영역 또한 다르다. 어느 한 영역의 전문가라 해도 다른 분야로 넘어가면 논쟁에 참여하는 것이 쉽지 않다는 특징도 있다.

실상 '인문학 위기'라는 말은 인문학과 인문학자의 실종을 뜻하는 말이라기보다 (더 정확하게는) 인문학 논쟁이 일어나는 현장이 보이지 않게 되었음을 뜻한다고 해야 할 것이다. 단지 책을 출판하고 대학에서 강의하는 것이 인문학자의 주된 일이라 생각하면 이는 21세기 인문학이 보여주는 흐름의 한쪽 면만을 보는 것이다. 이제는 강의 현장이 꼭 대학에만 국한되는 것도 아니다. 공공 도서관이나 시민단체, 기업의 연수 현장은 물론 각종 방송 매체에서도 인문학자를 볼 수 있는 세상이다.

오늘날 인문학자들은 고전을 번역하고 해석하여 책을 펴내는 일 외에 사회의 다양한 영역에서 다각적인 활동을 하고 있다. 어떤 이는 논문이나 책 대신 연구 보고서를 제출하며, 어떤 이는 생명윤리위원회에 참여하여 의료사고에 대한 의견을 개진하고, 어떤 이는 실험실에서 홀로 새로운 생명을 창조하여 생명의 궁극적 의미를 묻기도 한다. 또 어떤 이는 대학의 연구실에서 나와 거리에서 만난 개인들의 갖가지 고민을 듣고 철학적 상담을 행하기도 한다.

더욱 중요한 것은 21세기의 변화된 환경은 '잘 사는 것' 혹은 '인간다운 삶' 더 나아가 '인간답다는 것'에 대해 끈질기게 질문하게 한다는 점이다. 그중 한 영역이 삶과 사회의 접경 지대에서 제기되는 물음들이라면, 다른 한 영역은 과학기술과 매체의 변화로 초래된 물음들이다.

이를 바탕으로 1부에서는 음식, 철학적 치유, 경제, 의료 그리고 영상(방송)을 키워드로 한 인문학의 영역을 다룬다. 음식인문학은 '잘 먹는다는 것'이 어떤 것인지를 다양한 시선에서 캐묻고, 치유인문학은 철학상담이 개인의 고민을 철학적으로 따지는 구체적인 철학의 영역임을 소개한다. 경제인문학은 단지 돈 버는 학문으로 전락한 듯한 경제학이 이제 삶을 돌보는 경제학이 되기 위해 어떠한 인문학적 반성이 일어나고 있는지, 그리고 어떤 생각의 전환이 요구되는지에 대해 집중적으로 살펴본다. 의료인문학은 의료가 병을 낫게 하는 것이라는 단순한 상식을 넘어 이제는 건강이 무엇이며 몸으로 산다는 것이 무엇인지를 묻는 것이 의료인문학임을 소개한다. 그리고 마지막으로 오늘날 가장 대중적인 매체인 방송이 인문학적 지식의 생산과 유통에 어떠한 변화를 가져올 수 있는지 영상인문학을 통해 제안한다. 이를 통해 독자들은 인문학이 개인의 삶과 적극적으로 소통하고 있다는 사실을 알 수 있을 것이다.

2부에서는 과학과 정보통신기술 그리고 예술의 영역에서 새롭게 부상한 인문학의 흐름을 소개한다. 최근 인간의 지식과 정보 전달을 혁신한 디지털 기술과 관련해서는 빅데이터인문학과 디지털인문학에서 살펴본다. 또 진화론의 연구 성과를 통해 인문학적 물음을 새롭게 하는 진화심리학, 바이오테크놀로지가 구현한 새로운 예술인 바이오 아트를 통해 제기되는 생명인문학, 인공지능 및 뇌과학 연구의 성과가 인문학에 어떠한 도전을 하고 있는지를 다루는 신경인문학 등을 다룬다. 이를 통해 과학과 인문학의 경계가 사라지고 있는 학문의 흐름을 읽을 수 있을 것이다.

그 외에 다양한 분야에서 제기되는 인문학적 물음을 포함한 새로운 연구 영역을 일일이 열거할 수 없을 정도로 인문학의 경계는 주변 학문들과 뒤섞이고 있다. 그럼에도 불구하고 이 모든 물음은 결국 "인간이란 무엇이고, 어떻게 살아야 하는가?" 라는 최종적 물음을 공유한다는 점에서 인문학이라 할 수 있다.

이 책에 실린 글들은 하나의 독립된 영역으로 인정받는 분야가 있는 반면 그렇지 못한 분야도 있다. 그런 어려운 여건 속에서 꼭지글을 쓰고 대담에 임해준 여러 필자분들께 감사드린다. 각 대담은 팟캐스트 〈학자들의 수다〉에서 '미래의 인문학'이란 특별 기획으로 청취할 수 있음을 알리고 싶다. 그리고 출판계의 어려움을 무릅쓰고 출판을 결정한 글담의 대표님, 쉽지 않은 내용을 일반 독자도 읽을 수 있도록 편집하고 교열해준 출판사 여러분께 감사드린다.

21세기 인문학이 어떻게 흘러가고 있는지에 대해 넓은 시야를 갖고자 하는 독자들에게 지침이 되었으면 하는 바람이다. 향후 더 좋은 기획의 인문학 지침서가 나오기를 기대하며 글을 마친다.

2016년 가을에

기획자 김시천 쓰다

1부

삶, 사회와
소통하는 인문학

먹는 데에도
도(道)가 있을까?

박석준

1959년 충남 아산에서 태어나 서강대학교 경제학과와 대전대학교 한의학과를 졸업하고 경희대학교 한의대 대학원에서 박사학위를 받았다. 한의학을 공부하는 과정에서 한국철학사상연구회 기철학 분과의 여러 선생님들을 만나 중국철학과 한의학을 같이 공부했다. 한의대 졸업 후 의철학연구소, 동의과학연구소를 만들어 다양한 분야의 전문가들과 함께 공부하며 《동의보감》 1, 2권을 공동 번역했다(앞으로 네 권이 더 나와야 한다). 현재 우천동일한의원 원장이며 동의과학연구소 소장, 한국의철학회 회장을 맡고 있다. 요즈음에는 괴산에 내려가 있는 선생님들과 고농서를 읽으며 오래된 지혜를 배우고 있다.

음식인문학(Food Humanities)은 2011년에 출간된 《음식인문학》(주영하)에서 비롯된 말로 '인문학자의 음식에 대한 연구'라는 의미를 갖는다. 하지만 "식사로서의 음식은 일상이지만, 문화와 역사로서의 음식은 인문학이다"라는 문장이 보여주듯 음식인문학의 외연은 대단히 넓다. 음식에 대한 연구는 음식의 재료, 원료 확보의 방법, 조리 과정은 물론, 누가 어떻게 먹고 마시는가에 대한 역사적·문화적·사회적 층위의 다양한 문제의식과 관련된다. 따라서 음식인문학은 '음식학'을 구성하는 인문사회과학의 하나로 그 성격과 위상을 정의할 수 있다.

맛이란 무엇인가?

집사람이 임신했을 때의 일이다. 우여곡절 끝에 어렵게 임신이 되었는데 유산 가능성이 있다는 진단을 받았다. 절대 안정을 취해야 했다. 집사람은 대소변을 보는 시간을 제외하고는 하루 종일 침대에 누워 있어야 했고, 어쩔 수 없이 집안일을 내가 도맡아 하게 되었다. 한 달 정도를 그렇게 지냈다.

다른 일은 그다지 어렵지 않았지만 요리는 해본 적이 없어서 쉽지 않았다. 어머니 어깨너머로 본 대로 대충 했는데 그럭저럭 먹을 만했다. 가장 어려운 문제는 다음 끼니를 무엇으로 할지를 정하는 일이었다. 몇 끼니를 해결하고 나니 더는 할 게 없었다. 한 끼 밥상 차리기가 이렇게나 힘든 일인 줄 처음 느꼈다. 무얼 할까 이리저리 고민하다 문득 어려서 먹어본 두부찌개가 생각났다.

우리 집에서 해 먹던 두부찌개는 아주 쉽다. 먼저 두부를 적당한 두께로 썬다. 양파는 채 썰고 파는 어슷하게 썬다. 물에 새우젓과 양파를 넣고 끓으면 두부를 넣는다. 두부는 막 집어넣으면 부서지기 쉬우므로 바닥에 가지런히 놓는다. 물이 끓으면 불을 중불로 줄이고 두부 위에 파, 마늘을 얹고 고춧가루를 솔솔 뿌린다. 고춧가루를 많이 넣으면 새우젓의 얕은맛을 느끼기 어려우니 때깔이 날 정도로 조금만 넣는다. 두부를 넣고 너무 오래 끓이면 두부가 단단해지므로 살짝 끓인다. 이 찌개는 만들기도 쉽고 시간도 오래 걸리지 않는다.

찌개를 들고 방으로 들어서자 집사람이 갑자기 울음을 터뜨린다. 내가 당황해하자 집사람이 그런다. 고맙기도 하고 미안하기도 해서 그랬다고.

음식은 아마도 그런 것일 터이다. 만드는 이는 먹는 사람이 맛있게 먹기를 바라고, 먹는 이는 누군가가 자기를 위해 맛있게 만들어줄 것을 기대하는 것, 그것이 음식일 것이다. 아이들이 크는 과정에서 내가 음식을 해주면서 어른들이 하신 말씀이 새삼스럽게 다가왔다. 이 세상에서 제일 듣기 좋은 소리는 제 논에 물 들어가는 소리하고 제 새끼 젖 먹는 소리라는 말씀 말이다.

지금도 끼니마다 무얼 해서 밥상을 차릴지 고민하는 사람이 적지 않겠지만 훨씬 많은 사람들이 무얼 사 먹을지 고민하는 세상이다. 세상이 그렇게 바뀌었다. 70년대까지만 해도 집밥을 먹지 못하고 바깥에서 사서 먹는 사람을 안쓰럽게 생각했다. 몸이 약해지면 집밥을 먹지 못해서 그렇다고 했다. 그러다 80년대가 되자 '외식' 바람이 불었다. 삼겹살을 비롯하여 소갈비처럼 자주 못 먹던 특별한 음식을 사 먹는 풍조가 출현한 것이다. 이 현상은 가구수 변화와 식생활 패턴의 변화 바람을 타고 크게 발전해 지금은 일반화되었다. 우리나라 외식 인구가 1천만 명에 이른다는 보도도 들린다.

사람들의 생각도 변했다. 외식은 이제 불가피할 뿐만 아니라 일반적인 패턴이 되었다. 다만 무엇을 고를지가 문제일 뿐이다. 이 변화에서 중요한 지점은, 사람들이 '매식'을 하면서도 자신은 '외식'을 한다고 생각한다는 것과, 어떤 음식을 고를지는 자신의 '선택'에 달려 있다고 생각한다는 점이다. 그리고 가장 중요한 선택의 기준은 '맛집', 곧 맛이라는 생각이다. 그런데 맛은 무엇인가?

음식과 그 음식의 맛이 무엇인지를 말하기 전에, 전통 사회에서 음식과 맛을 어떤 의미로 인식했는지를 알아보자. 왜냐하면 지금의 우리가 생각하는 음식과 맛은 근대 이전의 그것과는 사뭇 다른데, 그 차이야말로 오늘날 왜 음식이 인문학이 되어야 하는지를 설명해줄 수 있기 때문이다.

음식은 사람을 살려주는 동시에 사람 자신을 재생산한다. 또한 음식은 사람과 사람 사이를 맺어준다. 그렇지만 이는 사람의 입장에서만 본 것이다. 음식의 입장에서 본다면 어떨까?

음식은 사람과의 관계를 통해 자신을 실현한다. 기실 음식은 사람이 먹어야 음식이 되는 것이다. 그러나 음식을 이루는 식자재는 사람 이전에 자연, 곧 하늘과 땅과 관계를 맺는다. 식자재는 하늘과 땅이 없으면 자랄 수 없다. 즉 하늘과 땅의 기를 받아야만 살 수 있다. 그렇게 하늘과 땅과 관계를 맺음으로써 태어나고 자라며 자기 자신을 재생산한다. 그리하여 음식에 하늘과 땅의 기가 스며든다.

그것을 사람이 먹는다. 사람은 음식을 먹음으로써 음식 자체의 기와 동시에 하늘과 땅의 기를 먹는 것이다. 그래서 《황제내경 소문》〈육절장상론〉에서는 이렇게 말한다. "하늘은 모든 기(氣)를 사람에게 먹이고 땅은 모든 맛(味)을 사람에게 먹인다."

하늘은 음양으로 보면 양이고 땅은 음이다. 음식에는 하늘과 땅의 기가 스며들어 있기 때문에 음식 자체도 음양으로 나뉜다. '음식(飮食)'에서 '음(飮)'은 마실 것을 말하며 음양으로 보면 음(陰)이다. '식(食)'은

씹을 것을 말하며 음양으로 보면 양(陽)이다.

사물을 음양으로 나누어 본다는 것은 사물의 대립되는 두 측면을 동시에 살핀다는 말이다. 움직임이 있으면 정지가 있고 밝음이 있으면 어두움이 있다. 뜨거운 것이 있으면 찬 것이 있다.

음(飮): 마실 수 있는 것, drink   음(陰)

식(食): 씹을 수 있는 것, food, edible   양(陽)

음이 많으면 마실 수 있는 '음(飮)'이 되고 양이 많으면 씹을 수 있는 '식(食)'이 된다. 그런데 음양은 음이나 양이 따로 있어 그렇게 부르는 것이 아니라 한 사물의 두 측면을 나누어 본 것이다. 음식을 하나의 사물로 보고 그 음식의 한 측면(마실 수 있는 것)을 음(陰)으로, 다른 한 측면(씹을 수 있는 것)을 양(陽)으로 본 것이다. 그래서 하나의 사물이 다른 사물과 관계를 맺으면 그 자체가 새로운 사물이 되고, 여기에서 다시 음양이 나뉜다.

예를 들어보자. 씹을 수 있는 것 중에서도 식물은 음이 되고 동물은 양이 된다. 물과 불은 뜨거운 정도라는 측면에서는 각각 음과 양으로 나뉘지만 물 자체를 놓고 보면 뜨거운 물은 양이고 찬 물은 음이 된다. 그러니까 언제 어느 때나 남자는 양이고 여자는 음이 아니라 어떤 특정 측면에서 볼 때(여기에서는 주로 생식이라는 측면) 그렇게 나눌 수 있다는 말이다. 사회적 활동의 측면에서 본다면 남자도 음(陰)인 사람이 있고 여자도 양(陽)인 사람이 있다. 또 양적인 남자도 보다 더 양적인 남자와의 관계에서는 음이 된다.

　음식에 내재한 하늘과 땅의 기(넓은 의미에서의 기)를 '기미(氣味)'라고 한다. 음식에 들어 있는 하늘의 기(넓은 의미에서의 기)는 '기(좁은 의미에서의 기)'이고 땅의 기(넓은 의미에서의 기)는 '미(맛)'이다. 그래서 앞에 인용한 《황제내경》에서 하늘은 사람에게 기(좁은 의미에서의 기)를 먹이고 땅은 맛을 먹인다고 한 것이다. 기미는 '기'(좁은 의미에서의 기)라는 측면을 강조하여 말할 때는 그냥 '기'라고 부르고, '미'라는 측면을 더 강조하여 말할 때는 '미' 또는 '맛'이라고도 한다.

기(氣) (넓은 의미에서의 기)	기(氣)(좁은 의미에서의 기)　양(陽)
	미(味)　　　　　　　　　　음(陰)

　음식이 갖고 있는 (좁은 의미에서의) 기는 차고 더운 성질을 말한다. 한 사물이 다른 사물과 관계를 가져 미치는 영향, 그 힘을 기라고 하는데, 음식에서는 이를 (좁은 의미에서의) 기라고 한다. 음식의 기에는 한열온량(寒熱溫凉)의 네 가지가 있다. 음식이 사람에 미치는 영향이 차가운지 더운지에 따라 나눈 것이다. 어떤 음식을 먹고 몸에서 열이 나면 그 음식은 덥다고 하고 반대로 추워지면 차다고 한다. 흔히 돼지고기는 차다 하고 닭고기는 덥다 하는 것은 그 음식의 기(좁은 의미에서의 기)를 가리키는 말이다. 대체로 마늘이나 고추와 같이 매운맛을 내는 음식은 몸을 덥히는 효과가 있다. 이런 음식은 더운 음식이라고 한다. 반대로 오이나 메밀 같은 음식은 몸을 차게 하는 효과가 있다. 이런 음

식은 찬 음식이라고 한다.

기미라는 말은 주로 약재나 음식에 쓰는 말이지만 사람에게도 쓰인다. 기질(氣質)과 비슷한 뜻이다. 음식과 마찬가지로 사람도 하나의 기(氣)이기 때문에 사람 역시 기미를 갖고 있는 것이다. 그래서 그 사람의 기미를 알면 그 사람의 기질 또는 성질(性과 質)을 알 수 있다.

맛은 시고 쓰고 달고 맵고 짠 다섯 가지 맛으로 구분한다. 이 맛은 일차적으로는 혀에서 느껴지는 맛이지만 보다 근본적으로는 음식이 몸에 들어가 어떤 장부에 어떤 영향을 미치는지에 따라 정해진다. 미각의 스펙트럼은 무척 넓어 이루 셀 수 없이 다양한 맛이 있지만 그것이 몸에 미치는 영향을 오장육부와의 관계에서 다섯으로 나눈 것이다.

이렇게 다섯으로 나누는 것을 오행(五行)이라고 하는데, 음양에 더하여 오행으로 다시 분류한 까닭은 모든 사물이 저마다 독특한 성질을 갖고 있기 때문이다. 어떤 것은 무언가가 생겨나는 성질이 있고 어떤 것은 위로 솟구치는 성질이 있고 어떤 것은 내려가고 어떤 것은 가라앉는다. 이런 성질을 다섯 가지로 나눈 것이다. 그런데 왜 하필이면 다섯으로 나누는가? 여러 이유가 있지만 방위(方位)를 예로 들어보자. 방위는 무한대로 나눌 수 있지만 크게 보면 동서남북과 가운데밖에 없다. 나머지는 이 다섯의 조합으로 설명할 수 있다. 우리 몸의 장기도 여럿이 있지만 간, 심, 비, 폐, 신의 오장을 중심으로 설명할 수 있다. 한 사물의 발생과 발전 과정도 생장화수장(生長化收藏)이라는 다섯 단계로 나눌 수 있다. 태어나 자라고 영글어서 거두어들여 갈무리되는 것이다.

맛을 어떻게 아는가?

그렇다면 음식의 음양과 기미는 어떻게 알 수 있는가. 이를 말하기 전에 먼저 '안다는 것'에 대해 살펴볼 필요가 있다. 왜냐하면 근대 이전의 세계에서 안다는 것과 근대 이후의 세계에서 안다는 것이 다르기 때문이다. 근대 사회에서 앎은 주관적 감성을 배제한 이성에 의해 파악된 것을 말한다. 이에 비해 전근대 사회에서 앎은 감성을 통한 것, 몸을 통해 느껴 깨달은 것을 가리킨다.

전근대에서 음식의 맛을 아는 방법은 무엇보다도 직접 먹어보는 것이었다. 다시 말해서 음식과 내가 관계를 맺고 나서 음식이 내게 어떤 영향을 미치는지를 파악한다. 몸을 통해 느끼는 것이다. 그래서 그 영향이 음적이면 그 음식은 음기가 많은 것이다. 반대로 양적인 영향을 미치면 그 음식은 양적인 것이다. 한의학의 창시자인 신농(神農)이 하루에 70가지 독을 맛보았다는 신화는 인류 초기의 인식이 어떠한 것이었는지를 잘 보여준다.

음식에 대해 아는 또 다른 방법은 그 음식의 재료가 자라는 생태를 보는 것이다. 다시 말해서 그 음식이 자연과 어떤 관계를 맺는지를 지켜보는 것이다. 이를 통해 그 음식의 음양을 알 수 있다.

전근대에서는 관계를 통해 세상을 본다. 대상 자체가 하나하나 고립되어 독립적으로 존재하는 것이 아니라 다른 사물과의 관계 속에서 존재하는 것으로 본다는 말이다. 그러므로 음식을 알려 할 때도 먼저 그 음식이 자연과 어떤 관계를 맺는지를 본다.

음식 자체가 양적인 경우는 음적인 것과 관계를 맺고, 음식 자체가 음적일 때는 양적인 것과 관계를 맺는다. 예를 들어 인삼은 그 자체가 덥기 때문에 산속의 그늘지고 습기가 많은 곳에서 해를 등지고 북쪽을 향해 자란다. 쌀도 따뜻한 성질을 지니고 있어서 땡볕이 내리쬐는 여름에 자라지만 늘 물속에 잠겨 있다. 인삼이 그늘진 곳에서 자라는 데 비해 쌀은 햇볕 속에서 자라는 것을 보면 인삼보다는 쌀이 덜 더울 것임을 짐작할 수 있다. 반면 사막과 같이 아주 뜨거운 곳에서 자라는 알로에는 당연히 그 성질이 찰 것이다. 한편 보리나 밀은 모두 추운 겨울에 자라서 더운 여름에 열매 맺는다. 그래서 속은 따뜻하지만 겉은 찬 기운을 품는다. 그러나 같은 보리라고 해도 여름에 심는 보리는 겉과 속이 모두 차다. 밀도 마찬가지다. 이렇게 특정 음식이 자연과 관계를 맺는 생태를 보면 그 음식의 (좁은 의미에서의) 기가 어떤지를 파악할 수 있다.

자라는 모양새나 하는 짓을 보고도 음식의 성질을 알 수 있다. 칡과 같이 덩굴로 자라면서 위로 올라가는지, 땅에 붙어 퍼지는지, 잎이나 가지가 몇 개로 갈라지는지, 뿌리나 덩이줄기같이 땅속에서 자라는지 등을 본다. 동물의 경우에는 밤에 활동하는지 낮에 활동하는지, 앞으로만 나아가려 하는지 뒤로 잘 물러선다든지 하는 것을 본다. 더불어 사물의 색과 꼴도 본다. 붉거나 푸르거나 둥글거나 길쭉하거나 등등을 살핀다.

이렇게 식자재의 생태, 즉 자연과의 연관과 하는 짓(態), 꼴(形), 색(色) 등을 살펴 음식의 기를 알아내는 것이다. 그러나 이렇게 알아낸 음식의 기는 아직 일면에 불과하다. 그 음식의 각 부분도 다시 음양의 관계로 나누어 보아야 한다. 식물의 경우, 같은 식물이라고 해도 그 식물의 땅 위에 있는 부분은 양이고 땅 속에 있는 부분은 음이다. 같은 열매라고 해도 껍질과 그 속은 다시 음양의 관계를 맺는다. 음식의 기가 이처럼 복잡한 것은 그 음식 자체의 구조가 복잡하기 때문이며, 그 음식이 다른 사물들과 맺는 관계가 복잡하기 때문이다.

사람이 먹어야 비로소 음식이 된다

음식은 '사람이' 먹을 수 있는 것이다. 그리고 음식은 사람이 먹어야 비로소 온전한 음식이 된다. 몸에 들어온 음식은 몸과 관계를 가짐으로써 몸에 일정한 영향을 미친다. 어떤 음식이 어떤 장기에 어떤 영향을 미치는지, 그래서 마음을 포함한 몸 전체에 어떤 영향을 미치는지를 알아야 그 음식에 대한 이해가 완성된다. 이렇게 파악된 음식의 한 예를 《동의보감》에서 볼 수 있다.

• 귤의 기미와 효능

귤의 속살[귤육(橘肉)]
기는 차고 맛은 달며 시다. 소갈증을 치료하고 입맛을 돋우며 소화를 돕는다.

귤껍질[진피(陳皮)]

기는 따뜻하고 맛은 쓰고 맵다. 가슴에 뭉친 기를 없애고 위로 치미는 기를 내리며 소화를 돕는다. 이질과 담을 삭이는 데 좋다. 대소변, 숙취에도 좋다.

귤의 흰 속[귤낭상근막(橘囊上筋膜)]

갈증을 멎게 하고 술을 마신 뒤 토하는 것을 다스린다.

귤 씨[귤핵(橘核)]

요통, 하복통, 소변이 잘 나오지 않을 때 쓴다.

덜 익은 귤껍질[청피(靑皮)]

기는 따뜻하고 맛은 쓰다. 기가 막힌 것을 뚫어주고 소화를 잘 시키며 적(積)이 뭉친 것을 풀어준다.

귤 잎

가슴으로 치미는 기를 내려가게 하고 간의 기를 잘 돌게 하며 젖이 붓는 것을 치료한다.

그런데 사람에는 남자도 있고 여자도 있다. 어른이 있는가 하면 아이도 있다. 같은 사람이라고 해도 사람의 몸은 다른 모든 것과 마찬가지로 늘 변화 과정에 있다. 이에 따라 음식이 맺는 사람과의 관계도 변한다. 또 사람의 체질이 다르며 몸의 상태, 곧 건강의 상태도 다르다. 마음의 상태도 변한다. 기쁠 때가 있고 슬플 때가 있다. 당연히 음식이 맺는 관계도 바뀐다.

나아가 같은 음식이라도 어떤 자연과 관계를 맺으며 자라는가에 따라 기미가 달라진다. 강남의 귤이 강북으로 가면 탱자가 된다는 뜻의 남귤북지(南橘北枳)는 환경에 따라 종(種)이 바뀐다는 말이 아니라 귤의 기미가 바뀐다는 말이다(남귤북지라는 말은 원래 착한 제나라 사람이 초나라에 가면 도둑이 된다는 것을 비유하는 말이었다. 환경에 따라 사람의 기미가 바뀐 것이다). 마찬가지로 사람도 환경이나 다른 사람들과 어떤 관계를 맺고 자라는가에 따라 기미가 달라진다. 그러므로 어떤 음식이 어디에 좋다는 말은 매우 일면적임을 알 수 있다.

사람은 음식을 길들이고 음식은 사람을 바꾼다

모든 사물이 그러하듯 음식도 자신의 역사를 갖는다. 그 역사는 한편으로는 자연과의 관계 속에서 변화하는 역사이며, 다른 한편으로는 사람과의 관계 속에서 변화하는 역사다.

진화론은 자연과의 관계 속에서 변화하는 음식의 역사를 이해하게 해준다. 이를 통해 음식 자체에 대한 이해만이 아니라 그 음식과 자연이 맺은 관계에 대해 더 많은 사실을 알 수 있다.

음식이 사람과의 관계 속에서 형성한 역사는 자연과의 관계에 비해 인위적인 작용으로 말미암아 매우 급격한 변화를 보인다. 대표적인 것이 생산 측면에서는 재배와 목축이며, 소비 측면에서는 음식의 가공, 곧 불의 이용에 따른 요리의 시작이다.

재배와 목축을 함으로써 식자재의 공급이 안정되었고 생산량이 늘어났을 뿐만 아니라 기미에도 변화가 생겼다. 자연 상태에서 강했던 음식의 기미가 약화되어 더 먹기 쉽고 더 오래 먹어도 문제가 없게 된 것이다.

요리는 음식의 기미를 더 짧은 시간에 더 크게 변화시킨다. 사람들은 요리를 통해 찬 음식은 열을 가하고 뜨거운 음식은 다른 찬 음식과 같이 요리하여 더 먹기 좋게 만들 수 있다. 심지어 독이 있어 먹을 수 없던 것도 요리를 통해 먹을 수 있는 것으로 바뀌기도 한다. 이로써 사람들은 더 많은 종류의 음식을 섭취하고 환경에 더 잘 적응하게 되었다.

재배와 목축은 사람의 관점에서는 이러한 음식을 '길들여'온 과정이 겠지만 음식의 관점에서는 자신의 종을 생산하고 재생산하는 데 사람의 작용을 '이용해'온 과정으로도 볼 수 있다. 사람은 음식을 길들이고 자신의 입맛에 맞게 바꾸었다고 생각하지만 음식은 그렇게 바뀜으로써 다시 사람을 바꾸었다. 예를 들어 목축과 요리를 통해 사람은 고기를 정기적으로 보다 효율적으로 취할 수 있었고, 이 과정에서 사람의 몸은 뇌가 크게 발달했다.

한편 음식은 사람과의 관계를 통해 그 자체가 문화가 되었다. 처음에는 각 지역의 자연 조건에 따라 달라진 음식이 이제 그 지역을 상징할 뿐만 아니라 그 지역 사람을 하나로 묶는 구심점이 되었다. 오늘날 평양냉면이나 전주비빔밥과 같이 음식의 이름에 지방의 이름이 붙는 것은 그런 과정에서다.

이러한 음식의 상징성 또는 구심점으로서의 역할은 지역을 넘어 계층과 계급, 민족을 구분하는 역할로 확대된다. 심지어 특정한 음식, 예를 들어 돼지고기를 먹느냐 아니냐에 따라 적과 아가 구분되는 경우도 있다.

그러나 그러한 변화 중 가장 심원한 변화는 아마도 농경과 함께 시작된 계급 사회로의 전환일 것이다. 같이 마련하고 같이 나누어 먹던 음식이 소유의 대상이 되었다. 소유란 배타적 권리다. 사물이 원래 갖고 있던 보편적 연관을 인위적으로 단절시키는 행위다. 이제 음식은 자연이나 사람의 몸과는 아무런 관계도 없는 이윤을 위한 수단으로 바뀌었고, 오늘날 음식은 무기로도 쓰이게 되었다.

음식이 맺고 있는 관계를 드러내는 인문학

과거에는 음식을 먹기 위해 준비하는 것을 '차린다'고 하였다. 음식을 차린다는 말은, 음식을 장만하여(사거나 만들어서) 먹기 좋게 상 위에 늘어놓는다는 뜻이다. 그런데 '차리다'는 말과 같은 의미로 쓰인 말 중에 '디미다'라는 말이 있다. 판소리 '흥보가' 중 흥부 마누라가 음식을 차리는 대목 중 '음식을 채리는디'라는 사설을 '음식을 디미는디'로도 부르는 걸 보면 알 수 있다(박동진 명창의 '흥보가' 사설). 또 《음식디미방》이라는 책 제목도 그런 의미로 읽어야 이해가 된다. 보통 '음식디미방'에서 '디미'를 지미(知味)로 보아 맛을 알다는 의미로 푸는 경우가 종종 있는데, 그렇다면 '음식디미방'은 '음식의 맛을 아는 방법'이라는 뜻이 되어 요리책 제목으로는 적합하지 않다. '디미'를 '차리다'라는 뜻으로 보면 '음식 차리는 법'이라는 뜻이 되어 내용과 더 들어맞는다.

나는 기존의 견해처럼 '디미'라는 말을 '지미'로 표기한다손 치더라도 '지미'는 맛을 안다는 뜻이라기보다는 '맛을 알린다', '맛을 드러낸다'는 의미일 것으로 본다. 첫째 이유는 '맛을 알다'는 뜻으로는 '기미(氣味)하다'는 말이 따로 있기 때문이다. 둘째 이유는 '지(知)'의 뜻이 그러하기 때문이다. '지'는 이치를 몸으로 느껴 깨닫는 것, 그것을 화살처럼 빠르게 드러내는 것을 가리킨다.

여기에서 '드러내는 것'은 바로 음식의 기미다. 그리고 그렇게 드러내는 방법이 오늘날 말하는 요리(料理)다(요리는 일본에서 유래한 말이다). 그러므로 '지미'한다는 것은 일차적으로는 음식이 갖고 있는 본래의 기미를 드러내는 일이고 나아가서는 그 기미를 필요에 따라 바꾸는 일이다. 기미를 바꾸기 위해서는 음식에 물이나 불과 같은 다른 기를 더하거나 다른 음식을 더해 새로운 관계를 만들어야 한다. 이런 과정이 바로 '지미'이며, 이는 우리말인 '차림' 또는 '디미'를 한자로 표기한 것으로 본다.

음식을 차린다는 것은 바로 이런 의미일 것이다. 그것은 음식이 갖고 있는 음식 자체의 기미를 드러내는 일이며, 사람의 몸은 물론 음식이 맺고 있는 모든 보편적 연관을 드러내는 일이기도 하다.

동학에서는 '밥이 하늘'이라 하였다. 이 레토릭은 단순히 밥이 중요하다든지 먹고사는 일이 제일이라는 뜻을 넘어선다.

역사는 하늘이 바뀌면 밥 또한 바뀜을 분명하게 보여준다. 작게는 임진왜란 이후 고추를 많이 먹게 된 것부터, 일제 강점기와 미군정 시기, 그리고 현재의 신자유주의 사회를 거치며 우리 음식의 안과 밖은 급격하게 변했다. 과거에는 웬만해서는 고기를 구워 먹지 않았지만 지금은 구운 삼겹살과 소주가 우리 음식의 대표처럼 되어버렸다. 고기를 많이 먹게 된 것부터가 큰 변화다. 음식 자체도 변했지만 음식의 맛도 변했다. 아니 맛이라는 말의 뜻조차 바뀌었다. 오늘날 우리에게 맛은 앞에서 살펴본 것과 같은 보편적 연관 속에서의 맛이 아니라 세 치 혀가 느끼는, 더 구체적으로는 맛봉오리(味蕾)에서 느껴지는 신경의 자극일 뿐이다. 더 심하게는 코를 통해 뇌신경이 자극되어 느껴지는 향(香)일 뿐이다.

하늘이 바뀌면 밥이 바뀐다. 그러나 거꾸로 밥이 바뀌면 하늘이 바뀐다. 어느 날 모든 사람이 동시에 조선시대 사람처럼 먹기 시작하면 지금의 사회는 한 달도 지나지 않아 붕괴될 것이다.

'내가 먹는 것이 바로 나'라는 말은 동서고금을 관통하는 말이다. 이 말은 단순히 음식과 몸의 관계만이 아니라, 음식을 먹는 사람이 그 사회에서 어떤 지위를 차지하고 있는지에 따라서도 먹는 음식이 달라진다는 점에서 음식과 사회와의 관계도 드러내는 말이다. 음식인문학은 바로 이러한 음식이 맺고 있는 모든 관계와 측면을 드러내는 학문이다. 그래서 사람이 음식과 올바른 관계를 맺을 수 있도록 도와주는 학문이다. 이런 관계를 정리하면 다음과 같이 될 것이다.

- 음식 자체의 관계 – 음식의 구조와 기능(근대 서양과학), 음식의 기미
- 음식 사이의 관계 – 요리 또는 차림

- 음식과 사람의 관계 – 사람의 몸과 마음에 미치는 영향
- 음식의 역사 – 자연사와 사회사
- 음식과 사회의 관계 – 어떤 사회에서 어떻게 만들어지는가(생산-유통-가공의 방법), 문화

음식인문학은 이러한 관계를 다루어야 한다. 이렇게 보면 마빈 해리스의 《음식문화의 수수께끼》 같은 책은 음식을 매개로 한 사회관계를 잘 드러내고 있지만 상당히 일면적임을 알 수 있다. 근대 서양과학의 입장에서 취한 분석은 연관이 배제된 독립된 물질로서의 음식을 대상으로 한다. 이런 시각에서는 음식에 내재한 보편적 연관을 들여다볼 수 없다. 음식인문학이 진정 학문으로 자리 잡기 위해서는 바로 음식이 갖고 있는 보편적 연관을 드러낼 수 있어야 할 것이다.

더 읽을거리

《내가 먹는 것이 바로 나》(허남혁, 책세상)

《백석의 맛》(소래섭, 프로네시스)

《먹거리의 역사》상/하 (마귈론 투생-사마, 까치)

《중국음식문화사》(왕런샹, 민음사)

《음식인문학》(주영하, 휴머니스트)

《음식문화의 수수께끼》(마빈 해리스, 한길사)

《죽음의 밥상》(피터 싱어 · 짐 메이슨, 산책자)

《미각의 역사》(폴 프리드먼, 21세기북스)

《동의보감 약선》(최철한, 물고기숲)

〈세기의 기행, 판소리의 맛과 멋〉(조선시대의 음식이 어떠했는지를 판소리를 통해 보여
주는 다큐멘터리. 국악방송 홈페이지에서 볼 수 있다.)

음식은 시대를 읽는
중요한 매개체지요

김시천　'음식인문학'이란 말은 이전에도 여러 군데서 쓰였습니다. 다만 이 말을 보편화할 수 있는 개념으로 사용한 것은《음식인문학-음식으로 본 한국의 역사와 문화》라는 책입니다. 음식인문학이 등장한 배경은 무엇일까요?

박석준　식민지 시절, 해방, 그리고 한국전쟁을 겪는 동안 한반도에 사는 우리는 먹고사는 것 자체가 매우 힘들었어요. 그러다 1960~1970년대에 그 문제가 어느 정도 해결되고, 1980년대 중반 이후 경제 발전과 함께 여유가 생기면서 사람들은 '좀 더 잘 먹고 싶다'는 생각을 하게 됐죠. 그 바람을 타고 1980년대 후반부터 요식업이 산업의 주요 분야로 자리매김했어요. 이제 사람들은 음식을 허기를 채우는 것으로 여기는 데 그치지 않고, 음식의 맛을 찾고 음식 자체에 여러 의미를 부여하지요. 음식인문학은 이런 사회적 배경에서 '음식에 담긴 다양한 의미를 알고 먹자'는 취지로 등장했습니다.

음식인문학이란 단어 자체가 개념화된 것과 별개로, 사실 음식에 대한 인문학적 접근은 그 역사가 굉장히 오래됐어요. 먼저 근대 이전에도 음식은 배를 채우는 것 이상의 의미가 있었죠. 게다가 오늘날처럼 요식업이 하나의 산업 분야로 확립되지 않았기 때문에, 음식에는 관련 생태의 흔적과 역사 등이 자연스레 묻어났어요. 음식인문학은 한 사회의 역사와 문화의 변천을 들여다보는 중요한 매개가 될 수 있습니다.

다음으로 음식이 신분이나 지위를 확인하고 과시하는 수단으로 활용된 역사가 그 배경에 있어요. 신분제 사회에서 신분이 높은 사람들은 '무엇을 어떻게 먹을까?'를 고민했고, 그 덕에 음식 문화가 발전했지요. 한편 우리나라에서도 1980년대 후반, 이름 끝에 (집 앞 정원에서 고기를 구워 먹는 서양 문화를 연상케 하는) '가든(garden)'이 들어간 식당이 많이 생겼어요. '갈비 먹어봤어?'라며 우쭐거렸듯 '외식'이 부(富)나 지위를 과시하는 방편으로 부상한 겁니다. 사회학적 분석의 고리로도 음식이 중요한 이유지요.

마지막으로 예를 들어 '견과류는 머리가 좋아지는 음식'이라고들 하잖아요. 이는 과학적 사실을 알리는 차원도 있지만, 그보다 '먹어야 할 이유'를 만들어주는 언어 행위입니다. 이런 다양한 측면이 음식과 관련한 인문학의 틀에 들어갑니다.

음식이 몸과 마음에 미치는 영향

김시천　　음식은 인간의 몸과 자연의 관계에서 매개자 역할을 한다고 했는데요. 어떤 맛의 음식을 먹느냐에 따라 내 몸과 마음이 달라진다는 이야기로 들립니다. 이해하기 쉽게 설명을 부탁드립니다.

박석준　　우선 음식이 몸에 미치는 영향을 이야기해보지요. 음식이 살을 찌우고 키를 키운다 등과는 차원이 다른 이야기입니다. 기미(氣味)에서 '미'를 뜻하는 맛은 시고 쓰고 달고 맵고 짠 것이 기본인데, 이 맛들과 오장(五臟)이 연결돼 있어요. 예를 들면, 먼저 단맛은 비위(脾胃)와 연관됩니다. 비위는 음식물을 소화하고 그것을 영양분으로 바꿔 몸에 공급하는, 현대 의학 용어로 말하면 소화기관입니다. 단맛이 몸에 들어가면 비위의 기(氣)를 주로 키웁니다. 이 기관에 영양을 더 공급한다는 의미입니다.

　그렇지만 단맛을 무조건 많이 먹는다고 비위가 좋아지는 것은 아니에요. 단 음식을 많이 먹으면 한의학의 표현으로 비위의 기가 실해집니다. 그래서 실제론 배가 비었는데도 배가 고픈 줄 모르고, 입맛을 떨어뜨립니다. 양식 먹을 때를 떠올려보세요. 애피타이저의 맛은 달지 않아요. 이는 본 요리를 먹기 전에 식욕을 돋우기 위함입니다. 반대로 후식엔 단맛이 강한 케이크나 과일 등이 나옵니다. 한의학에서 보면 이 이유는 비위가 오행으로 보면 중앙인 토(土)에 해당하며, 모든 것을 아우르는 힘이 있기 때문입니다. 즉 단맛을 마지막에 먹어서 그 식사 자리에서 먹은 다양한 맛을 조화시키는 것이죠.

음식이 마음에 미치는 영향도 쉽게 확인할 수 있습니다. 흔히 매운 음식을 먹으면 스트레스가 풀린다고 합니다. 오행에서 보면 매운맛은 금(金)에 해당해요. '금극목(金克木)'이라고, 금은 오행의 목(木)을 이긴 다는 말이 있어요. 그런데 목은 오장 중 간(肝)에 해당하며, 이 간은 분노나 스트레스를 관장해요. 따라서 매운맛의 음식을 먹으면 금의 기운을 키워, 목과 직결되는 화나는 감정을 풀어주는 효과가 나타납니다. 이 외에 긴장했을 때 초콜릿처럼 단 것을 먹으면 마음이 누그러지고, 피곤할 때 신맛 나는 음식을 먹으면 생동감을 느낍니다. 이처럼 음식 맛에 따라서 우리의 마음엔 변화가 일고, 특정 감정이 지나칠 때는 오행의 관계를 활용해 그 감정과 반대편에 놓인 맛으로 조절할 수도 있어요.

몸과 마음에 악영향을 끼치는 맛도 있습니다. 바로 감칠맛입니다. 이는 MSG로 대표되는 화학조미료가 내는 맛으로, 당연히 한의학의 '미'에서는 찾아볼 수 없어요. 그런데 어느 때부터 현대 과학이 정의하는 맛에서 매운맛은 제외되고 이 자리를 감칠맛이 차지했어요. 매운맛은 미각이 아니라 통각으로 분류됩니다. 나는 이러한 맛의 재분류가 1900년대 초반 음식을 상품으로 만들기 위해 맛을 정형화하는 과정에서 나온 것이라 생각해요. 감칠맛은 특히 제2차 세계대전을 거치며 세계적인 맛이 되었어요.

그런데 최근 화학조미료를 많이 섭취한 사람들에게서 공격 성향이 더 두드러진다는 연구 결과가 제법 보고되고 있습니다. 또《사람을 미치게 하는 음식들》에서는 인공 또는 화학 성분이 많이 들어간 음식이 우리의 몸과 마음에 굉장히 나쁜 영향을 준다고 주장합니다. 이 책에 MSG가 기억력을 떨어뜨린다는 내용이 나오고요.

김시천　　음식 사이의 관계를 음식인문학 연구 영역의 하나로 제안하셨습니다. '차림'은 그 과정에서 '요리'의 기미를 드러내거나 필요에 따라 음식 사이, 나아가 앞에서 이야기한 몸과 음식 사이의 관계를 맺어준다고 하셨는데, 이에 대한 예가 궁금합니다.

박석준　　'차림'에서 음식을 장만하는 과정에 해당하는 '요리' 이야기를 먼저 해볼게요. 최근 텔레비전에는 소위 '먹방'이 대세입니다. 식자재를 신선하게 관리하거나 비린내를 제거하는 방법 등 다양한 정보를 알려줘요. 그런데 '음식 궁합'은 상대적으로 덜 강조합니다. 음식 궁합이란 말 그대로 음양의 조화입니다. 예컨대 기(좁은 의미의 기)의 관점에서 냉면에 겨자를 넣는 것은 차갑고 더운 기운을 조화시키는 행위예요. 냉면의 온도가 낮아 차갑기도 하고, 메밀이 몸에 들어가면 몸을 차게 하는 음식이기에, 혹시나 배탈이 날까 더운 음식인 겨자를 집어넣는 거죠.

　　즉 음식 궁합은 혀에서 어떤 맛이 느껴지는지가 아니라, 음식 자체의 음양과 음식과 몸 사이의 어우러짐에 초점을 둡니다. 음식끼리, 또 음식과 사람이 서로 궁합이 잘 맞게 도와주는 것이 요리입니다. 당연히 똑같은 음식도 그것을 먹을 사람이 어떤 몸을 가졌느냐에 따라 요리하는 방식이 달라지죠. 환자의 증상에 따라 처방약의 조제 방법을 달리하는 것과 비슷한 이치입니다.

다음으로 '음식을 배열하는 과정으로서 차림'에 대해선 제사상을 떠올리면 이해하기 쉽습니다. 병풍에서 보는 관점으로 신위가 놓인 1열에는 본 요리인 밥과 국을, 가운데 3열에는 음식의 간을 맞추기 위한 간장을, 고기와 생선은 좌우로 놓죠. 제일 뒤쪽인 5열에는 과일이나 과자 등 후식에 해당하는 음식을 배치합니다. 음식이 배열되는 위치는 순서대로 그것을 먹어야 함을 의미합니다. 우리나라 전통 상차림은 이와 비슷해요. 또 먹을 사람의 몸과 마음의 상태에 따라 아침, 점심, 저녁마다 음식의 위치를 달리하죠. 가령 그 사람에게 부족한 기를 보충하기 위해, 그 기운을 가진 반찬을 밥에 더 가깝게 놓을 수도 있어요. 하지만 요즘엔 아무 순서 없이 음식을 배열하는 경우가 많아요. 경제적 여유나 시간이 없다 보니 나타나는 현상이 아닐까 싶습니다.

문화에 따라 먹는 부위와 조리법이 다르죠

김시천　　우리나라 사람들이 음식에서 문화적 의미를 찾기 시작한 데는 1992년 우리나라에 번역된 마빈 해리스의 책《음식문화의 수수께끼》의 영향이 컸습니다. 선생님 또한 음식에 대한 문화적 접근을 강조했는데, 그 배경에 대해 좀 더 설명해주세요.

박석준　　　다양한 측면이 있습니다. 먼저 문화에 따라 먹을 수 있는 것을 결정하는 기준과 먹는 방법 등이 달라요. 쉬운 예로 종교에 따라 어떤 동물의 고기는 먹거나 안 먹거나, 먹더라도 특별한 방식으로 가공합니다. 또 문화에 따라 음식을 먹을 때 사용하는 도구가 다르고요.

좀 더 구체적인 예를 들면, 중국인은 다리가 네 개 달린 것 중엔 책상, 날개 달린 것 중엔 비행기 빼곤 다 먹는다는 이야기가 있어요. 내 입으로 들어가 소화시킬 수 있는 것은 모두 음식이 된다는 의미입니다. 우리나라는 소의 고기 부위 외에 곱창과 막창 같은 내장도 요리해 먹고, 뼈는 고아 먹죠. 심지어 약재로 쓰이긴 해도 소의 귀지 또한 먹을 수 있는 것으로 생각합니다. 생선 내장을 삭혀 먹기도 합니다. 버리는 부위가 거의 없어요.

하지만 서양은 다릅니다. 그 이유는 영양학을 바탕으로 음식을 요리하는 문화에 있는 듯해요. 영양학에는 '폐기율'이라는 개념이 있어요. 예를 들어 소의 머리와 다리, 꼬리 그리고 생선의 내장과 꼬리는 음식으로 쓸 수 없습니다. 이는 음식을 대하는 태도, 곧 먹을 수 있는 것을 결정하는 기준이 나라와 문화권마다 다르다는 사실을 보여줍니다.

음식을 먹는 방법과 관련한 또 다른 사례로 뷔페도 있어요. 뷔페는 바이킹들이 자신들이 침략한 지역에서 약탈한 재료로 만든 음식을 먹는 방식에서 유래했습니다. 뺏어온 재료들이기에 그것들이 어떤 환경에서 자랐고 무슨 맛이 나는지도 몰랐으니 음식 사이의 관계 또는 사람의 몸과 자연의 관계는 고려할 여지가 없었죠. 그래서 우리나라의 상차림 문화와는 반대로 아무런 규칙 없이 그 음식들을 쭉 늘어놓고 먹은 겁니다.

이처럼 문화의 관점에서 음식을 바라보면, 가령 다른 나라 음식을 먹을 때 왜 그 음식을 그렇게 요리해 그런 도구로 먹는지 궁금합니다. 답을 찾아가는 과정에서 그 나라의 자연과 인간이 맺는 관계의 양상을 파악하고, 그 의미를 이해할 수 있습니다. 그러는 가운데 우리가 즐기는 뷔페 문화가 폭력적인 역사를 배경으로 출현했다는 것, 자연과 인간의 몸을 고려하지 못한 문화임을 알고, 그 의미를 재고할 수도 있는 거고요.

더불어 음식에 대한 문화적 접근은 지금과는 다른, 혹은 지금의 것을 개선한 음식 문화를 낳기도 합니다. 몇 해 전 한 고급 호텔의 뷔페 식당에서 한복 입은 사람의 입장을 거부해 논란이 된 적이 있어요. 한복의 치마와 소맷자락이 넓어 뷔페에 진열된 음식에 닿을 수 있다는 게 이유였어요. 그런데 문제는 옷이 아니라, 뷔페 측이 홀 안에 더 많은 음식을 진열하려고 통로를 좁게 만든 데 원인이 있다고 봅니다.

그 논란이 발생했을 때나 지금이나 식당에 들어오지 못하게 제재해야 하는 사람은 오히려 향수를 너무 진하게 뿌린 이들이라고 생각합니다. 음식의 맛은 혀뿐 아니라 코에서도 느낍니다. 길거리를 지나다가 식당 앞에서 자장면 냄새를 맡거나 카페 앞에서 커피 향을 맡아도 행복감을 느낍니다. 그런데 향수를 심하게 뿌린 사람이 옆에 있으면, 그 향 때문에 우리는 음식 본래의 향을 맡을 수 없어요. 결국 그런 사람은 그 식당의 다른 손님이 음식을 제대로 즐길 수 없게 피해를 주는 셈입니다. 이는 기본적인 식사 예절이라 할 수 있어요. 물론 지금은 그런 사람이 식당에 입장하는 것을 자연스럽게 여기지만 그것이 음식 자체를 제대로 음미할 수 없게 한다는 점에서 저와 같은 고민을 하는 사람이 많아지면 그 문화는 바뀔 수도 있겠지요.

음식을 준비하고 먹는 과정이 곧 인생

김시천　음식에도 역사가 있습니다. 주영하 교수는 비빔밥의 역사를 탐구한 논문으로 학계뿐 아니라 언론에서도 대단한 주목을 받았어요. 선생님도 음식의 역사를 음식인문학의 연구 대상으로 포함했는데, 음식의 역사를 우리가 꼭 알고 이해할 필요가 있을까요?

박석준　물론 꼭 그럴 필요는 없어요. 하지만 음식이 단순히 배 채우는 것 이상의 지위에 오른 지금, 음식의 역사를 알고 먹을 때와 모르고 먹을 때 그 맛엔 분명 차이가 있습니다. 쉬운 예로 우리나라 부대찌개의 기원은 한국전쟁 후 미군 부대 근처의 음식물 쓰레기통에서 찾아낸 부식 찌꺼기로 만든 '꿀꿀이죽'이라는 것이 거의 정설입니다. 그런데 요새는 부대찌개를 존슨탕이라고도 부릅니다. 정확한 사실 관계는 확인할 수 없지만, 존슨 전 미국 대통령이 우리나라에 방문해 부대찌개를 먹었다 해서 붙여진 이름이라고 합니다.

　중국 음식과 관련한 역사적 사실도 예로 들 수 있겠죠. 동파육은 돼지고기 덩어리를 중국식 간장에 삶은 음식인데, 이 음식은 소동파와 연관이 있어요. 소동파가 항저우 자사로 있을 때 양쯔강이 범람해 큰 물난리 위기에 처했다고 해요. 이때 소동파가 병사들과 백성을 동원해 강가에 제방을 쌓아 도시를 구했어요. 이후 소동파가 돼지고기를 좋아한다는 사실을 안 백성들이 고마움의 표시로 돼지고기를 보내자, 그는 혼자 먹지 않고 자신이 개발한 요리법으로 돼지고기를 요리해 백성과 나눠 먹었답니다. 소동파의 어진 마음에 감동한 백성들은 돼지고기 요리 이름에 그의 호를 붙여 동파육이라고 불렀다고 해요.

중국 무이산은 세계문화유산에 등재된 곳으로 중국 차 문화의 대표 산지입니다. 그곳에서 우롱차가 탄생했고, 명나라 이전 송·원 시기까지 무이산 부근에 황실에 차를 납품하는 공차 기지가 있었을 정도죠. 무이산 우롱차 중에 대홍포라는 유명한 차가 있어요. 대홍포와 얽힌 스토리가 재미있어요. 과거시험을 보러 가던 어느 서생이 무이산 부근을 지나다가, 배에 가스가 차서 헛배가 부르는 '고창병'을 앓게 되었는데, 무이산 암벽에서 자라던 차나무 잎으로 만든 차를 마시고 나아서 과거를 볼 수 있었답니다. 장원 급제한 그 서생은 그 은혜를 갚기 위해 자신이 하사받은 홍포를 차나무에 바쳐 대홍포라는 이름을 얻게 됐다지요.

이런 이야기를 알고 먹는 것과 그저 소시지가 많이 들어간 찌개나 간장에 절인 고기 또는 무이산에 나는 차 정도로 간주하고 먹는 것은 확연히 다르지 않을까요? 아는 만큼 제대로 맛을 느낄 수 있습니다. 또 그 음식에 더욱 관심을 갖고 그 흥취를 느낄 수 있고요. 이 때문에 최근 식당 창업을 많이 하는데, 창업 준비할 때 가장 중요한 항목이 그 식당의 역사라는 이야기를 들었습니다. 예컨대 '어디서 무슨 일을 하던 누가 무슨 계기로 이 음식을 구상해, 그것을 만들기 위해 어디서 재료를 공수했다'는 식의 이야기지요.

김시천　　　음식의 역사는 자연사와 사회사로 나뉩니다. 위에서 사회사에 해당하는 이야기를 했으니 자연사의 경우는 어떤지 궁금합니다.

박석준　　　음식의 자연사를 이해하는 것 또한 중요합니다. 진화론은 생물종의 변이가 다른 것과의 '관계' 속에서 일어난다는 사실을 밝혀냈습니다. 따라서 어떤 음식을 취한 동식물의 발생과 오랜 시간에 걸쳐 자연에서 겪은 변화 과정을 알면, 음식 자체뿐 아니라 음식으로 만난 나와 자연을 더 깊이 이해할 수 있습니다. 예컨대 감자는 고대에도 식용한 작물이지만 그때와 지금의 것은 품종 자체가 달라요. 또 최근엔 유전자 조작 등을 통해 품종을 인위적으로 개량하기도 합니다. 감자의 생장 환경과 영양분의 변화를 파악하면, 감자를 길러낸 자연과 다양하게 요리한 감자를 자주 접하는 우리의 몸과 마음의 상태를 이해하는 데 도움이 될 것입니다.

김시천　　　음식을 어떻게 생산하고 유통하며 가공하는지도 음식인문학의 중요한 요소라고 하셨는데요. 이에 대해 좀 더 자세히 말씀해주세요.

박석준 생산 및 유통과 관련해선 특히 농산물을 그 대상으로 하는 공정무역을 떠올리면 좋겠습니다. 어떤 채소는 땅주인에게 최저임금도 안 되는 임금을 받는 노동자가 기르거나 농약이 과다한 환경에서 자라는 등 부당한 방식으로 생산됩니다. 또 식자재 관련 업자들이 유통 과정에서 과도한 이윤을 남길 수도 있고요. 산지에선 한포기에 500원도 안 하는 배추가 도시에 오면 2000~3000원을 호가하는 것도 예가 될 수 있고요.

잘 알다시피 공정무역은 생산자는 합당한 보수 혹은 비용을 받고 농산물을 생산·판매하고, 소비자는 정당하고 안전한 농산물을 구매하자는 취지 아래 출현한 무역 형태입니다. 음식과 인간, 자연의 관계를 감안하지 않았으면 나올 수 없는 시스템이죠.

가공도 그렇습니다. 가내 수공업 형태로 소량 취급하는 전근대적 방식으로 가공하느냐, 대형 공장에서 대량 취급하는 자본주의 방식으로 가공하느냐의 차이가 있어요. 이 또한 자연과 인간의 몸에 서로 다른 영향을 끼칩니다. 따라서 음식의 생산·유통·가공을 음식인문학의 요소로 포함하지 않을 수 없어요.

김시천 이야기를 들으니 음식인문학은 요즘 새롭게 떠오르는 인문학 분야의 특징을 잘 드러낸다는 생각이 듭니다. 문사철이란 기본을 갖춰도 그 안에 머물러 있지 않은, 소위 융·복합적 성격 말입니다. 이는 음식 자체가 자연과학의 대상이고, 더구나 요식업이 경제 산업의 중요한 분야로 자리하는 등 음식이 사회에서 차지하는 위상이 커졌기 때문이라고 생각합니다.

지금까지의 이야기를 정리하면, '음식을 먹는다' 함은 단순히 배를 채우는 행위가 아니며, 어떤 역사를 갖고 어떤 환경에서 나온 것을 먹는지, 그것을 어떻게 음식으로서 차리는지, 그 음식을 어떤 방식으로 먹는지 등 수많은 선택이 개입한 행위입니다. 음식을 먹는 과정은 삶 그 자체라고 해도 과언이 아니므로 결국 삶의 문제를 다루는 인문학과 음식이 만나는 것은 당연한 일이라는 생각을 하게 됩니다. ✝

인문학이
지친 내 마음을
보살필 수 있을까?

박은미

석사 과정에서는 사회철학을, 박사 과정에서는 실존철학을 공부했다. 오타와 대학에서 방문학자로 머물던 중 세계 최초로 철학 카운슬링으로 박사학위를 받은 피터 라베 교수의 책을 접했다. 철학 카운슬링이라는 말을 처음 접했을 때 '바로 저거야'라는 생각을 했다. 철학이 학문으로서의 체계를 공고히 구축하는 것도 중요하지만 그보다 더 중요한 것은 사람들이 일상에서 부딪치는 문제를 해결하는 데 활용되고, 삶에 대한 근본적인 태도를 점검하는 데 쓰이는 것이라고 생각한다. 도서관과 학교에서 〈자기 자신과의 화해를 위한 철학 카운슬링〉, 〈진짜 나로 살고 싶은 청소년을 위한 철학 카운슬링〉 등의 제목으로 강의하고 있다. 저서에 《진짜 나로 살 때 행복하다》가 있다.

치유인문학(Humanities for Healing)은 학문 분야라기보다 현대 사회에서 개인이 부딪치는 실존적 문제를 치유하는 데에 인문학과 예술이 폭넓게 활용되는 경향을 반영하는 말이다. 철학, 문학, 역사 등이 철학 치료, 글쓰기 치료, 역사 치료와 같은 방식으로 치유나 힐링에 활용되는 학문 경향을 일컫는 말인 것이다. 기존의 인문학이 인간 문제 일반을 다룬다면 치유인문학은 개인적이고 실존적인 문제를 이해하고 이에 대한 인문학적 처방을 모색한다. 즉 인문학이 '인간이란 무엇인가'를 묻는다면, 치유인문학은 구체적 맥락에서 '나는 누구인가?'를 묻는다고 할 수 있다. 이런 흐름 속에서 인문학은 성숙한 인간과 정치 공동체의 구성원이 갖추어야 할 교양의 의미를 넘어 자신의 삶의 문제를 이해하고 대처하는 유용한 도구로서 의미를 갖는다. 현재 치유인문학은 '인문학의 현실 적용'과 '인문학의 상품화'라는 갈림길에 서 있다.

치유인문학을 향한 두 개의 시선

　인문학 열풍이라고들 한다. 인공지능과 대화할 수 있는 이 첨단의 시대에 도대체 왜 인문학 열풍이 분다는 말인가? 더구나 인문학은 효율성과는 거리가 먼 학문으로 효율성 추구를 최대의 가치로 여기는 지금의 삶을 반성하기를 요구한다. 그런데 왜?

　모든 것은 빠르게 변하는데 우리가 무엇을 위해 변해가고 있는지조차 알 수 없을 때 우리는 무언가 비어 있는 듯한 느낌에 봉착한다. 이 '비어 있는 듯한 느낌'은 결국 우리는 어디로 가고 있는가를 질문하게 만든다. 삶의 목적에 대해 의문이 들 때, '이것이 나의 삶의 전부란 말인가?'라는 물음이 떠오르고, 이것이 전부여서는 안 될 것 같은 느낌이 우리를 인문학으로 이끈다.

　나는 진정 어떤 삶을 살고자 하는지, 나는 정말 누구인지 질문도 하지 못한 채 세상의 속도에 따라 달려야 하는 현실에서 '꼭 이렇게 살아야 하나?'라는 의문이 발생하는 것은 지극히 자연스러운 일이다. 인문학은 그동안 우리가 세상의 속도에 부응하느라 놓친 삶의 본질적 가치에 대한 통찰을, 인생과 세계를 전체적으로 조망하는 시선을 갖게 해주는 학문이다. 사실 인류가 인문학을 홀대해온 역사는 그리 길지 않다. 산업혁명 이후 100년 정도만 인문학을 비효율적인 학문으로 취급하며 경시했지, 인류의 오랜 역사에서 인문학은 학문의 정수로서의 지위를 누려왔다.

　압도적인 사물인터넷 시대에 인간은 컴퓨터와의 경쟁에서 이겨야 살아남을 수 있다. 그런데 인간이 컴퓨터와 동일한 분야에서 경쟁해서는 살아남을 수 없다. 컴퓨터가 할 수 있는 영역에서 인간이 컴퓨터의 능력과 속도를 따라잡는 건 불가능하니까 말이다. 그러니 인간은 컴퓨터가 기능을 발휘할 수 없는 분야에서 자신의 능력을 펼쳐야 한다. 컴퓨터가 할 수 없는 사고, 즉 단순 계산 능력이나 정보 검색 능력이 아니라 고차원적 사고력이 필요한 분야 말이다. 이것이 기업들이 인문학적 성찰 능력을 갖춘 사원을 뽑겠다고 나서는 배경이다.

'아이폰 인문학'이라는 말이 이런 맥락에서 나왔다. 아이폰 인문학은 스티브 잡스가 인문학을 강조한 이후에 생긴 말이다. 기업 면접에서도 인문학이 강조되며 이제는 인문학이 스펙의 한 종류가 되어가는 모양새다. 이렇게 현실적 필요에 따라 인문학 열풍이 불면서 요즈음 인문학자들은 인문학이 현실에 필요한 얘기를 해주어야 한다는 강박에 시달리게 되었다. 대학 강의나 각종 연구 프로젝트에서 각광받는 인문학 주제들은 대중의 수요에 맞춘 인문학이다.

취업 준비생, 새로운 통찰로 조직을 이끌어야 할 리더들, 100세 시대에 일찍 퇴직한 중년층, 죽음을 생각하지 않을 수 없는 노년층, 빈둥지 증후군을 느끼는 주부 등 인문학에 관심을 갖게 되는, 혹은 가져야만 할 것 같은 사람은 차고 넘친다. 이런 상황에서 대중의 필요에 맞는 인문학으로 치유인문학이 등장하게 되었다. 컴퓨터와의 무한 속도 경쟁에서 자꾸만 뒤처지는 존재가 되어버린 인간에게 힐링과 인문학이 함께 필요해진 탓이다.

치유인문학이라는 말에 대해 대중은 호기심을 적극 표명한다. 그런 반면 분명한 개념을 중시하는 학자들은 왜 인문학에 치유라는 시류성 짙은 단어를 결합시키는지, 인문학을 시장에 팔아넘기는 처사가 아닌지 비판적 시선을 보내기도 한다. 어쨌든 일반인은 치유인문학이라고 하면 인문학이 고담준론에서 벗어나 고단한 지금 여기의 삶을 헤쳐나가는 데 새로운 통찰을 제공해주리라 기대하는 것으로 보인다.

바로 이러한 차이에서 치유인문학이라는 말이 나온 배경을 짐작할 수 있다. 인문학은 원래 비효율적이기에 (책 한 권 제대로 번역하기 위해 15년을 매달리기도 한다) 세상은 인문학에 관심을 갖지 않을 것 같은데, 길이 보이지 않는 각박한 현실에서 살아가야 하는 숱한 보통 사람들은 지금 필요한 지혜나 통찰이 인문학에 있지 않나 궁금해한다. 그런 대중의 기대에 부응해 등장한 것이 치유인문학이다.

삶의 고통과 대결하는 인문학

사실 치유는 인문학의 본래 관심사다. 괴롭지 않았다면 인간은 학문을 시작조차 하지 않았을지 모른다. 궁금하고 이해 안 되는 일들은 인간을 괴롭힌다. 왜 태어났는지, 왜 사는지 모르는 나란 존재, 도대체, 왜, 어쩌다 몸을 가지고 태어나 이 모든 고통과 슬픔을 느껴야 한다는 말인가! 기쁨과 즐거움은 사라지기 때문에 고통이고, 분노와 슬픔은 지속되기 때문에 고통이다. 정신을 차리고 보니 이미 이 고통의 바다에서 살고 있는데, 왜 태어났는지, 존재를 그치게 되면 어떻게 되는지,

죽음이 끝인지 아닌지조차 모르니 존재 자체가 무거울 수밖에 없는 것이다.

고통은 인간을 생각하게 만드는 원동력이다. 인류의 업적이 사실 고통에 대한 반응이고 고통을 넘어서려는 분투의 과정일지도 모른다. 불교 초기 경전 《숫타니파타》는 지루할 만큼 동일한 문구가 반복되기 때문에 내용 있는 문장을 만나기가 쉽지 않다. 그중 이런 문장이 있다. "성인은 남을 괴롭히지도 남으로부터 괴롭힘을 받지도 않는다." 이는 고통의 문제가 원초적 문제임을 다시 한 번 확인해준다.

고대 철학자들 역시 인생의 괴로움에 대해 고민했다. 에픽테토스의 말을 들어보자.

"철학이 진정으로 할 일은 무엇인가?

영혼의 외침에 답하는 일이다.

우리를 붙들고 있는 생의 고통과 두려움으로부터 해방시키는 일이다."

니체 또한 "철학자는 시대의 고통과 인간 영혼의 상처를 읽고 치유하는 철학적 의사다"라고 한 바 있다. 삶이 고통스럽지 않은 사람이 있을까? 사실 인간의 인식 방식 자체가 고통의 근원이다. 도대체 무엇이 얼마만큼 갖춰져야 인간은 행복할 것인가? 객관적인 행복의 조건이 있기나 한가? 아흔아홉 가지 좋은 일이 있어도 한 가지 나쁜 일 때문에 불행해지는 존재가 인간이다. 그런데 한 가지 나쁜 일은 정말 '객관적으로' 나쁜 일일까? 아무리 좋은 일만 있어도 인간은 자신이 겪는 일을 더 좋은 일과 덜 좋은 일로 나누고, 덜 좋은 일을 더 좋은 일보다 나쁜 일이라고 인식한다. 그래서 그 어떠한 조건에서도, 아무리 좋은 조건에서도 인간은 불행을 겪어내고야(!) 만다. 이러한 인식으로는 고통을 받지 않을 수가 없다.

유한한 인간 삶을 전체적으로 조망하는 인문학은 그 자체가 고통과 대결하는 한 방식이라 할 수 있다. 어떤 인문학자는 인문학을 "인간의 문제를 고민하고 인간의 행복을 찾는 인간학"이라고 정의한다. 인문학은 재난 같은 삶(존재하기로 결정한 적도 없는데 이미 존재하고 있고 이 삶을 견뎌내야만 한다!)을 견디며 살아가려는 인간의 몸부림이다. 그러니 인문학과 치유가 무관하다면 그것이 오히려 이상한 일일 것이다. 그동안 치유라는 단어를 전면에 내세우지 않았을 뿐이다.

인간의 삶 자체를 대상으로 하는 인문학은 필연적으로 치유의 힘을 갖는다. 인문학은 근본적으로 인간을 인간이게 하는 것이 무엇인지를 추구하는 학문이다. 철학은 인생과 세계의 근본 이치를 다루는 방식으로, 역사는 시간의 흐름에 따라 달라지는 인간 삶을 다루는 방식으로, 문학은 인간 삶을 서사와 함축을 통해 이야기하는 방식으로 우리들로 하여금 삶의 의미와 가치를 찾고 소외되지 않는 삶을 살기를 권유한다. 한마디로 인간다움의 회복을 지향한다. 인간다움의 회복은 그 자체로 인간 존재에 대한 치유다.

인간이 겪는 실존적 공허, 삶의 의미 상실의 문제 등은 인문학만이 다룰 수 있다. 인문학은 사유의 폭을 확장시켜주고, 삶에서 부딪치는 다양한 문제들을 자기 주도적으로 해결하도록 돕는다. 삶 자체에 대해,

세계에 대해 그리고 인간과 세계의 관계에 대해 근원적으로 성찰하게 한다.

우리가 가진 믿음은 우리의 마음을 병들게도 하고 잘 살아가게 할 수도 있다. 인문학은 우리의 믿음에 대해 검토하게 함으로써 '폐기해야 할 믿음'과 '유지해도 좋은 믿음'을 구분할 수 있게 한다. 어떤 생각과 믿음은 자신과 타인을 인간답게 하는 것을 방해하고, 어떤 생각과 믿음은 자신과 타인을 인간답게 하는 활력을 가져온다. 자신과 타인을 인간답게 하는 생각과 믿음을 견지하는 것, 그리고 자신과 타인의 인간다움을 방해하는 생각과 믿음에 휘둘리지 않는 것은 매우 중요한 일이다.

치유인문학은 마음의 해독제

자기 자신을 돌아보고 잘못된 생각을 바로잡아 내 마음의 주인이 되는 일은 모두의 인생 과제다. 인간은 마음의 주인으로 살아야 행복하다. 그런데 현대인은 지갑을 열 때만 인정받고, 인생 대부분의 시간을 그 지갑을 채우려 노력하는 데 바쳐야 하는 인간 금고의 삶을 살기를 강요받는다. 이러한 무한경쟁의 삶에서 자신의 인간다움을 지키기도 어렵고 타인을 인간으로 대우하기도 어렵다.

한마디로 자신에게든 타인에게든 인간에 대한 예의를 지키기 어렵다. 우리는 타인을 어떻게 수단으로 이용해야 하는지를 잘 아는 사람들이 사회적으로 성공하는 세상을 살면서 그렇게 하지 못하는 자기 자신을 질책할 수도 없고, 그렇다고 그러한 자기 자신을 바꿀 수도 없는 그런 무력감에 시달리며 살아간다. 이 과정에서 모두가 모두로부터 상처 입는다.

인간은 무엇보다도 먼저 자신의 상처에 집중하지만 인문학의 성찰력은 우리의 시선을 자신에게로만 향하게 두지 않는다. 인문학은 자신의 입장을 상대화하고 타인의 입장에 서서 볼 수 있는 공감력을 제공한다. 타인만 자신에게 고통을 주는 것이 아니라 자신 역시 타인에게 고통을 줄 수 있다는 사실을, 원하지 않지만 서로 상처와 고통을 주고받을 수밖에 없는 존재임을 통찰하게 한다. 그리하여 인문학은 고통이 자신만의 것이 아님을, 인간 보편의 조건임을 인식하도록 이끈다.

이렇듯 인문학은 '인식의 확장'을 가져온다. 자신만의 관점과 시선에 갇히지 않도록 함으로써 자기 자신, 타인, 세계에 대한 이해의 폭을 넓혀준다. 그리하여 자기 자신과의 관계, 타인과의 관계, 세계와의 관계를 왜곡되지 않게 정립할 수 있도록 돕는데, 이 과정에서 갈등 상황이 줄어들거나 해소된다.

인간은 거울이 있어야만 자신의 얼굴을 볼 수 있는 존재다. 인문학은 인간에게 거울 역할을 한다. 인간을 이해할수록 자기 자신을 더 잘 이해하게 되고, 자기 자신을 깊이 이해할수록 인간을 더 잘 이해하게 된다. 이는 선순환을 이룬다. 자신을 더 잘 이해할수록 자신의 숨은 욕망을 보게 되고, 자신의 욕망을 보면서 타인의 욕망에 관대해질 수 있다. 이렇게 점점 타자와 세상을 보는 관점이 확대되고 깊어진다.

자기 자신과 화해하지 못한 사람은 타인을 있는 그대로 수용하기 어려워하고 세상을 원망하기 쉽다. 스스로를 용납하지 못하므로 타인도 세상도 자신을 수용해주지 않을 것이라고 생각해 원망하게 되는 것이다. 스스로를 존중하지 못하는 사람이 타인을 존중하기는 어렵다. 인간은 자신이 자기다운 만큼 타인의 인간다움을 존중할 수 있다. 인문학은 자기다움과 인간다움을 추구하도록 이끄는 학문이다.

인문학은 또 인간다움에 대한 성찰 없이 허둥지둥 풍요와 편리만을 좇다가 상실한 삶의 본질을 찾고자 하는 노력이다. 치유인문학은 인문학의 본래 가치를 되살려 현대인이 겪는 고통과 갈등을 치유할 수 있는 길을 모색하는 노력이다. 치유에는 자기 스스로 나을 수 있는 힘을 키운다는 의미가 포함된다. 그렇기 때문에 인문학과 치유라는 말이 결합할 수 있는 것이다. 치유인문학은 마음의 해독제라는 인문학의 본령으로 되돌아가려는 움직임이다.

철학 상담은 일상의 문제에 대한 철학적 대화

치유인문학은 대중을 소외시키지 않으려는 인문학자들의 고심에서 나왔다. 학문이 원래 그렇지만 개념을 정밀하게 하고 학문적 충실도를 높이려 하면 할수록 대중이 이해할 수 있는 언어로 학문의 결과를 설명하기는 어려워진다. 그런데 인문학은 여타의 학문과 달리 학문의 결과를 일반 대중과 공유해야 한다는 특징이 있다. 물리학 같은 학문은 전문 연구자만 그 연구 성과를 알아도 큰 문제가 없지만, 철학이나 역사 등 사람에 대한 인문학은 일반인도 어떤 식으로든 접근할 수 있어야 한다. 우리 모두는 자신의 삶에 대해 숙고하는 철학자여야 하고 자신의 삶의 역사를 바라보는 역사학자여야 하고 자신의 삶을 이야기로 풀어내는 문학가여야 하기 때문이다. 그렇기 때문에 인문학자들은 인문학이 대중에 어떻게 흡수될 수 있는지를 늘 고민하는데, 이러한 노력의 일환으로 등장한 것이 치유인문학이다.

치유인문학은 철학 상담(철학 치료, 철학 실천, 임상철학), 문학 치료(이야기 치료, 독서 치료, 글쓰기 치료, 시 치료), 역사 치료 등으로 나눌 수 있다.

철학 상담은 잘못된 생각 때문에 발생하는 문제를 줄이려는 노력이다. 철학은 학문으로서의 측면이 있고, 삶의 지혜로서의 측면이 있다. 철학 상담은 삶의 지혜로서의 철학을 일상에 적용해 문제를 해결하도록 돕는다. 철학은 원래 '생각에 대한 생각'인데 이 생각의 힘을 일상의 문제에 적용하지 못한다면 그것이 오히려 더 이상한 일일 것이다. 철학 상담은 철학적 성찰력을 일상의 문제에 적용하도록 돕는 철학적 대화이자 일반인과 철학적 지혜를 공유하려는 철학 실천 운동이다.

우리의 인생을 좌우하는 것 중 생각만큼 비중이 큰 게 있을까. 잘못 생각하면 원하지 않는 결과를 낳는 행동을 하게 되고, 원하지 않는 결과를 감당해야 하는 상황에 봉착한다. 인간은 자기중심적으로 생각하는 경향이 있는데 이는 필연적으로 갈등을 불러온다. 철학 상담은 자신의 생각만이 옳다는 절대화의 오류에서 벗어나 관점 전환, 입장 전환을 하도록 돕는다. 즉 자신의 생각을 상대화하도록 도움으로써 자기중심적 인식을 최대한 해체하게 한다. 이 과정에서 잘못된 전제에 입각해서 생각하거나 자신에게 적용하는 논리와 타인에게 적용하는 논리가 일관되지 않아 생기는 갈등과 고통을 줄일 수 있다.

우리나라 철학 연구자들이 철학 상담을 화두로 연구하기 시작한 시점은 2007년 즈음이다. 말하자면 철학의 신생 분야다. 지금은 상담 현장에서 개인 상담이나 집단 상담이 이루어지기보다는 철학 실천의 일환으로 철학 상담을 어떻게 할 것인지에 대한 연구가 활발하게 진행되는 단계다. 그런 탓에 관련 학술 논문은 많지만 철학 상담을 받고 싶은 이를 위한 구체적이고 실질적인 내용을 다룬 책은 드문 편이다.

철학 상담 연구자 중 철학에 방점을 두는 연구자들은 철학 상담을 대중 철학 교육의 한 방식으로 바라보는 경향이 있고, 상담에 방점을 두는 연구자들은 상담의 실천적 기법에 관심을 두는 경향이 있다. 철학 상담에 대해 어떤 입장을 취하느냐에 따라 연구자의 연구 방법이나 노력의 방향은 다르지만 철학적 성찰이 현대인의 실존적 문제를 해결하는 데 중요한 지점이라는 사실, 그리고 그 구체적 실천이 중요하다는 점은 공유하고 있다.

치유인문학은 자신을 객관화하는 작업

자신이 보지 못한 혹은 애써 외면한 자신의 은폐된 측면을 복원하고, 분열되어 있던 자기를 통합하여 더 큰 자아로 나아가게 하는 것이 치유인문학이 지향하는 과정이다. 다시 말해 자신이 부딪치고 있는 문제를 명확하게 설정하고 보다 넓은 관점에서 보게 함으로써 그 문제로 인한 긴장과 불편을 완화하는 과정이다. 철학은 이를 이성의 힘, 성찰력의 확대로 해내는 것이고, 문학은 이성의 힘뿐만 아니라 허구를 동원하여 이야기 방식으로 접근해서 해내는 것이다.

문학 치료는 심리 치료나 정신분석에서 오래전부터 활용되어왔다. 내담자가 처한 상황과 유사한 상황을 드러내는 작품이나 내담자의 정신적 정황을 은유나 상징으로 드러낸 작품을 찾아 읽게 해서 내담자 스스로 자신의 상황을 객관화하도록 이끈다. 문학 작품을 통해 내담자는 작품 해석을 자기 방식으로 해내면서 의미 구조를 자기 방식으로 형성하고, 감정의 해방을 통한 정화를 경험하면서 치유 효과를 얻는다. 문학 치료는 고유한 존재 양식에 따라 텍스트의 의미 구조를 자신의 방식으로 해석하고 형성하는, 바로 그 개방성에 핵심적인 힘이 있다. 이렇듯 허구의 힘을 활용하는 문학 치료는 내담자의 상상의 여백이 작동할 수 있기 때문에 의도하지 않은 자기 치유 효과까지 얻을 수 있다. 전체적으로 보면 문학 치료는 읽기와 쓰기를 통해 건강한 자기 서사를 확립해가는 과정이다.

문학 치료가 허구의 세계를 활용함으로써 치유 효과를 얻어낼 수 있다면 철학 상담은 자기 자신을 깊이 성찰하게 해 자기 교육 및 자기 치유 효과를 거둘 수 있다. 인간은 자기 자신에 대한 비판 능력보다 타인에 대한 비판 능력이 월등히 좋기 마련이다. 그런데 철학 상담을 통해 자기 자신에 반성적인 비판력을 적용할 수 있게 되면 사고력도 함께 증진된다. 자기 자신에 대한 반성과 비판이라는, 그 어려운 단계를 넘어서 생각하는 힘을 가지게 되기 때문이다.

인간은 누구나 상황에 대응하는 자기만의 정서적 반응 패턴을 갖는다. 철학 상담은 내담자로 하여금 생각의 균형을 확보하도록 도와 비논리적이거나 무비판적인 생각 때문에 고통받는 것을 약화하는 과정이다. 그래서 그 자기만의 정서적 반응 패턴을 메타 차원에서 확인하도록 돕는다. 이는 논리의 활성화를 통해 자신 안에서 논리가 작동하지 않는 영역을 확인하게 하는 방식으로 이루어진다.

자신의 내면에서 논리가 작동하는 영역과 논리가 작동하지 않는 영역을 구분하는 것만으로도 우리는 자신을 더 잘 이해할 수 있다. 논리가 작동하지 않는 영역은 심리가 논리를 비틀고 들어오는 영역이므로 어느 부분에서 논리가 작동하지 않는지 관찰하면서 자신의 심리적 특징을 확인하는 것이다. 철학 상담의 과정에서 내담자는 논리가 작동하지 않는 자신 안의 어떤 모습을 직면함으로써 자신에 대한 이해를 확장하고, 이를 통해 자신과의 관계가 편해지면서 이전보다 더 자기답게 사는 길을 나설 수 있게 된다.

철학 상담의 강점은 자기 자신에 대한 이해, 타인에 대한 이해, 세계에 대한 이해를 제고하고 성찰력의 증진을 가져온다는 점에 있다. 인간을 지정의(知情意)의 존재라 할 때 철학이 지의 측면을 중심으로 인간에게 접근한다면, 문학 치료는 지정의라는 측면을 두루 포괄해 접근한다고 볼 수 있다. 존재의 전체 측면을 대상으로 한다는 점, 그리고 내담자가 어렵지 않게 접근할 수 있다는 점에 문학 치료의 강점이 있다.

역사 치료는 이제야 연구가 시작된 분야이다. 작가 박완서는 자신의 소설이 "역사의 수레바퀴에 밟힌 제 자신의 울음에서부터 시작한 것"이라고 한 바 있다. 인간의 삶이 역사에 따라 달라지기 때문에 인간을 이해하려면 인간의 역사를 봐야 한다. 과거부터 지금까지 지속되는 경향성을 확인하고, 이 경향성이 미래에는 어떠한 변화를 가져올지 예측하고, 그 경향성에서 인간다움을 파괴하는 측면을 어떻게 제어할 것인지를 화두로 삼을 수밖에 없다. 니체는 《반시대적 고찰》에서 "삶을 위해 과거를 사용하고 이미 일어난 것에서 다시 역사를 만드는 힘을 통해 비로소 인간은 인간이 된다"고 했는데, 역사 치료의 필요성을 잘 표현한 말이라 하겠다.

우리는 인류의 기억인 역사를 통해 시간을 초월해 확인되는 인간의 본질과 삶의 가치와 의미에 대한 통찰을 얻을 수 있다. 역사 치료는 과거 사실의 기록에 대한 해석과 분석이나 사건 체험자의 구술을 통해 사회 구조의 문제나 개인의 트라우마를 치유하는 방식으로 이루어진다. 지난 삶의 아픈 기억이나 그 흔적이 정리되지 않고서는 현재도 제대로 살아낼 수 없고 미래도 계획하기 어려워진다. 상흔이 치유되어야 망각도 가능해진다. 니체 철학과 마음 치유에 관해 연구하는 김정현 교수는 "인간은 기억을 통해 의미와 역사를 만들고, 망각을 통해 현재와 새로운 것을 만든다"고 했는데, 이 역시 역사 치료와 관련해 중요한 통찰이 담긴 말이다.

과거사에 대한 집단 기억, 역사 인식과 관련해 발생하는 문제에 대한 해결이 역사 치료의 주요 관심사다. 이러한 이유로 역사 치료 분야는 사회적 치유와 연결될 수밖에 없다. 물론 치유인문학이 개인의 문제에만 집중하지 않고 그러한 개인의 문제를 낳는 사회 문제를 볼 수 있어야 하지만 특히 역사 치료는 사회적 치유와 직접적으로 연결된다는 특성이 있다.

철학 상담이든 문학 치료든 역사 치료든 치유인문학은 결국 자신을 보다 객관적인 시선으로 살펴보도록 하는 작업이다. 철학적 성찰력을 확대해 자기 자신을 보다 더 객관화하도록 하는 방식이든, 자신의 내적 외적 상황과 유사한 허구를 체험하면서 자신에 대한 새로운 시선을 얻어내게 하는 방식이든, 인류 역사의 흐름을 들여다보게 해서 집단적 기억의 상처를 치유해내는 방식이든 치유인문학은 인간 일반을, 그리고 자기 자신을 보다 더 객관적으로 볼 수 있도록 도와준다.

자기 자신을 객관화하면 자기 자신으로 살지 못하게 하는, 자신 안에 있는 나쁜 경향성을 직면하게 되고, 그 경향성을 제어하려 애쓰면서 더 인간다운, 더 자기다운 삶을 살려고 노력하게 된다. 그리고 이 과정에서 자신이 인간답게, 자기답게 살아가는 과정은 모든 인간이 인간답게 살아가는 것과 긴밀하게 연결된다는 사실을 깨닫게 된다. 자신이 타인을 인간답게 대우해야 타인도 자신을 인간답게 대우하고, 모든 인간이 인간답게 살아갈 수 있는 세상에서야 자신 역시 인간답게 살아갈 수 있음을 알게 되기 때문이다.

고통을 제거하는 것이 진정한 치유일까?

현대인은 풍요와 편리에 익숙해서 불편과 고통은 제거해야 하는 대상으로만 바라보는 문제점이 있다. 이런 상황에서 인문학마저 치유인 문학이라는 이름으로 고통 제거에 나서야 하는가라는 문제제기를 할 수 있다. 그러나 고통에 대한 인문학적 성찰은 고통을 무조건 제거하는 것만이 인간을 행복하게 하는 것이 아님을 통찰하도록 돕는다. 고통 중에는 인간다움을 유지하는 데 필요한 고통이 있고, 인간다움을 파괴하는 고통이 있다. 우리는 인간다움을 파괴하는 고통을 어떻게 극복하고, 그전에 파괴적인 고통이 나타나지 않도록 하려면 어떻게 할 것인지를 함께 고민해야 한다. 인간다움을 유지하는 데 필요한 고통의 경우, 예를 들어 죄책감이나 연민 같은 고통은 어떻게 잘 겪어낼 것인지를 생각해야 한다. 더 나아가 인문학은 자신의 고통을 제거하는 일뿐만 아니라 인간 집합의 고통을 제거하는 데에도 주목해야 함을 알려줄 수 있고, 인간다움을 파괴하는 사회 구조적 고통을 어떻게 해결해나갈지를 고민하도록 독려할 수 있다.

3D 프린터가 맞춤형 장기를 손쉽게 만들고, 냉장고가 알아서 유통기한이 지난 식품을 알려줌은 물론 떨어진 식재료를 자동 주문하는 시대가 와도, 심지어 기억을 주입하고 기억을 성형하는 시대가 와도 인간은 희로애락을 겪고 죽음을 맞이한다. 희로애락에 대해 어떤 마음가짐을 가질지, 죽음에 대해 어떤 태도를 취할지는 컴퓨터가 대신 결정해줄 수 없다. 현대의 과학기술은 마치 죽음이 인간에게는 해당 사항이 없는 것 같은 착각을 심어준다. 과학기술이 한사코 외면하는 고통과 죽음의 문제에 대해 치유인문학은 정면 승부를 걸도록 돕는다.

인문학은 전체를 조망하는 눈, 근본적인 문제를 파악하는 눈, 불편한 진실도 기꺼이 대면하는 눈을 길러준다. 현실을 보자. 노동생산성은 높아졌는데 사람이 일자리를 잃는 현실이다. 그러면 누군가의 생존권을 박탈하기 위해 우리는 기술을 발전시키는 걸까?

생각해보면 너무나 당연한 의문이다. 그런데도 우리는 이런 질문을 하지 않고 살아간다. 그렇다면 현실에 대한 근본적이고 전체적인 인식은 어떻게 가능할까? 그것은 현실에서 성공가도를 달리겠다는 욕심에 휘둘리지 않을 때 가능해진다. 그러려면 세상을 보는 자신만의 전제, 인간이 세상을 바라보는 인간 고유의 전제, 인간이기에 가지게 되는 생각의 패턴 등에 대한 사유가 필요하다. 자신에 대해, 인간 전체에 대해 메타적(상위 차원에서의) 통찰을 하게 하는 인문학이 제 역할을 해야 할 것이다.

1998년에 영국의 경제철학자 찰스 핸디는 2098년에는 당시보다 16배의 소비를 하게 된다고 예측했다(현재의 발전 속도로 보아 16배는 당연히 넘을 것으로 보인다). 그때 우리 인류는 행복할 것인가? 16배 소비한다고 해서 16배 행복해지지는 않을 것이다. 지금과 같이 탐욕을 제어하지 않는 방식으로는 새로운 생명이 살아가야 할 지구를 다 망가뜨리고도 그 탐욕은 그치지 않을 것이다. 120억 명이 먹을 수 있는 식량이 나는 지구에 90억이 안 되는 인구가 사는데, 사망 원인의 4분의 1이 기아라는 말도 안 되는 현실을 볼 눈을 가지지 못하게 될 것이다.

탐욕에 대한 제어는 인문학적 성찰력 또는 종교적 영성으로 가능하다. 그런데 차분하게 자신을 되돌아보게 하는 힘은 인문학에 있다. 자신의 마음을 들여다보고 인간의 욕구에 대한 전반적인 이해를 해야만 인간의 집합이 만들어내는 다양한 인간사에 대한 이해가 가능하고 그 이해를 기반으로 해야만 지금까지의 문명사를 전환하는 새로운 노력을 기울일 수 있다. 그리고 종교적 영성 역시 인문학적 기반이 없이는 광신이나 기복신앙으로 가기 쉽기 때문에 인문학적 성찰력을 일반화하는 일은 꼭 필요하다.

치유인문학은 인문학의 역할을 회복하려는 노력

삶의 의미에 대해 고민하다 보면 죽음을 향해 가는 삶을 어떻게 살아야 할 것인가라는 당연한 질문을 하게 된다. 그러면 알게 된다. 죽음 앞에서 의미 있는 것은 이 세상의 모든 사람들이 보다 더 인간답게 살 수 있도록 기여하는 것 외에는 없음을 말이다. 그리고 자신이 인간답게 살기 위해서라도 다른 사람의 인간다움을 침해해서는 안 된다는 사실을 깨닫게 된다. 치유인문학은 삶 앞에서 당혹해하는 현대인에게 필요한 인문학적 통찰을 제공해주려는 노력으로서 의미가 있다.

치유인문학 분야를 이끌어가는 연구자들 입장에서 치유인문학은 인문학이 가고자 했던 원래의 길을 걸어가려는 노력의 일환이다. 적어도 학문은 대중을 소외시키는 것이어서는 안 된다. 연구자들이 공부할 때는 깊게 공부해서 어려운 내용에까지 다다른다고 해도 그것을 전달할 때는 쉽게 전달해야 할 의무가 있다. 치유인문학이 인문학의 본래 역할을 회복하고 사회에 필요한 바를 제대로 해낼 수 있도록 모두가 관심을 가질 필요가 있다.

치유인문학이 역할을 제대로 해낸다면 타인의 탐욕을 조롱하는 데 집중했던 자신의 시선을 거두어 자신의 탐욕을 돌아보도록 하는 데 기여할 것이다. 그리고 자신의 고통에만 집중했던 시선을 우리 모두의 고통에로 돌리는 데 기여할 것이다. 치유인문학이 모든 존재가 자기다움을 회복하도록 돕는 인문학의 본래 역할을 충실히 해내는 미래의 인문학이 되기를 기대해본다.

더 읽을거리

《철학 상담소》(루 메리노프, 북로드)

《진짜 나로 살 때 행복하다: 자기 자신과의 화해를 위한 철학 카운슬링》(박은미, 소울메이트)

《서툰 인생을 위한 철학 수업》(안광복, 어크로스)

《내 마음을 만지다: 이봉희 교수의 문학치유 카페》(이봉희, 생각속의 집)

《철학의 발견: 희망의 인문학 철학 강의》(장건익, 사월의책)

《상처가 꽃이 되는 순서: 마음을 어루만지는 시 치유 에세이》(전미정, 예담)

《셰익스피어 인문학: 위대한 치유력》(최용훈, 페르소나)

《결핍을 즐겨라: 마음 치유인문학》(최준영, 추수밭)

인문학이 마음에 위안이라도 주면 다행이죠

김시천   치유인문학은 몇 년 전부터 대중 인문학 강좌에서 대단한 인기를 끌고 있습니다. 반면 인문학계, 특히 철학 분야에서는 '치유'란 말을 인문학과 결합하는 데 거부감을 갖는 분위기가 큽니다. 왜 그럴까요?

박은미   우리 사회가 사회의 문제를 개인의 문제로 환원해버리는 경우가 많은데 인문학마저 이런 분위기에 기여할 것이냐는 문제의식 때문으로 보입니다. 사람들이 겪는 많은 문제는 개인 차원에 국한된 것 같아도 결국 전체 사회 구조의 문제와 결부되어 있어요. 그런데 치유는 개인이 겪는 고통의 근본 원인인 사회 구조를 외면하고 그저 개인의 마음을 위로해준다는 성격이 강해 보이고, 실제로 그런 면이 있기 때문에 학자들이 꺼리는 것이지요.

또한 치유인문이 보편적 개념으로, 치유인문학이 학문으로 정립되지 않았기 때문이기도 합니다. 학자들은 개념을 정밀하게 쓰는 것을 중요하게 여깁니다. 학자들 입장에서는 도대체 누가 누구를 치유한다는 말인지 납득할 수 없는 거죠. 사실 저도 치유인문학이라는 말이 조심스럽습니다.

김시천　　저도 인문학으로 치유한다는 것 자체에 부정적이었어요. 그런데 재작년에 아내와 '인문학이 대체 무슨 역할을 할 수 있을까'라는 주제로 이야기를 주고받은 적이 있어요. 그때 아내가 "인문학이 마음에 위안이라도 줄 수 있으면 다행이게?"라고 말하는데, 순간 뒤통수를 맞은 느낌이었어요. 그 경험으로 입장이 바뀌었죠. 지금은 인문학이 진리를 밝히는 학문이기도 하지만 사람들에게 조금이나마 위안을 줄 수 있다면 그것도 의미 있다고 생각해요. 그렇게 생각하니 치유인문학이 나온 것은 과거 인문학이 없던 시절 종교가 수행한 치유라는 역할을 인문학이 대신해야 한다는 요구에서 비롯된 것이라는 생각이 들었어요. 생각해보세요. 인문학이란 표현이 없었던, 과거 씨족을 중심으로 한 전통 사회에서는 종교를 통해 마음의 상처를 치유할 수 있었잖아요. 공동체 속에 녹아들어감으로써 그 안의 관계에서 자신의 의미를 찾고, 종교 체험 등으로 거대한 우주 질서 속에 자신이 포함돼 있다는 일체감과 황홀경을 느꼈을 테고요. 그런데 우리는 어떤가요? 철학자 한병철의 말처럼 "현대의 개인은 쪼그라들 대로 쪼그라들어 코딱지만

한 자기 신체 이외에는 아무것도 없는 존재"가 돼버렸어요. 현대엔 공동체가 해체되고 종교도 세속화돼 위안을 얻을 수 있는 곳이 사라졌어요. 이젠 자신의 삶이나 그 의미 등을 전 우주의 차원에서 찾지 않으니, 자기 신체만 들여다보는 거지요.

박은미　　동의해요. 현대 사회에선 모든 영역이 전문화·세분화되었어요. 반면 인문학은 조각난 것들을 통괄해서 보려고 노력하지요. 그런 노력이 자신의 어느 부분을 자꾸 잘라내야 하는 시대의 개인에게 치유와 회복 효과를 주는 거죠.

심리학이나 정신분석학과 철학 상담의 차이

김시천　　치유를 다루는 학문들이 있지 않나요? 대표적으로 정신분석학과 심리학이 있지요. 하지만 이것들을 치유인문학이라고 부르지는 않아요. 치유인문학과 무슨 차이가 있기에 그런 건가요?

박은미　　정신분석학은 무의식과 개인사를, 심리학은 행동 패턴을 연구하는 학문이에요. 모두 개인의 영역에 한정해, 개인의 트라우마나 행동 장애의 원인과 그 치료 방법을 찾지요. 하지만 철학 상담과 문학 치료, 역사 치료 등의 치유인문학은 개인의 인식을 전체 삶으로 확장해 조망함으로써 문제의 원인과 해결책을 찾아요.

실제로 치유 효과 면에서 차이를 느끼는 사람도 있어요. 철학 상담 특강을 다니면서 심리학이나 정신분석학에 어느 정도 지식을 갖고 있는 이들이 많다는 것을 알게 되었어요. 그런데 그 학문들을 공부해도 답답한 부분이 있다고 말하는 분이 많았어요. 예를 들어 정신분석학은 문제의 원인이 유아기 때 애착 과정에 있다고 말하는데, 그렇다고 자신이 그 나이로 돌아갈 수는 없다는 거지요. 그래서 "지금 내 삶에서 부딪치는 문제를 해결할 수 있는 방법은 어디에 있단 말인가?"라는 생각을 하게 돼요. 반면 철학 상담은 '나'라는 우물에서 벗어나 삶과 세계를 포괄할 수 있는, 관점 전환의 기회를 제공해요. 철학 상담을 경험한 사람들이 이 점에 꽤 만족합니다. 어떤 수강생은 심리학 관련 강의를 많이 들어도 뭔가 찜찜했는데, 철학 상담 강의를 듣고 나서 마지막 매듭이 풀린 느낌을 받았다고 말하기도 하더군요.

김시천　　　그럼 철학 상담으로 이야기의 중심을 옮겨볼까요? 글에 따르면 철학 상담은 내담자가 논리를 작동하는 과정에서 본인 심리의 특징을 파악할 수 있다고 했어요. 이 분야는 '논리'를 굉장히 중요시하는 느낌인데, 맞나요?

박은미　　　철학 상담 연구자 중에서도 제가 특히 논리를 강조하는 편이에요. 철학 상담은 크게 두 가지 측면으로 나뉘어요. 특정 철학자의 통찰에 기대는 것과 그런 것 없이 기본 사고 영역을 넓히는 것으로요. 그 둘 모두 내담자가 새로운 시선으로 문제를 바라보고 해결할 수 있게 도와줘요. 실제 상담에서도 두 가지가 혼용될 수 있고요.

결국 그 새로운 시선은 논리의 힘, 즉 새로운 통찰력에 입각해 있어요. 제가 논리를 강조하는 이유는 논리는 아주 힘이 세고 그것만 잘 적용해도 풀릴 수 있는 문제가 생각보다 많기 때문이에요. 우리가 타인을 평가할 때 사용하는 논리를 우리 자신에게만 적용해도 숱한 문제가 풀리는 경험을 할 수 있어요. 내 문제에 논리를 제대로 적용해 (자신에게 유리한 방식으로가 아니라) 새롭게 보는 과정에서 치유 효과를 체험하는 거죠. 예를 들어 20여 년을 함께한 부부가 있어요. 아내는 부부 싸움을 하고 나서 자녀에게 '도대체 너희 아빠는 내가 a를 하면 b를 하면 될 텐데, 왜 만날 c를 하는지 모르겠다'라고 말합니다. 그런데 사실 아내 입장에서 인과관계를 정리해보면, 남편은 20여 년 동안 아내가 a를 하면 c를 해왔어요. 이것이 확인된 인과관계죠. 즉 아내가 a를 하면 남편에게선 b가 안 나온다는 뜻이고, 결국 아내가 b를 원하면 a가 아닌 다른 것을 해야 한다는 말이 됩니다. 이처럼 우리는 매우 단순한 논리를 잊어버리고 일상에서 계속 부딪치며 사는 경우가 많아요.

물론 어떤 이는 '그렇게 논리가 쉽게 작동할 수 있으면 무엇이 걱정돼 상담을 받겠는가?'라고 반문합니다. 그래서 철학 상담이 유효하게 도움 줄 수 있는 대상의 폭이 너무 좁은 것 아니냐는 의문이 들 수 있어요. 그러나 실제로 정말 단순한 논리인데도 수용하지 못해 괴로워하는 사람이 많아요. 저는 정상적인 논리가 도저히 작동이 안 되는 경우엔 심리학이나 정신분석학의 도움을 받아야 한다고 생각해요. 철학 상담은 정상적인 사고 과정이 작동하고 자신의 생각의 폭을 넓히고 싶은 사람을 대상으로 해야 해요. 정상적인 사고 과정이 작동되는데 자신만의 관점에 갇혀서 문제를 해결하지 못하는 경우가 정상적인 사고 과정이 작동하지 않는 경우보다 훨씬 많거든요. 또 철학을 공부하면서 자기 문제에 대한 새로운 시야를 여는 부수적 효과를 누리고 싶어 하는 분도 있어요. 이런 경우에는 철학 상담이 큰 도움을 줄 수 있지요.

철학 상담은 삶의 막힘을 뚫어주는 '사이다'

김시천　　제게 커다란 깨달음을 준 체험이 떠오릅니다. 10여 년 전 서울시가 '희망인문학'이란 이름으로 노숙인 대상 인문학 강좌를 주최했는데, 제가 몇 차례 철학 강의를 했어요. 그때 강의를 듣던 노숙인들이 어느 날 자기가 직접 이야기를 하고 싶다고 해서 개인 발표를 진행했어요. 그런데 놀랍게도 많은 이들이 "내가 '사랑'이나 '인격' 등의 단어를 귀로 듣고 입으로 말할 수 있는 것만으로도 행복했다"라고 소감을 전했어요.

　사실 노숙인들 상당수가 과거의 기억을 애써 잊으려 하고, 생각하는 것 자체를 회피하고, 그때그때 생존만을 중시해요. 또 표면에 드러나는 것만 보면 이들이 쓰는 표현이나 단어들은 그 마음과 상관없이 원색적이고 거칠죠. 하지만 이분들이 사랑이나 인격 등의 단어를 원래 모르지 않았던 거예요. 어떤 요인으로 그런 언어들과 단절된 삶을 산 거죠.

　저는 노숙인 수강생들의 이야기를 들으며, 어떤 이들에게는 철학 용어로 삶을 표현하고 사람들과 대화하는 것 자체가 커다란 위안이 될 수 있음을 알게 되었습니다.

박은미　　자포자기할 수밖에 없는 상황에 처해 있지만 자기 안의 인간다움을 지향하는 마음이 그렇게 분출된 듯합니다. 인간에겐 지금 자신의 처지에 고착되고 안주하지 않으려는 욕망이 있어요. 실존 철학의 용어를 빌리자면, 세상은 우리에게 '현존'으로 살라고 요구하지만 인간에게는 그 이상을 지향하는 무언가가 있다는 것이죠. 그렇기에 돈 되는 일만 하는 '인간 금고'로 살라는 세상의 명령에도 불구하고, 그저 현존에 그치지 않으려는 인간 안에 있는 근원적 욕구를 인문학 강의가 채워줄 수 있어요. 그래서 많은 사람들이 돈이 되지 않는 인문학 강의를 오히려 돈을 내면서 듣는가 봅니다.

김시천　　철학 상담은 내담자가 생각을 더 풍부하게 할 수 있게 거들어주면서도, 그가 겪고 있지만 표현하지는 못한 삶의 막힘을 뚫는 데 도움을 주는 듯합니다. 요컨대 내담자의 '말트임'을 유도한다고도 할 수 있겠네요.

　　그렇게 보면 다른 심리 치료·상담뿐 아니라 철학 상담에서도 상담자는 무엇보다 내담자의 말을 많이 들어주는 역할을 해야겠군요. 사실 사람들이 일상 속에서 주고받는 말들엔 업무나 과제 등 이해관계와 관련되고, 또 그것을 위해 싸우는 표현이 대다수잖아요. 마음을 열고 정감을 드러내는 대화를 하지 못하는 현대인이 마음속 이야기를 하는 데 상담이 중요한 역할을 하는 것 같습니다.

박은미　　그렇죠. 또 많은 철학 상담 연구자들이 상담이 사고를 확장하는 데 도움을 준다고 해서, 내담자를 가르치는 방식이 돼서는 안 된다고 입을 모아 이야기합니다. 상담자는 내담자가 확장된 새로운 시선을 여는 데 자극이 될 수 있는 '질문'을 던지는 방식으로 상담해야 합니다.

김시천　　철학 상담을 하며 논리를 강조하게 된 이유가 있나요?

박은미　　저는 단순한 논리만 잘 작동시켜도, 즉 이중논리의 문제만 극복해도 많은 문제가 해결된다는 소신을 가지고 있어요. 철학 상담 특강을 다녀보면 '생각을 바꿨더니 많은 것이 달라진다'며 좋아하는 분이 많아요. 실제로 자기가 믿고 싶은 것만 믿는 경우가 많거든요. 자기 생각과 믿음에 매여서 불필요한 고통에 시달리는 경우가 무수히 많죠. 그 믿음의 체계를 흔들면 자신이 무너지기 때문에 그것을 안간힘을 써서 유지하려 합니다. 이는 정신과 의사들도 인정하는 부분으로, 저 또한 이 문제 때문에 고민하고 있어요.

김시천　　철학 상담을 '철학 치료', '철학 실천', '임상 철학'으로 구분했는데, 이에 대해 설명해주세요.

박은미　　개념을 따지면, 철학 실천이 철학 상담과 철학 실천, 임상

철학을 포괄하는 가장 큰 범주입니다. 철학 실천이 무엇이냐에 따라 강조점을 달리해 표현했을 뿐 결국 다 같은 내용이죠. 예를 들면 제가 속한 '철학 상담 치료학회'에서 학회 이름에 '치료'를 넣느냐 마느냐로 큰 논쟁이 있었어요. 저는 여전히 그 단어를 쓰는 데 반대하고 있고, 철학 상담의 효과를 표현하는 말로 '관점 전환'을 선호하지요.

철학 상담과 철학 치료만 놓고 말하면, 철학을 활용한 상담을 병원 처방전처럼 실체적 내용이 있는 것으로 생각하는 연구자들은 철학 치료란 말을 써도 된다는 입장이고요. 철학이 내담자의 생각의 폭을 넓히고 문제를 새로운 시선으로 보게 하는 데 도움을 주는 차원에서 역할을 한다고 보는 저 같은 연구자에겐 치료는 너무 강한 표현으로 여겨지죠. 그래서 철학 상담이라는 단어를 사용하고요.

사실 전 개인적으로 '철학 상담의 효과가 있는 대중 철학 교육'을 지향합니다. 어떤 철학 강사가 상담 효과 등을 전혀 의도하지 않고 강의했는데, 그 강의를 들은 사람이 자기도 모르게 자신의 고민을 다르게 바라보고 해결하기도 하죠. 그게 살아 있는 철학 강의라고 생각해요. '철학은 어렵고 나와 무관하다'고 여기는 대중의 선입견을 없애고, 그들에게 다가가기 위해 철학 상담이라는 표현을 쓰는 거죠. 저는 철학 상담이라는 용어보다는 철학 실천이라는 용어가 더 적합하다고 생각하지만, 대중은 철학 실천보다는 철학 상담이라는 용어에 관심을 가질 것이기 때문에 수요자를 고려한 셈이죠.

이렇게 타협적으로 철학 상담이라는 용어를 택하고 이 분야를 연구하는 이유는 상담이라는 용어가 실제적 효과를 최대한 많이 내려는 노력을 하게 만들기 때문이에요. 개념에는 힘이 있어서 철학 상담이라는 용어에 맞는 내용을 채워가려는 노력을 하다 보면 정말 현실에 필요한 철학 실천을 하게 되거든요. 철학은 학문으로서의 철학과 삶의 지혜로서의 철학으로 나뉘는데, 전자는 진리를 발견하거나 은폐된 진리를 드러내고, 논리를 밝히는 데 집중하지요. 후자는 각 개체의 삶을 보듬고 생각을 바꾸는 데 초점을 맞추고요. 즉 이미 철학에 철학 상담의 측면이 포함되어 있는 거죠. 이 중에는 좀 더 우리의 삶과 긴밀하게 연관되는 철학 사상이 있고요. 그것에 더 집중해서 철학 상담을 연구하면 더 많은 사람이 철학적 성찰력의 도움을 받을 수 있지 않을까 싶어요.

김시천　　철학 상담은 삶에 밀착한 차원의 철학이라고 받아들이면 되겠네요. 이런 맥락에서 보면 치유인문학은 인문학이 본디 가진 치유의 성격을 더 특화한 형태이니 치유인문학이라는 용어를 사용하는 것도 괜찮겠다는 생각이 듭니다. ✝

자본은 왜 인문학을 필요로 할까?

장시복

서울대학교 경제학과에서 경제학 박사학위를 받았다. 지금은 목포대학교 경제학과에서 학생들을 가르치고 있다. 2009년부터 목포대학교 동료교수들과 독서모임을 만들어 꾸준히 읽고 토론을 하고 있다. 전공이 다양한 교수들과 읽고 토론하면서 통섭하는 인문학을 배울 수 있었고, 학문뿐 아니라 세계를 바라보는 넉넉한 시야를 얻을 수 있었다.

경제인문학(Economics and Humanities)은 경제학 관련 분야에 대한 인문학적 접근이나 통찰을 모색하는 강좌 기획에서 주로 쓰이는 용어다. 그런 맥락에서 아직은 경제학과 인문학의 접경에 있는 학문적 실천이라는 것이 타당해 보인다. 경제학이 주로 재화나 용역의 생산과 분배와 같은 경제 현상에 관심을 갖는 학문이라면 경제인문학은 인간과 사회의 본성, 인간 행동의 성격과 다양성, 합리성이나 선택 등 경제와 관련된 인간 활동이나 개념에 대한 사회적·문화적·철학적 접근을 포괄한다.

호모 에코노미쿠스, 교과서 밖으로 뛰쳐나오다

일반인을 대상으로 한 경제 관련 강의에서 나오는 단골 질문 가운데 하나가 "어떻게 하면 재테크를 잘할 수 있는가"다. 청중들은 경제학이 주식 투자, 연금 운용, 금융 상품 등 이른바 재테크 범주에 해당하는 돈 버는 방법에 정통한 학문이라고 생각한다. 강의 때 이런 종류의 질문을 받으면 돈을 다루기는 했지만 돈 버는 학문이 아니었던 사회과학의 여왕, 경제학이 이제는 저잣거리의 이자놀이를 다루는 학문으로 추락한 듯한 느낌에서 벗어날 수가 없다.

경제학이 돈 버는 학문이라는 인식은 '호모 에코노미쿠스(Homo economicus)'라는 인간형을 상정하고 이론을 전개한 데서 유래했다. '경제인' 정도로 번역할 수 있는 이 말은 경제적 이익을 극대화하는 것을 유일한 행동 기준으로 삼고 합리적으로 행동하는 인간형을 뜻한다. 이 정의에 따르면 호모 에코노미쿠스는 금전적 가치를 모든 판단의 기준으로 삼고 자신의 이익만을 위해 '합리적'으로 행동한다. 그런 까닭에 계산기 같은 냉철한 두뇌의 판단과 지시에 따르는 호모 에코노미쿠스는 영혼 없는 비정한 인간형으로 여겨진다.

그런데 돈밖에 모르는 호모 에코노미쿠스는 교과서에만 갇혀 있는 인간형이 아니다. 신자유주의라는 거대 담론이 이들을 교과서에서 현실로 불러내면서 호모 에코노미쿠스는 오늘날 혼을 부여받고 살아 움직인다. 신자유주의 시기의 모든 인간은 금전적 가치를 신봉하고 돈의 효율성에 복무해야 한다. "모든 경제 관계는 시장에 복속해야만 한다"

는 대명제에 따라 애덤 스미스가 《국부론》에서 말한 '보이지 않는 손'이 이끄는 대로 인간은 이기심을 극대화하고 경쟁에서 승리하기 위해 분투해야 한다.

물론 신자유주의가 호모 에코노미쿠스를 교과서에서 불러낸 이유는 자본의 요구 때문이었다. 신자유주의는 "한마디로 거대 축적 자본의 사활적 공세 그 이상도 그 이하도 아닌 것이다"(《강의》 신영복). 대립 면을 상실한 자본이 일방적으로 질주하면서 자본의 논리가 현실을 지배하게 된 것이다. 과거에도 호모 에코노미쿠스는 경제 이론의 기본 전제였고, 호모 에코노미쿠스적 인간형이 현실에 존재하지 않은 것도 아니다. 그러나 신자유주의 시기 호모 에코노미쿠스는 압도적인 현실 인간형으로 등극했다.

교과서가 현실을 점령해버린 상황에서 인간은 모두 호모 에코노미쿠스가 되기를 강요받는다. 인간의 가치는 화폐의 소유 여부에 따라 판단된다. 화폐의 많고 적음이, 그리고 화폐를 획득할 수 있는 능력의 차이가 인간의 높낮이를 가른다. 그리고 인간은 이제 자신만의 이익을 극대화하려 생존 게임을 치러야 한다. 이익을 극대화하지 못하면 무능력자요, 이익을 얻지 못하면 패배자가 된다. 승자만이 모든 것을 얻는다!

천의 얼굴을 한 호모 에코노미쿠스

돈이 유일한 가치 척도인 호모 에코노미쿠스가 세상으로 뛰쳐나와

활개를 치면서 세상 사람들은 모두 맘몬(Mammon)의 노예가 되어버리고 말았다. 돈 때문에 웃고 울고 돈 때문에 천국 가고 지옥 가고, 모든 가치는 이제 돈이라는 유일하고 절대적인 가치 앞에 무릎 꿇고 만다. 돈만이 유일한 가치 기준인 호모 에코노미쿠스에게 다른 가치는 그저 가상일 뿐이며 현실에서 추방될 수밖에 없다.

호모 에코노미쿠스는 돈에 혼령을 불어넣고 주술을 부린다. 그리고 사람들은 이 주술에 따라 자신들의 삶을 영위한다. 돈이 부리는 마법으로 인생은 다양한 색깔을 띤다. 돈이 없는 사람들에게 돈은 구차함이요 서러움이요 그리움이다.

돈은 구차함이다.

사내가 주머니에 돈 떨어지면 좁쌀처럼 자잘해진다고
어떻게든 돈 벌 궁리나 좀 해보라고 어머니는 말씀하시지만
그까짓 돈 몇 푼 때문에 친구한테도 증오를 들이대려는
나 자신이 사실은 더 걱정이구나 이러다가는 정말
작아지고 작아지고 작아져서 한 마리 딱정벌레나 되지 않을지
나는 요즘 그게 제일 걱정이구나 (안도현 〈나의 경제〉《외롭고 높고 쓸쓸한》 문학동네)

돈에 쪼들리며 하루하루 근근이 버티는 구차한 삶. 돈은 구차함이다. 또한 돈은 서러움이다.

올 어린이날만은
안사람과 아들놈 손목 잡고
어린이 대공원에라도 가야겠다며
은하수를 빨며 웃던 정형의
손목이 날아갔다

작업복을 입었다고
사장님 그라나다 승용차도
공장장님 로얄살롱도
부장님 스텔라도 태워 주지 않아
한참 피를 흘린 후에
타이탄 짐칸에 앉아 병원을 갔다

기계 사이에 끼어 아직 팔딱거리는 손을
기름먹은 장갑 속에서 꺼내어
36년 한많은 노동자의 손을 보며 말을 잊는다 (박노해 〈손 무덤〉《노동
의 새벽》느린걸음)

작업을 하다가 기계에 손가락을 잘린 노동자, 기름때 묻은 작업복
차림이라고 승용차를 태워 주지 않아 트럭 짐칸에 실려 병원에 가는
길, 노동자는 서럽고 서럽다. 돈 없어 서럽다.

게다가 돈은 그리움이다.

열무 삼십 단을 이고
시장에 간 우리 엄마
안 오시네, 해는 시든 지 오래
나는 찬밥처럼 방에 담겨
아무리 천천히 숙제를 해도
엄마 안 오시네 (기형도 〈엄마 걱정〉《입 속의 검은 잎》문학과지성사)

인생을 증오한다던 비운의 시인에게서 유년의 아련한 추억 속에 돈 벌로 시장 간 엄마는 그리움이다.

그런가 하면 돈은 굴욕이자 족쇄요 목숨이다. 아버지의 병원비를 마련하기 위해 일자리를 구하던 10대 자매가 '티켓 다방'에서 일하며 윤락 행위를 한다. 그런데 온갖 굴욕을 참아내면서도 그들은 빚만 늘어나 스스로 인생에 족쇄를 만든다.

간다
울지 마라 간다
흰 고개 검은 고개 목마른 고개 넘어
팍팍한 서울길
몸 팔러 간다
언제야 돌아오리란

언제야 웃음으로 화안히

꽃피어 돌아오리란

댕기 풀 안쓰러운 약속도 없이 (김지하 〈서울길〉《황토》솔출판사)

다른 한편 조금이라도 여윳돈이 있는 사람들에게 돈은 욕망이요 낮꿈이다. 주식시장에 돈을 투자해 차익을 내려 애쓰고 개발지구의 지가 상승을 노리고 땅 투기가 성행한다. 한두 사람도 아니고 사람들 대부분이 소독차 따라가듯 한곳으로 몰려다니는 진풍경이 벌어진다.

"서두르세요, 창구를 닫을 시간입니다"

마지막 경주, 불모지(33전 0/3)란 말을 놓고 한 구멍 박아버려요

"서두르세요, 닫을 시간입니다"

박 터진 당신, 義齒값은 만들어야잖아요. 왜 이리 밀어, 이 씨발년이,

일단 찍어, 찍어, 찍으라잖아, 원래 막판은 이래요, 모두들 뚜껑이 열려

있거든요

"서두르세요, 닫을 시간입니다" (유하 〈The Waste Land〉《천일馬화》문학과

지성사)

서러움을 낳고 굴욕을 안기고 욕망을 부추기고 과시를 낳은 돈, 호모 에코노미쿠스의 혼령이 우리 안에 들어와 끊임없이 흔들어댄다. 이 무력한 현실 앞에 토머스 프리드먼(Thomas Friedman)의 《렉서스와 올리브나무》에 나오는 말을 패러디해 말하자면 우리는 모두 이런 충고를

듣고 있다. "당신은 돈을 버는 일이 자기가 선택할 수 있는 일처럼 말하고 있는데, 돈은 선택이 아니에요. 현실, 현실이에요. 내가 시작한 일도, 내가 멈출 수 있는 일도 아니에요."

호모 에코노미쿠스와 인문학의 오묘한 만남

그런데 경제학이 돈 버는 학문이 되고 호모 에코노미쿠스가 현실의 인간형으로 맹위를 떨치는 상황에서 경제학과 인문학은 오묘한 방식으로 만난다. 물론 이 만남은 인문학의 초대로 이루어진 것은 아니다. 오히려 자신의 필요에 따라 호모 에코노미쿠스가 인문학에 접근한 것이다.

호모 에코노미쿠스와 인문학의 오묘한 만남을 보여주는 몇 가지 사례를 들어보자. 우선 사행성 오락 산업인 '바다이야기'에 대한 한 인문학자의 글을 보자.

낭만적으로 시 제목 같은 바다이야기가 도박판이라는 걸 누가 알았겠습니까? 그것은 문화관광부에서 문화, 낭만주의 그리고 사행, 이 세 가지를 붙여서 한 거 아닙니까. … 도박은 도박처럼 보여야지요. 문화관광부에서 하는 것이면 문화 행사처럼 보여야 되고, 시면 시 같아야지요. 바다이야기처럼 시와 문화와 도박이 합쳐 있는 게 한국의 혼란 상태를 여실하게 보여주는 것 같아요. (김우창·문광훈《세 개의 동그라미》한길사)

바다이야기가 주는 낭만적 이미지는 사실 일확천금을 노린 도박판을 가려버린다. 돈과 낭만의 만남. 바다가 주는 동경의 이미지는 도박이 주는 욕망의 이미지와 겹친다. 드넓은 바다에서 호모 에코노미쿠스에 빙의한 인간은 무엇을 찾는가? 미지의 영역 그 어딘가에서 이 인간은 무엇을 꿈꾸는가? 퀭한 눈으로 화면 속 배경이 된 바다를 바라보나 영혼은 상실한 채 이 인간은 어디로 가는가?

호모 에코노미쿠스와 인문학의 기묘한 만남은 대학에서도 마찬가지다. 정부의 지원이든 산학 협력이든 돈이 대학으로 밀려들어오면서 대학은 양화된 지표를 근거로 금전 가치로만 평가받는다. 모든 것은 숫자로 환원되고 그 숫자는 다시 돈으로 환산된다. 물밀듯 돈이 밀려오면서 대학의 인문학도 '실용'이라는 주문에 사로잡혀버린다.

최소한 실용성이 담보되지 않으면 애당초 학진의 지원을 얻을 수 없는 것이다. 그러다 보니 학진(학술진흥원)의 지원을 따내려 연구자들은 자신의 연구가 당장이라도 현실에 적용되어 당장이라도 돈이 되는 무엇인가를 만들어낼 수 있다는 것을 보여주려 갖은 수단과 방법을 다 동원하고 머리를 짜낸다. 여기서 '실용성'이란 곧 '시장성'이란 말로 바꿀 수 있는데, 인문학 분야에서의 시장성 추구는 약이 되는 측면보다는 독이 되는 측면이 더 강하게 작용한다. (조관희 〈'인문학 위기' 담론에 대한 비판적 고찰〉《중국어문학론집》 제48호)

대학(大學)이 '전학(錢學)'이 되어버렸다는 자조 섞인 소리가 들릴

정도로 대학에서도 화폐 가치가 절대 기준이 되면서 인문학은 호모 에코노미쿠스의 논리에 따라 소비된다. 경영이 복잡해지고 경제가 불확실해지면서 자본은 산학 협력을 강조하며 돈을 대고 인문학에 큰 관심을 가진다. '서울대학교 최고지도자 인문학 과정', '고려대 문화·예술 최고위 과정' 등 다양한 인문학 과정이 대학에 개설되고 최고 경영자들의 독서도 인문학 중심으로 바뀐다. 심지어 기업은 경영과 인문학을 접목함으로써 경쟁력과 기업 가치를 제고할 수 있을 것이라 예견하며 신규 채용에서 인문학 전공자를 찾는다.

급기야 스티브 잡스가 등장하면서 호모 에코노미쿠스가 인문학을 소비하는 방식은 예술로 승화한다. 이름에서도 '일자리'를 만들어낼 것 같은 잡스는 인문학과 기술을 접목해 아이폰이라는 대박 상품을 만들어냈다. 잡스의 말처럼 "애플의 창의적인 IT 제품은 애플이 기술과 인문학의 교차점에서 서 있기 때문에 가능하다." 기술과 인문학의 만남, 자본과 인문학의 만남, 이제 자본은 인문학적 사고를 자본 축적의 논리에 접목시켰다.

경제학은 원래 인문학에 속해 있었다

이 예들에서 볼 수 있듯이 경제학과 인문학은 기묘한 방식, 즉 호모 에코노미쿠스의 논리에 따라 인문학이 소비되는 방식으로 소통한다. 이것도 소통이라면 경제학과 인문학은 소통하고 있는 것일지도 모른다. 그러나 이는 전도된 만남이고 견우와 직녀가 오작교에서 만나듯 애절한 만남은 아니다. 자본의 논리에 인문학이 포섭되고 소비되는 만남은 우연이 아니다. 그것은 자본의 강력한 주문이다. 결국 호모 에코노미쿠스는 인문학을 소비하지 성찰하지는 않으며, 이 소비는 호모 에코노미쿠스의 절대 기준인 금전적 가치로 환산될 수 있는 가능성에 달려 있는 것이다.

그런데 경제학은 애초에 인문학에 속해 있었다. 《국부론》을 쓴 애덤 스미스는 도덕철학을 강의했으며 《도덕감정론》을 썼고, 마르크스의 《자본론》이 경제학 서적만은 아니라는 사실은 이를 잘 보여준다. 문제는 경제학이 발전하는 과정에서 '과학으로서 경제학'이 지배했고, 이 경제학이 인문학을 신화의 영역으로 추방해버렸다는 것이다. 그렇지만 인간을 배제한 과학이란 존재할 수 없으며, 이는 경제학도 마찬가지다. 이렇게 볼 때 경제학이 인간됨의 경제학이어야 한다는 인식에서 출발한 것이 경제인문학이라 할 수 있을 것이다. 그렇지만 한 가지를 더 기억하자. 인간됨은 보편적이지 않으며, 계급적이고 당파적이다. 바꾸어 말해 모든 학문은 "누구를 위해 존재하는가"라는 질문에서 언제나 자유로울 수 없다. 이 점에서 인간됨의 경제학인 경제인문학은 '저 낮은 경제학'이자 '따뜻한 경제학'이다. 자본주의 사회에서 가진 자를 위한 경제학이 아니라 가난한 자를 위한 경제학이고, 그들과 손 맞잡고 함께 살맛 나는 세상을 만들려는 희망의 경제학이다.

호모 에코노미쿠스의 딜레마

그런데 호모 에코노미쿠스가 세상을 휩쓸고 다닌다고 해서 세상이 더 나아진 것 같지는 않다. 오히려 호모 에코노미쿠스가 활보하면서 세상은 혼돈에 빠져들고 있다. 이와 관련해 2008년 9월 세계 금융위기는 호모 에코노미쿠스가 부린 주술이 어떻게 지옥에서 저승사자를 불러냈는지를 극명하게 보여준다.

세계 금융위기는 미국의 서브프라임 모기지 사태로 촉발했다. 서브프라임 모기지는 미국에서 신용등급이 낮은 저소득층을 대상으로 고금리로 주택 마련 자금을 빌려주는 비우량 주택담보대출을 말한다. 2001년 9·11 사태 이후 주가가 폭락하면서 엄청난 유동 자금이 주택 시장으로 대거 유입했고, 이로 인해 주택 가격이 급상승하자 부자뿐만 아니라 가난한 사람까지 호모 에코노미쿠스의 주술에 빠져 남의 돈으로, 즉 대출을 받아 집을 사들였다.

그 과정에서 금융 자본은 수익을 높이려 증권화를 통해 자금을 조달해 대출을 늘렸고, 증권화한 금융 상품을 다시 조합해서 파생금융 상품을 만들어 판매해 수익을 올렸다. 나아가 그림자 금융 시스템 (Shadow Banking System)이라 불리는 방법을 통해 2차 파생금융상품, 3차 파생금융상품을 만들어 전 세계로 판매했다. 예측 가능한 위험성엔 눈감은 도덕적 해이는 말할 것도 없고, 온갖 편법과 사기로 이익 실현에 몰두했다.

그러다가 2006년 하반기 금리가 오르면서 이자와 원금 부담을 이기지 못한 서브프라임 모기지 대출자들이 파산하고 주택담보대출을 증권화한 은행이 파산하고 파생금융상품을 판매한 금융 자본이 손실을 입었다. 2008년 9월 중순, 리먼 브라더스가 파산하면서 세계 경제는 엄청난 시스템 몰락의 공포를 겪었다.

이 과정에서도 돈독의 욕망은 멈추지 않았다. 2008년의 금융위기를 불러온 금융 회사들은 직원들에게 160억 달러의 상여금을 지급했다. 좋은 시절에는 자본주의의 미덕인 사유 재산을 옹호하며 모든 과실을 가져간 기업들이 "우리가 망하면 모두가 망한다"며 구제 금융을 받는 데 혈안이 되었고, 살 만해지자 그 과실을 상여금으로 나눈 것이다. 금융 자본은 어떤 상황에서도 책임보다는 자신들의 이익을 챙겼고 손실을 국민에게 전가했다.

이런 상황을 겪으며 절대 가치로 떠오른 호모 에코노미쿠스는 의문과 비난에 휩싸였다. 이에 대한 비판과 함께 현실에서 큰 저항이 일어났다. '월스트리트를 점령하라(Occupy Wall Street)' 운동이 그것이다. 2008년의 금융위기로 드러난 미국 자본주의 시스템에 분노하며 시위를 벌인 것인데, 이 시위에 참여한 사람들은 "부자에게 세금을", "기업복지가 아닌 의료보험 지원을", "우리가 월가를 점령한 것은 은행이 우리 집을 점령했기 때문이다" 등을 외치며 신자유주의의 상징으로 군림하던 금융 자본과 1퍼센트 부자만이 행복한 미국 자본주의에 분노했다.

현실의 저항뿐만 아니라 이론에서도 호모 에코노미쿠스에 대한 저항은 본격화되었다. 무엇보다도 인간은 합리적인 존재인가에, 호모 에코노미쿠스가 사회에 유용한가에 수많은 의문이 제기되었다. 특히 게임이론, 행동경제학과 실험경제학이라 불리는 새로운 경제학 분야에서는 호모 에코노미쿠스에 대한 공세를 늦추지 않았다.

이와 관련해 경제학에서는 과점(寡占)의 문제, 전략론에서는 핵억지력(核抑止力)의 문제 등의 모델화에 응용되고 있는 '용의자의 딜레마(Prisoner's Dilemma)'라는 것을 살펴보자. 이는 두 명의 범죄 용의자가 각각 독방에서 심문을 받는데 자백을 하거나 자백하지 않는 상황에서 어떤 결과가 나오는지를 보여준다. 흥미롭게도 이 게임에서는 두 용의자가 자신의 이익을 극대화하기 위해서는 서로 자백을 하지 않는 것이 최선인데도 그 결과는 두 명 모두 자백을 하는 것이다. 두 용의자는 합리적으로 행동했고 각자 최적 전략을 선택했음에도 이 둘은 서로 자백하지 않을 때보다 더 나쁜 결과를 얻게 된다. 인간이 합리적으로 행동한다고 해서 사회적으로 좋은 결과를 얻는 것은 아님을 보여주는 이론이다.

또한 호모 에코노미쿠스는 속도의 배신에 시달리고 있다. 호모 에코노미쿠스는 항상 빠른 것, 합리적인 것, 효율적인 것을 원하며 속도의 경제학을 강조한다. 대표적으로 재고를 쌓아두지 않고서도 필요한 때 적기에 제품을 공급하는 '적기 생산 방식'(just-in-time)을 들 수 있다. 이 생산 방식은 다품종 소량생산 체제의 구축 요구에 부응하여 적은 비용으로 품질을 유지하고 적시에 제품을 인도하기 위한 것으로 속도의 경제학을 강조하는 것이다.

그렇지만 속도의 경제학이 항상 좋은 결과를 가져오는 것은 아니다. 야구 예를 들어보자. 야구에서 시속 90마일(144킬로미터)로 투수가 던진 공은 500밀리초, 즉 0.5초 만에 18.44미터를 날아간다. 타자는 투수가 어떻게 던졌는지 눈으로 이미지를 만들어야 하는데, 이때 걸리는 시간은 눈 한 번 깜빡이는 시간, 100밀리초, 즉 0.1초다. 그리고 이렇게 만들어진 이미지는 타자의 시각을 담당하는 대뇌피질에 전달되어 정보로 처리되며 타자는 공을 칠지 말지를 결정한다. 이때 걸리는 시간은 150밀리초, 0.15초다. 나머지 250밀리초, 0.25초는 타격을 결정하고 몸에 신호를 보내 방망이를 휘두르는 데 걸리는 시간이다.

그런데 흥미롭게도 공을 잘 치는 타자는 다른 타자들보다 공을 더 끝까지 본다. 어떤 타자든지 투수가 던진 공을 인식하고 이를 대뇌피질에 전달해 정보를 처리하고 판단하는 데 걸리는 시간은 동일하다. 그렇지만 투수의 공을 잘 치는 타자는 나머지 250밀리초, 0.25초 중에 공을 100밀리초 더 보고 150밀리초를 이용해 타격을 한다. 공을 오래 보고 치는 것이 더 좋은 타격을 하는 비법인 셈이다.

이 예를 보면 빠른 판단이 항상 좋은 결과를 가져오는 것은 아님을 알 수 있다. 빠름보다는 느림이 더 나을 수도 있으며, 경제적 효율성은 느림의 경제학에서도 나올 수 있다. 게다가 빠름만을 강조하는 세상에서는 오랜 시간 무르익은 다음에 툭 발화하는 창의적 사고란 존재하기 어려울 것이다. 느림의 미학은 "급할수록 돌아가라!"고 조용히 웅변한다.

이들 사례는 호모 에코노미쿠스의 전제가 되는 합리성의 근간이 대단히 허약할 수 있음을 보여준다. 경제학의 논리와 달리 현실에서 사람들은 자신의 이익을 극대화하려다 손해를 보기도 하며, 심지어 다른 사람과 이익을 기꺼이 공유하기도 한다.

경제학과 인문학의 평등한 만남

그렇다면 현실 세계에서의 어긋남과 도전, 이론의 반박으로 공격받는 호모 에코노미쿠스는 어디로 가야 할까? 물론 길은 여러 갈래로 놓여 있다. 필자의 생각으로는 호모 에코노미쿠스는 이성에 대한 선험적 가정에서 벗어나서 인간 심성의 진실성을 찾으려 노력해야 할 것으로 보인다. 그리고 이 지점에서 호모 에코노미쿠스는 인문학과 만나야 한다. 금전의 가치를 절대 기준으로 하는 인간형을 반성적으로 성찰하고 인간성, 인간됨, 인간의 가치에 대한 이해를 보다 폭넓게 하는 방향으로 호모 에코노미쿠스는 사유하고 실천해야 할 것이다.

이런 점에서 《장자》에 나오는 다음의 일화는 호모 에코노미쿠스가 깊이 새겨야 할 이야기다.

자공이 초나라를 유람하다 진나라로 가는 길에 한수 남쪽을 지나게 되었습니다. 한 노인이 우물에서 물을 길어 밭에 내고 있었는데 힘은 많이 드나 효과가 별로 없었습니다. 딱하게 여긴 자공이 노인에게 용두레(낮은 곳의 물을 높은 곳으로 퍼 올리는 데 쓰는 기구)를 소개합니다. 노력은 적게 들고 효과는 큰 기계를 소개하자 그 노인은 낯빛을 붉히고 이야기합니다.

"내가 스승에게 들은 것이지만 기계라는 것은 반드시 기계로서의 기능(機事)이 있게 마련이네. 기계의 기능이 있는 한 반드시 효율을 생각하게 되고(機心), 효율을 생각하는 마음이 자리 잡으면 본성을 보전할 수 없게 된다네(純白不備). 본성을 보전하지 못하게 되면 생명이 자리를 잃고(神生不定), 생명이 자리를 잃으면 도(道)가 깃들지 못하는 법이네. 내가 (기계를) 알지 못해서가 아니라 부끄러이 여겨서 기계를 사용하지 않을 뿐이네."

이 이야기에서 알 수 있듯이 효율과 금전의 가치만을 다루지 않고 인성의 고양을 사유하고 성찰한다면 호모 에코노미쿠스는 인문학과 소통하며 새로운 가능성을 열 수 있을 것이다. 《작은 것이 아름답다》라는 책을 쓴 슈마허(Ernst Schumacher)의 표현을 빌리자면 호모 에코노미쿠스는 "국민 소득이나 성장률, 자본산출 비율, 투입산출 분석, 노동의 이동성, 자본 축적 따위의 큰 추상 개념을 초월하여 빈곤이나 좌절, 소외, 절망, 사회 질서의 분해, 범죄, 현실 도피, 스트레스, 혼잡, 추악함 및 정신의 사멸 따위의 현실 모습"을 다루어야 할 것이다.

비전을 상실한 호모 에코노미쿠스가 사색과 비판, 소통과 연대, 이 네 단어를 통해 인문학적 성찰을 할 수 있을까? 이것이 가능하려면 호모 에코노미쿠스는 바다이야기와 같은 방식으로 인문학을 소비하지 않으면서 새로운 방식으로 인문학과 만날 수 있어야 한다. 그리고 그 만남을 통해 새로운 인간형을 정립해서 더 나은 세상을 만들 수 있을 것이다. 이 길은 멀고도 험한 길이지만, 가치 있는 길이 아닐까? 인류의 미래를 위해서라도.

더 읽을거리

《작은 것이 아름답다》(E. F. 슈마허, 범우사)

성장 지상주의를 맹목적으로 수용하는 현대 세계에 대해 성찰과 반성을 촉구하는 고전
이다. 이 책의 제목이기도 한 '작은 것이 아름답다(Small is Beautiful)'는 거대 문명사회
의 기술과 물질주의에 벗어나 인간 중심의 경제 구조를 만드는 데 필요한 구체적인 방
안을 상징한다.

《생각에 관한 생각》(대니얼 카너먼, 김영사)

2002년 노벨 경제학상을 수상한 심리학자이자 경제학자인 저자의 대중 교양서다. 인간
의 사고 체계를 '빠른 직관'과 '느린 이성'으로 나누고 이들의 충돌과 융합을 통해 인간
의 행동을 설명한다.

《실험경제학: '보이는 손'으로 시장을 지배하라》(버논 스미스 · 로스 밀러, 일상이상)

실험을 통해 사람들의 행동 양식을 분석하고 현실에 적합한 방법론을 제공하는 실험 경
제학과 관련된 입문서다. 저자 중 한 명인 버논 스미스는 대니얼 카너먼과 함께 2002년
노벨 경제학상을 수상했다. 이 책은 다양한 실험 사례를 통해 호모 에코노미쿠스가 구
축한 세계에 도전장을 내밀고 있다.

《속도의 배신》(프랭크 파트노이, 추수밭)

책 제목 그대로 속도가 빠르다고 늘 성공하는 것이 아님을 보여준다. 신자유주의 시기
속도주의와 단기 성과주의에 대한 통렬한 비판을 담고 있으며, 느림의 미학의 가치를
잘 표현했다. 이 책의 또 다른 매력은 풍부한 사례.

《강의: 나의 동양고전 독법》(신영복, 돌베개)

이 책은 저자 신영복 방식의 고전 읽기이지만 자본주의 체제가 양산하는 물질의 낭비와
인간의 소외를 재조명한다는 점에서 새로운 경제학을 모색하는 데 영감을 준다.

경제 그래프에는 사람의 삶이 담겨 있어요

김시천　　　단도직입으로 묻겠습니다. 경제학은 어떤 학문인가요? 또 그것이 다루는 '경제'란 무엇인가요?

장시복　　　학문의 정의를 내리는 것은 참 어려운 일입니다. 경제학에 대한 여러 정의가 있지만, 제가 제일 좋아하는 정의는 경제학자 제이콥 바이너(Jacob Viner)가 말한 "경제학은 경제학자가 하는 것이다"라는 문장입니다. 정의할 수 없다는 뜻이지요.

그래도 경제학에 대한 이야기를 풀기 위해 용어의 기원부터 살펴보겠습니다. '경제'는 영어로 '이코노미(Economy)'입니다. 이는 아리스토텔레스가 한 말인, '집'을 뜻하는 '오이코스(Oikos)'와 '관리한다'는 뜻의 '노미아(Nomia)'를 합친 그리스어 '오이코노미아(Oikonomia)'에서 유래했어요. 오이코노미아는 '살림살이'로 번역할 수 있습니다. 살림살이의 단위는 가정뿐 아니라 기업과 나라도 될 수 있어요. 또 경제는 '세상을 경영하고 백성을 구제한다'는 뜻의 경세제민(經世濟民)에서 유래한 말입니다.

요컨대 경제는 생산·유통·분배·소비라는 사람이 먹고사는 문제를 해결하는 데 필요한 모든 물질적 조건을 포괄하는 것이고, 이를 다루는 학문이 경제학입니다.

김시천　　글에서도 언급한 것처럼 지금은 경제학이 '돈 버는 학문'으로 많이 알려졌습니다.

장시복　　돈, 즉 화폐가 경제학에서 두드러지게 된 이유는 지금의 자본주의 사회가 '화폐 경제'를 기반으로 하기 때문이에요. 고대 그리스 사회에서도 화폐가 있었지만, 당시엔 그것이 전면적으로 유통되지 않았어요. 그러다 자본주의 시대로 접어들며 모든 것이 화폐로 환원됐습니다. 동시에 자본주의 경제학은 호모 에코노미쿠스를 내세우며, 경제에서 '돈 버는 것'에 치중하게 된 거죠. 그러다 보니 우리는 그 외의 경제 요소를 잘 보지 못합니다.

하지만 본디 경제 자체는 화폐라는 수단이 없어도 가능합니다. 가령 집에서 빈대떡을 부쳤는데 가족이 먹기에 너무 많다면 옆집에 나눠 줄 수 있지요. 이는 돈을 바라고 하는 행위가 아닙니다. 칼 폴라니(Karl Polanyi)에 따르면 이는 '호혜성'에 기반을 둔 행동입니다. 화폐만이 경제를 돌아가게 하는 것이 아니에요. 그것이 통용되지 않았을 때도 사람들은 늘 생산·유통·분배·소비를 했습니다.

'돈 버는 학문'이라는 별명은 오히려 경영학에 어울립니다. 오늘날 많은 사람들이 경제학과 경영학의 차이가 없어졌다고 말하는데요. 학문을 구분하는 것은 어렵지만, 분과 학문의 정수에 차이가 있음은 분명합니다. 과감하게 나눈다면 경제학은 돈의 원리를, 경영학은 돈 버는 방법을 알려주는 학문이라고 할 수 있어요.

하지만 사람들은 경제학과 경영학을 혼동합니다. 앞에서 언급했듯이 제가 경제 관련 특강을 나갔을 때 사람들이 가장 많이 하는 질문이 주식 투자 방법이에요. 경제학에서 주식 투자는 극도로 작은 영역인데도 말입니다. 경제를 바라보는 대중의 시각이 경영학에 입각해 있어 경제학의 독자성이 갈수록 약해진다는 방증이죠.

경제학과 정치경제학은 동의어

김시천　　경제학은 처음부터 독립된 학문으로 성립되었다기보다 역사적으로 보면 정치경제학에서 출발한 것으로 알고 있어요. 정치경제학과 경제학은 어떤 차이가 있나요?

장시복　　경제를 바라보는 관점에 차이가 있어요. 경제학과 마찬가지로 정치경제학은 일본에서 번역한 말(우리가 쓰는 대부분의 학문 용어가 일본에서 왔다는 사실이 문제죠)로 원어는 '폴리티컬 이코노미(Political Economy)'입니다. 이 말은 역사적으로 보면 애덤 스미스와 데이비드 리카도, 존 스튜어트 밀로 이어지는 경제학 조류인 고전학파 경제학을 일컫는 용어입니다. 실제로 애덤 스미스도 자신들이 하는 학문을 정치경제학이라 불렀어요. 그래서 이들을 비판한 마르크스의 책《자본론》의 부제가 '정치경제학 비판'입니다.

고전학파 경제학자들은 정치경제학을 '시장과 정치, 법률 등을 포괄하는 국가 차원에서 경제를 파악하는 학문'이라는 의미로 사용했어요. 예를 들면, 애덤 스미스의 책《국부론》은 우리에겐 시장의 수요-공급 곡선에 영향을 주는 '보이지 않는 손'으로 유명합니다. 그런데 실제 이 책에서 보이지 않는 손이란 말은 딱 한 번 나와요. 이 용어가 이 책의 핵심은 아닌 것이죠. 오히려 이 책은 '국민을 부유하게 하려면 어떻게 해야 하는가'라는 큰 물음을 전제로 국부가 만들어지는 경제 메커니즘을 설명합니다.

정치경제학에선 시장 혹은 화폐뿐 아니라 권력을 다룬다는 점이 중요해요. 가령 세금은 시장 차원에서 보면 시장을 왜곡하는 나쁜 것이지만, 현실 경제에선 대단히 중요한 요소지요. 이는 교환이 아니라 국가가 강제로 가져가는 것으로, 권력의 문제입니다. 물론 생산·유통·분배·소비의 순환은 시장만으로 유지될 수 없고, 그 속에선 국가 권력이 항상 작동합니다. 이렇게 보면 굳이 정치경제학이란 이름이 아니더라도 원래 경제학은 시장과 권력을 포괄합니다. 그런 의미에서 정치경제학과 경제학은 동의어라고 할 수 있어요.

하지만 이야기했듯, 자본주의 시대를 사는 우리가 이해하는 경제학은 시장이나 화폐를 중심으로 한다는 인식이 강고해요. 이 점에서 경제학과 고전학파 경제학자들이 썼던 정치경제학은 다르다고 할 수 있습니다.

한편, 우리나라에선 정치경제학이란 말을 사용하는 데 혼란이 있습니다. 고전학파 경제학이 아닌 다른 경제학 이론에도 그 말을 갖다 쓰곤 하는데요. 우리나라에서 경제학은 시장 중심 이론으로 인식하니까, 특정 경제학설을 차별화하기 위해 정치경제학이라 명명하는 경우가 있습니다. 분단과 반공의 역사를 지닌 이 나라에서 '마르크스주의 경제학'이라는 말은 쓰기가 어려워, 그것을 정치경제학으로 대체해 부르게된 까닭도 있지요. 예컨대 '한국사회경제학회'는 마르크스주의 경제학을 기치로 내걸고 만들어졌는데요. 하지만 1980년대 말 당시 마르크스란 말을 쓰면 빨갱이로 잡혀갈 위험이 있었기 때문에 '사회경제학'이란 이름을 내걸고 출범했습니다.

김시천　　경제학은 흔히 고전학파 경제학과 마르크스주의 경제학, 주류 경제학과 비주류 경제학으로 구분합니다. 기준이 무엇인가요?

장시복　　언급했듯이 '경제학의 아버지'라 불리는 애덤 스미스부터 밀까지의 경제학을 흔히 고전학파 경제학이라 부릅니다. 여기서 크게 세 경제학파로 분화가 일어나죠. 먼저 마르크스가 이들을 비판하며 독자적으로 형성한 학문 부류가 '마르크스주의 경제학'으로 발전했고요.

또 케인스가 1936년에《고용·이자 및 화폐의 일반이론》(이하《일반이론》)을 낸 뒤 '케인스 학파'와 '신고전학파'로 나뉘었습니다. 물론 이 세 학파 역시 또 다른 분화가 일어났고요.

경제학도 인문학도 결국 사람의 문제를 다룹니다

김시천　　　경제학은 과학적이고 수학적인 학문입니다. 이런 경제학과 인문학이 대체 무슨 상관이 있기에 경제인문학이라는 말이 나왔을까요?

장시복　　　정운찬 전 총리가 대학교 강의에서 한 말로 표현할 수 있을 것 같아요. "경제학에서 가르치는 그래프에서 선 하나만 움직여도 사람이 죽거나 다칠 수도 혹은 행복해질 수도 있다. 그 문제를 못 보면 경제학을 제대로 할 수 없다." 경제학은 수요-공급 곡선에 의해 상품 가격이 결정된다고 하면서, 정작 그 이면에 사람의 삶이 있다는 사실은 알려주지 않아요. 그것을 염두에 두고 무게감 있게 받아들이라는 이야기입니다.

　예를 들면 지금 몹시 배가 고픈데 주머니가 텅 빈 사람이 있어요. 예전엔 "돈 없으면 집에 가서 빈대떡이나 부쳐 먹지"라는 말이 가능했어요. 하지만 요새는 부쳐 먹을 돈도 없어서 굶어야 해요. 즉 돈이 없으면 녹두조차 못 사니 시장에 못 갑니다. 이 사람은 수요-공급 곡선 안에서 아예 배제되는 것이죠. 또 실업률이 1퍼센트 올라갔다고 하면, 그에 해당하는 몇만 명에서 몇십만 명에 달하는 사람들이 생계를 잇는 데 위기에 처했다는 의미입니다.

환율 변동을 예로 들 수도 있어요. 어떤 사람이 외국에 몇 년 머무르기로 했다고 합시다. 그는 평소엔 관심도 없던 환율을 매일 확인합니다. 환율에 따라 해당 나라 기준으로 그 액수가 높아지기도 낮아지기도 하니까요. 결국 환율이 그 사람이 외국에서 살 집과 주변 환경, 자녀의 학교, 함께할 생활 공동체 등을 결정합니다.

경제학도 인문학과 마찬가지로 결국 사람의 문제를 다룹니다. 앞서 경제학을 살림살이를 다루는 학문이라 표현한 것과 일맥상통하죠. 사람을 매개로 경제학과 인문학이 만나는 것입니다.

경제 논리에 따라 인문학이 소비되는 현실

김시천　요즘 경제학과 경영학 전공 학생들이 교양 인문학 강의를 수강하는 경우가 많아졌는데, 이 현상은 어떻게 생각하시나요?

장시복　글에서도 이야기했듯, 자본도 인문학을 필요로 하는 세상이 왔다는 현실을 반영한 것이죠. 기업은 기본적으로 이윤을 추구하는 조직입니다. 그래서 보통은 최대한 생산 비용을 줄이는 데 방점을 두고 계산한 합리성을 바탕으로, 이윤을 극대화하려고 합니다. 그런데 이윤을 내려면 물건을 팔아야 합니다. 스티브 잡스는 기업을 성공적으로 경영하기 위해서 물건을 사는 사람을 이해하는 것이 중요하다는 사실을 깨달았어요. 그러한 그의 인문학적 마인드는 어린아이도 쉽게 사용할 수 있는 아이패드로 귀결됐고요.

또한 기업은 물건을 팔려는 사람들이 모인 조직입니다. 예전엔 지도자가 소위 '싫으면 나가'라며 직원을 압박했어요. 하지만 그런 조건에서 직원들은 해고가 무서우니 겉으론 일을 열심히 하는 척하지만, 실제론 제대로 안 한다는 것이 점차 드러났어요. 매력적인 물건을 만들지 못하니, 이윤을 많이 낼 수 없는 건 당연하죠. 그 과정에서 기업 지도자들은 점차 사람을 이해하기 위해 노력하게 됐습니다. 당연히 핵심은 직원을 효과적으로 다뤄 이윤을 창출하는 데 있겠죠. 이유가 어찌됐든 그런 차원에서 기업 지도자들은 인문학의 필요성을 느끼게 된 것입니다.

더불어 세계 경제는 전망이 암울하고 미래가 크게 불확실한 시대입니다. 미래를 예측할 수 없으니 계산을 바탕으로 한 합리성은 소용이 없어요. 결국 근본적으로 사고할 수 있는 힘이 상당히 중요해졌습니다. 기업인들은 이제 그 힘을 기르고자 인문학을 공부합니다.

김시천　　글에서 자본주의 경제가 세운 호모 에코노미쿠스 이론이 깨지고 있다고 표현했는데요. 이것이 경제학 그리고 그것과 인문학의 관계에 어떤 영향을 미치고 있을까요?

장시복　'인간의 합리성'이라는 자본주의 경제의 공리를 무너뜨리는 시도가 거세지고 있어요. 먼저 그 맹아는 케인스에게서 찾을 수 있습니다. 케인스는 《일반이론》에서 '인간의 행동은 야성적 충동의 결과'라고 말했습니다. 이는 사람이 행동을 결정하는 데 그의 심리와 감정이 결정적 역할을 한다는 의미입니다. 사람은 수학적으로 계산해서 합리적인 행동을 한다는, 신고전학파 경제학의 호모 에코노미쿠스 이론을 뒤엎은 것이죠.

그래도 신고전학파 경제학은 1960년대 중반까지 맹위를 떨쳤습니다. 그러다 1968년 '68혁명' 이후 기존 질서에 대한 저항이 본격화하면서 경제학을 새롭게 해석하려는 시도가 분출했어요. 새로운 경제학은 1980년대를 거치며 발전한 심리학과 뇌과학, 인지과학 등과 결합해 호모 에코노미쿠스를 상정하는 근본적인 원리를 깨뜨리고 있습니다.

제일 먼저 '정보경제학'이 생겼어요. 이 학문 연구자들은 '물건을 사는 사람이 상품에 대한 정보를 완전하게 아는 것이 아니라면, 시장은 어떻게 작동하겠는가?'라는 질문에서 출발했어요. 호모 에코노미쿠스는 물건에 대한 모든 정보를 완전하게 파악한 것을 전제로 합니다. 그래야 이런저런 조건을 계산해서 합리적 선택을 할 수 있기 때문이죠. 기존 경제학은 그런 전제로 수요-공급 곡선을 도출했습니다.

하지만 현실에선 정보가 비대칭적인 경우가 많아요. 예를 들면 중고차를 살 때, 차를 사는 사람은 그것이 좋은지 나쁜지 잘 모르고 구매를 결정합니다. 그것이 외양과 내장 기능이 모두 좋은 '참살구'일 수도, 겉만 번지르르한 '개살구'일 수도 있죠. 이렇게 정보경제학 연구자들이 정보가 경제 현상에 미치는 영향을 가정해보니, 시장이 붕괴한다는 결과가 나왔어요. 달리 말해 이들은 수요-공급 곡선이 현실에서 안 맞을 수도 있다는 사실을 밝혀낸 것이죠.

다음으로 '행동경제학'입니다. 이 학문 연구자들은 '호모 에코노미쿠스는 이기심으로 행동하는 인간형인데, 과연 실제 사람이 이기적이기만 하는가?'란 의문에서 시작했어요. 이와 관련한 가장 대표적인 논쟁은 애덤 스미스의 책에서 비롯했습니다. 그는 자신의 책《국부론》에선 이기심을,《도덕감정론》에선 동포 감정이라고 표현한 이타심을 언급했어요. '그렇다면 애덤 스미스는 도대체 이기심과 이타심 중 어느 것을 중시한 것이냐?'란 질문에서 논쟁이 발생했습니다.

이와 관련한 예로 '구걸하는 부랑인에게 돈을 주는 행위는 이기심과 이타심 중 어느 것이 작동한 결과일까?'라는 주제를 들 수 있어요. 이는 얼핏 보면 부랑인의 사정이 딱해 적선하는 것, 즉 이타심의 발현일 수 있어요. 반면 '내가 거지가 됐을 때 나도 동냥을 얻을 수 있다'는 마음에서 돈을 주는 것, 즉 이기심이 앞선 행동일 수도 있습니다. 행동경제학 연구자들은 이런 논쟁을 바탕으로 이기심의 문제를 파헤쳤습니다. 그 방법으로 심리학과 인지과학 등 다른 분과 학문의 성과를 끌어왔음은 물론이고요.

또한 '실험경제학'이 나왔어요. 이 연구자들은 사람의 심리를 과학적으로 증명하기 위해 행동경제학의 연구 결과에 뇌과학을 결부했습니다. 이들은 CT 촬영으로 사람의 뇌를 살펴보니 뇌는 어떤 자극이 왔을 때 일정한 패턴으로 반응한다는 것을 알게 됐습니다. 이렇게 사람의 감정은 뇌를 통해서 나타나는 것이니 사람의 이기심을 규명하는 데 한 층 더 나아갔다고 할 수 있습니다.

《계몽의 변증법》에선 '양화되지 않는 것들은 모두 추방됐다'는 개탄이 나옵니다. 숫자로 계산할 수 없는 것은 모두 의미가 없어졌다는 의미입니다. 호모 에코노미쿠스를 상정한 경제학에서도 마찬가지입니다. 그런데 경제학의 새로운 조류는 경제의 주체로 호모 에코노미쿠스라는 유령이 아니라 현실에 존재하는 사람을 호출했어요. 그리고 수량화할 수 없는 많은 요소가 경제에 막대한 영향을 미친다는 사실을 밝혔습니다. 그 시도가 새로운 경제학의 틀을 만들고 있어요.

경제학은 다른 분과 학문과 융합해가는 과정에서 사람에 대한 이해도가 높아지는 만큼 인문학에 맞닿을 수밖에 없어요. 결국 경제학과 인문학이 만난다는 것은 일종의 비유일 뿐 경제학은 곧 인문학이라고 할 수 있습니다.

경제 문제를 바라보는 근본적인 변화가 필요해요

김시천　　　마지막으로 우리나라에서 현재 제일 심각한 문제인 '저출산'과 '고령화'가 경제에 어떤 파급을 미칠지 궁금합니다. 이를 어떻게 예측하는지요?

장시복　　　당연히 우리나라 현재의 경제 시스템은 버틸 수 없다고 생각합니다. 지금 시스템은 '박정희식 시스템'으로 경제가 빠르고 높게 성장하는 데 목표를 둡니다. 하지만 우리나라는 이미 저성장 시대로 접어들었어요. 대통령 후보자들이 대선 유세에서 경제 성장률을 몇 퍼센트 올리겠다는 등의 공약을 내거는 것도 결국 거짓말이 될 수밖에 없어요. 이미 고성장 시스템은 낡았습니다. 그런데 사람들(특히 국내 경제 정책을 입안하는 사람들)의 인식과 정치·법률·행정 등의 제도는 시스템의 쇠락에 제대로 대응하지 못하는 실정입니다.

정리하면 지금 우리나라는 경제 문제에서 낡은 것을 결별하지 못하고 새로운 것도 맞이하지 못하는 상황입니다. 이런 파열을 완화할 수 있는 방법을 제대로 제출하지도 못하고요. 여기서 사람들의 삶이 힘들어지는 것은 당연한 일입니다. 결국 '못살겠다, 갈아보자'라며 혁명이 일어날 수도, 일본처럼 경기가 오랜 기간 가라앉을 수도 있을 것입니다.

이런 국면에 저출산·고령화로 인해 인구가 줄어든다면 모든 게 바뀔 수밖에 없습니다. 이미 구체적인 사회 현상으로 나타나고 있어요. '헬조선'이라는 말이 유행하는 것 자체가 우리나라의 심각한 문제 상황을 단적으로 드러냅니다.

인구가 줄면 생산·유통·분배·소비의 구조 자체가 재편되고, 이는 정치·사회·문화에도 영향을 끼칩니다. 저출산·고령화는 지금의 경제 시스템을 무너뜨리는 것을 넘어서 우리의 삶 전반을 바꾸거나 혹은 파괴한다고 할 수 있어요.

거기서 더 나아가 새로운 변화와 문제가 생기면 갈등이 따르기 마련입니다. 저출산·고령화 문제는 예컨대 소위 무상급식('의무급식'이란 표현이 더 적당하다고 생각합니다만) 논란을, 연금에서의 세대 간 갈등을 야기합니다. 모두 누구의 돈을 빼내 누구에게 돈을 줘야 하는 문제고, 여기서 비롯되는 갈등을 어떻게 조정하느냐가 중요한 쟁점이 됩니다. 이 역할을 정치가 해야 합니다. 경제는 자기 스스로 돌아가지 않습니다. 그 안에서 일어나는 갈등을 사람이 조정해야 작동할 수 있습니다. 우리나라 정치는 말할 필요도 없이, 그 역할을 제대로 수행하지 못하고 있어 안타까운 마음입니다.

결국 경제 문제를 바라보는 근본적인 시각의 변화가 필요합니다. 사람은 먹고살기만 하지 않고, 누리고 즐길 줄도 압니다. 따라서 경제 문제는 '경제만의 문제'일 수 없고, 정치·사회·문화 전반에 걸쳐 있어요. 내가 못 사는 건 내 마음 탓이 아니라는 것이죠. 마음을 다르게 먹는다고 잘 살게 되지는 않습니다. 개인이 잘 살려면 사회가 바뀌어야 합니다. 개인이 지금 힘들게 살고 있는 이 세상을 바꾸려는 노력으로 나아가야 합니다. 그 출발은 맹목적으로 돈만 버는 인간형에서 탈피하는 것입니다. ✝

몸의 문제를 푸는
삶의 지도가
있을까?

강신익

치과대학을 졸업하고 15년간 치과 의사로 일했다. 마흔이 되던 해에 영국으로 건너가 웨일스대학교 스완지 분교에서 의학과 의료의 철학과 역사를 공부했다. 귀국 후에는 인제대학교에 인문의학교실과 연구소를 설립해 교육과 연구에 전념했다. 그 과정에서 의학은 근본적으로 과학과 인문학의 하이브리드일 수밖에 없다는 결론을 얻었고, 그 연구 결과를 《인문의학》 시리즈 3권 등에 묶어 편찬했다. 2013년 가을부터 부산대학교 치의학전문대학원으로 자리를 옮겨 인문학적 의료를 공부하고 가르친다.

intro

의료인문학(medical humanities) 의학을 대상으로 한 인문학이다. 의학의 역사를 다루는 의사학, 의학의 철학을 다루는 의학철학 등 기존 인문학의 학문적 범주 안에서 의학의 주제를 특화시켜 다룬다. 의료인문학이란 용어는 1976년 호주의 외과의사 무어(Anthony R. Moore)가 인문학적 내용을 바탕으로 좋은 의사가 되기 위한 길을 가르친 데서 비롯했다. 하지만 이미 1960년대에 질병으로부터 환자가 소외되면서 의료의 상업화와 비인간화를 우려하는 인식이 확산되었다. 70년대에 이르러서는 인간적인 의학을 추구하는 광범위한 노력과 더불어 의료인문학이 형성되었다. 한국의 경우 의료인문학은 의료윤리, 의학철학, 의학사를 아우르는 '인문의학'을 뜻하거나, 넓게는 사회와 문화, 예술 등 다양한 영역을 포괄하는 '인문사회의학'과 동의어로 사용되고 있다.

병을 앓는 것은 내 몸을 알아가는 과정

배탈이 나거나 감기에 걸렸을 때 우리는 가장 먼저 그 병을 일으켰을 것으로 의심되는 상한 음식이나 찬 바람 등의 외부 요인을 찾아내려고 한다. 그래야 그 원인을 제거해 병을 치료할 수 있을 뿐 아니라 생활 습관을 바꿔 그런 일이 생기지 않도록 주의를 기울일 수 있기 때문이다. 또는 최근에 스트레스를 심하게 받았다거나 과로를 해 몸의 상태가 좋지 않았다는 등 몸 내부의 요인을 찾아 설명하기도 한다. 질병에 대한 설명과 치료법 중에는 상식으로 이해하기 어려운 낯선 것들도 많다.

이제 배탈이 나고 감기에 걸린 몸이 의학이고 처음 본 낯선 치료법이 의료인문학이라고 생각해보자. 의학은 많은 사람을 사망에 이르게 한 전염병을 거의 정복했고, 인간의 수명을 크게 늘이는 등 인류사의 성취라 할 만한 성과를 이미 보여주었고, 그 발전 속도도 눈이 부실 정도다. 하지만 몸의 문제를 물질의 메커니즘으로만 다뤄 인간의 실존을 소외시킨다는 비판에 직면해 있기도 하다. 신자유주의의 도도한 물결 속에서 대부분의 의료 서비스가 상품으로 취급되면서 상업적 의료와 의료 본연의 인간 서비스 사이에서 심각한 갈등이 발생하기도 한다.

의료인문학은 이와 같은 문제들을 풀어보려는 노력이 모여서 태동한 생각의 틀이자 삶의 지도라고 할 수 있다. 의료인문학은 사람의 문제를 다루는 '인문학'이지만 몸을 기계적 메커니즘으로 환원시킨 '과학'적 의학과 의료 서비스를 상품화한 '사회'를 원인으로 하여 출현한 것이다. 따라서 과학적 의학이 사람의 몸을 다루는 방식과 사회가 그 몸에 생긴 병을 다루는 방식을 비판적으로 검토한 후 대안을 제시할 수 있어야 한다. 먼저 우리가 병을 앓고 의학이 그것을 다루는 방식에서 시작해보자.

질병이 존재하는 방식과 그것을 경험하는 방식은 시대에 따라, 문화권에 따라, 사람에 따라, 또는 그 질병이 주어진 환경과 앓는 사람의 주체적 맥락에 따라 다 다를 수 있다. 어떤 사람은 병에 '걸렸다'고 하고 어떤 사람은 병이 '들었다'거나 병이 '났다'고 말한다. 병에 '걸렸다'와 병이 '들었다'는 표현 속에는 그것이 우리 몸 '밖'에 존재한다는 전제가 깔려 있다. 병에 걸렸다고 말하면 마치 길을 가다 돌부리에 걸려 넘어지는 상황처럼 운이 나빠 병을 얻게 되었다는 생각이 반영되어 있다. 병이 들었다는 표현에는 병이 살아 있어서 몸 밖에 있다가 몸속으로 들어왔다는 느낌이 내포되어 있다. 반면에 병이 났다는 표현은 병이 몸속에 잠재적 상태로 있다가 어떤 계기로 변화한 몸의 상태가 발현되는 상황을 떠올리게 한다.

이런 표현들이 병이 어떻게 '존재'하는가를 반영한 것이라면 병을 하고, 앓고, 고친다는 말은 그 병을 '경험'하는 방식을 드러내는 표현이라 할 수 있다. '병 하다'는 표현은 이제 거의 사라졌지만, 20세기 초까지만 해도 질병 경험을 표현할 때 자주 쓰였다고 한다. 여기서는 병을 경험하는 주체가 강조된다. 병의 존재보다는 나 또는 나의 몸이 그것을 어떻게 경험하고 다루는지를 강조하는 느낌이 내포되어 있다.

나는 병을 '앓다'라는 말이 '알(卵)'에서 왔다고 생각한다. 여러 문화권의 신화에서 위대한 인물은 알을 깨고 나오는 경우가 많다. 신라와 고구려의 시조인 박혁거세와 주몽도 알에서 태어났다. 알에서 나오려면 알 속에서의 성숙과 껍질을 깨는 고통스러운 과정이 수반되어야 하고, 그 결과 새로운 세상이 열린다. 알을 깨는 고단한 여정과 아픔이 없다면 새 세상도 없다. 그래서 나는 알을 '깨다'라는 말에서 '깨닫다'라는 말이 나오지 않았을까 생각한다. 깨닫는 것은 한꺼번에 알게 되는 것이다. 하지만 알을 깨거나 깨달음에 이르려면 알 속에서의 성숙 과정이 있어야 한다. 그렇게 천천히 자신을 실현해가는 과정이 앎이고, '알다'라는 말도 '알'에서 왔을 가능성이 크다고 본다. 그러니 천천히 자신을 실현하다가(알다) 갑자기 새로운 세상으로 나오는(깨닫다) 과정이 모두 난생(卵生)의 과정 속에 있는 것이다.

병을 앓는 과정을 알 속에서의 성숙 과정에 빗대어 설명한다면 지나친 상상이고 비약일 테지만, 병에 대한 새로운 이해의 방식으로는 나쁘지 않다. 이 비유에 따르면 병을 앓는 것은 내가 내 몸을 알아가면서 새로운 가능성을 발견하고 실현하는 과정이다. 이 논리는 푸코가 말하는 '자기 실천'의 논리와 유사하다. 그는 이렇게 말했다. "자기 실천의 목표는 자기 자신 내에서 결코 나타날 기회가 없었던 속성을 자기 자신과 일치시키면서 자기를 해방하는 행위다." 이 말은 이렇게 바꿀 수 있다. "병이란 나타날 기회가 없었던 내 몸의 속성이다. 그리고 병을 앓는 것은 그 속성을 나와 일치시켜 새로운 내가 되는 과정이다." 이렇게 '앓다'와 '알다', '앎'이 '알'이라는 공통의 어원을 가진다고 추론하면, 병을 앓는 것은 병을 '하는' 것이고 그 과정에서 새로운 나를 발견하고 실현하는, 고통스럽지만 창조적인 과정이 된다.

몸은 설계된 대로 기능하는 기계일까?

하지만 병을 앓다 보면 목숨을 잃을 수도 불구가 될 수도 있다. 의학은 주로 병의 단기적이고 직접적인 위협에 대처하는 학문이고 실천이며, 지금은 병을 숙명으로 받아들여야 하는 시대도 아니다. 그래서 우리는 병을 흐거나 앓기보다는 고치기를 원한다. 병을 고친다는 말 속에는 병을 몸의 '고장'으로 보는 생각이 들어 있고, 몸에 고장이 난다는 발상에는 그 몸이 기계라는 전제가 깔려 있다.

우리는 몸이 기계보다 훨씬 더 복잡 미묘한 유기체라는 걸 잘 안다. 하지만 몸에 병이 생겼을 때 몸에서 그 병을 제거하거나 병든 몸을 고쳐야 한다는 생각이 잘못되었다고 느끼는 사람 또한 거의 없다. 우리는 하루 종일 기계에 둘러싸인 채 기계를 통해 일하고 기계에 의지해 먹고 마시고 운동하고 잠든다. 보일러로 덥혔거나 에어컨으로 식힌 아파트에서 잠자고, 전기밥솥으로 한 밥과 냉장고에서 꺼낸 반찬을 먹고, 자동차를 타고 출근해서 컴퓨터로 일을 하고, 자판기에서 뽑은 커피를 마시고, 헬스센터의 기계 위에서 운동하고, 수면의 질을 체크하는 스마트폰의 앱을 켠 채로 잠을 잔다. 이런 상황 속에서는 몸마저도 기계로 여기는 무의식이 오히려 자연스럽다.

몸이 기계면 병은 그 기계의 고장이다. 영어에서는 병을 질병(Disease)과 병환(Illness)으로 나누는데 전자는 병의 '존재', 즉 고장을 확인할 수 있는 몸의 이상을 말하고 후자는 그런 이상으로 인한 환자의 주관적 '경험'이다. 이런 구분은 몸을 기계로 병을 고장으로 여기는 동시에 경험(Illness)을 존재(Disease)와 분리시키려는 사유 양식이 작동한 결과다. 하지만 이 단어들을 자세히 살펴보면 그런 구분이 상당히 억지스러운 것임을 알 수 있다. 병의 존재를 나타내는 말(Diseases)은 편치 않음(Dis-ease)의 뜻에서 왔고, 경험을 가리키는 말(Illness) 또한 불길하고 불쾌하거나 사악한 상태(Ill)라는 뜻에서 왔다. 둘 다 존재보다는 경험 또는 상태를 표현하는 말인데 이것을 인위적으로 존재와 경험에 할당한 것이다. 기계들로 구성된 세상에 사람의 경험을 억지로 끼워 맞춘 느낌이다.

일단 몸을 기계로 여기게 되면 병은 이렇게 존재와 경험으로 분리된다. 우리가 한꺼번에 많은 사람을 죽음으로 몰아넣었던 전염병을 극복하고 심각한 외상을 고쳐 오랫동안 살아남을 수 있는 것도 이러한 이분법이 잘 작동했기 때문이다. 현대의학의 승리는 대부분 기계인 몸을 고치는 기술의 덕이다.

하지만 몸을 기계가 아닌 존재와 경험의 종합 또는 삶의 과정으로 이해하면 이야기가 전혀 달라진다. 영어에서 몸을 지칭할 때는 거의 다 보디(Body)를 쓰지만, 독일어에서는 물질적 존재로서의 몸과 경험의 담지자인 몸이 구분된다. 쾨르퍼(Körper)는 영어의 보디(Body)와 거의 같은 뜻이지만 라이프(Leib)는 그 몸으로 살아온 인생의 경험, 그러니까 삶의 가치와 의미까지 포함하는 살아온 몸(Lived Body)이다. 한자어 육(肉)과 신(身)의 뜻도 이와 비슷하게 구분된다. 영어에서 몸은 그저 물질일 뿐이고 병을 존재와 경험으로 구분하지만, 독일어와 한자어에서는 존재(Körper와 肉)와 경험(Leib와 身)이 몸 자체의 속성이다.

우리말에서는 몸의 존재와 경험을 구분하는 경계 자체가 매우 희미하다. '몸'이란 말 속에는 이미 물질, 경험, 당위가 포함되어 있다. 군인의 몸 또는 여자의 몸이란 표현 속에는 이미 군인 또는 여자라는 몸-사람의 정체성과 지켜야 할 도덕규범이 담겨 있다. 몸과 마음은 철자와 발음도 비슷하고 의미상의 거리도 그리 멀지 않다. 그래서 어떤 철학자는 몸과 마음을 합쳐 '뫔'이라 하자고 제안하기도 했다.

그러나 우리가 살고 있는 지금 여기는 몸이 기계인 시대고 장소다. 각 시대와 장소에는 나름의 시대정신과 문화가 있기 마련이지만, 21세기는 장소에 따른 문화의 구분이 점차 약해지는 세계화의 시대다. 그래서 몸과 병을 앓는 방식의 차이도 점차 사라진다. 우리의 의식은 몸을 기계로 여기는 것이 단지 은유일 뿐임을 잘 알지만 우리의 삶은 그것이 은유인지 아닌지를 따지지 않는다. 기계인 몸을 앓고 살아갈 뿐이다. 의식이 삶을 지배하는 것이 아니라 오히려 삶이 의식을 규정한다. 그래서 삶으로서의 몸이 아닌 기계인 몸을 개념화하는 이론이 나오게 되었는데, 그것은 우리 몸을 만드는 설계도가 있다고 가정하는 것이다. 처음에는 자동차와 같은 자동 기계의 설계도를 생각했지만 DNA라는 유전 물질의 구조가 밝혀진 다음부터는 모든 세포 속에 들어 있는 DNA의 염기서열이 생명의 설계도로 여겨지게 되었다. 그리고 21세기가 시작되는 해에는 그 설계도에 해당하는 염기의 서열이 모두 밝혀졌다.

몸이 정말로 기계라면 이제 우리가 그 몸을 만들거나 고칠 수 있어야 한다. 하지만 몸이 기계라는 은유하에 시작된 인간유전체연구사업이 마무리될 즈음에는 오히려 그 은유가 잘못된 것이라고 생각하는 사람이 많아졌다. 유전체가 몸의 설계도라면 그것을 구성하는 염기의 98%가 아무 기능도 하지 않는 문자들의 반복인 이유는 무엇일까? 유전자가 단백질을 만들고 그 단백질이 몸의 형태와 기능을 결정한다는데 그런 유전자가 3만 개도 안 된다면 그것은 인간의 다양성을 설명하기에는 터무니없이 부족한 것 아닌가? 유전자를 구성하는 염기에 대한 정보만으로 유전자끼리의, 유전자와 그것을 둘러싼 단백질 사이의, 단백질과 단백질 또는 세포내 다른 환경과의 상호작용 등 복잡한 관계망의 결과로 나타나는 형질의 변이를 설명할 수 있을까?

이런 의문들을 풀기 위해서는 적어도 몸=기계 은유에서 모델이 되는 기계를 바꿔야 한다. 17세기에는 감긴 태엽의 힘으로 움직이는 시계가, 20세기에는 석유의 화학에너지를 전기와 기계에너지로 바꾸는 자동차가, 그리고 21세기에는 자동 제어 시스템을 갖춘 계산-실행 기계, 즉 컴퓨터가 몸=기계 은유의 모델이 된다.

몸에는 살아온 삶이 담겨 있다

프랑스의 현대철학자 조르주 캉길렘(Georges Canguilhem)은 정해진 설계 또는 규범을 따르기만 하는 것이 아니라 주어진 상황과 내적 조건에 걸맞은 새 규범을 만들 수 있어야 정상적인 유기체라고 했다. 아프리카의 열대기후에 적응한 유럽인의 조상이 햇빛이 귀하고 추운 북쪽에 정착하면서 피부색이 옅어진 것은 진화를 통해 몸이 새 규범을 만들어 낸 사례다. 흰 피부는 햇빛을 많이 받아 부족한 비타민 D를 만들기 위한 적응이었고, 그것이 새 몸의 규범이 된 것이다. 아프리카에서는 검은 피부가 강렬한 햇볕을 차단해 피부를 보호하는 생리적 규범인 것과 정반대 방향이다.

이렇게 몸이 새로운 규범을 만들어내는 유기적 존재라는 관점에서 볼 때 설계된 대로의 구조와 기능을 표현하는 몸=기계라는 은유는 더 이상 진실을 담아내지 못한다. 따라서 그것을 대체할 새로운 은유가 필요하다. 새 은유는 지금의 과학 수준을 반영하면서도 동시대인의 문화적 감성과 공감할 수 있어야 한다.

동아시아의 3대 문화 전통 중 하나인 도교에서 바라보는 몸은 하나의 작은 마을이다. 몸속 마을에는 여러 귀신들이 어울려서 살아간다. 몸속의 여러 장기는 그들에게 밭도 되고 논도 되며 우물이나 개천도 된다. 그런 몸속 마을의 경제가 안정되어 있으면 몸도 건강하지만 그 균형이 깨져 귀신들의 경제가 불안하면 병이 생긴다. 이 몸속 귀신들은 간, 콩팥, 지라, 허파, 염통 등의 장기에서 살지만 조금만 더 상상력을 발휘하면 그 귀신들을 각 장기를 구성하는 조직과 세포들의 집합으로 생각할 수도 있다. 그러면 '몸=작은 마을'의 은유가 그럴듯한 과학적 설명의 틀이 될 수도 있다. 몸은 분자-세포-조직-기관-개체-가족-지역-국가-세계-전체 생명계로 이어지는 위계적 질서의 중간 단계를 차지하는 하나의 생태계가 된다. 생태적 의학을 주장하는 서양 사람들의 생각도 이와 비슷한데 그들은 몸을 갖가지 생명이 어우러진

작은 정원에 비유한다.

몸이 설계된 대로 만들어지고 기능하는 기계라면 그 주변에 관한 여분의 정보는 아무 소용이 없겠지만, 작은 마을이고 생태계라면 몸들 사이에는 다양한 여분의 정보 교환 또는 수다가 가능해진다. 흙과 그 속에서 살아가는 수많은 미생물과 벌레, 기후, 이웃하는 다른 생명의 기질과 성격 등이 어우러져 마을과 정원의 생태적 경제를 구성한다. 그렇게 크고 작은 구성원들 사이의 관계와 소통이 살 만한 마을과 아름다운 정원을 만들 듯이 우리 몸속 구성원들의 원활한 관계와 소통이 건강한 삶을 결정한다.

몸=기계라는 은유는 앞으로도 상당 기간 동안 우리의 삶과 의식을 지배할 것이다. 하지만 몸을 작은 마을 또는 정원에 빗대어 생각하는 태도가 널리 퍼진다면 우리의 삶이 더욱 넉넉하고 아름다워질 수도 있을 것이다. 나아가 과학적 상상력을 자극해 몸이 기계였을 때는 생각조차 할 수 없던 기발한 연구가 가능해지고, 그 결과에 따라 전혀 새로운 몸과 삶을 살 수도 있을 것이다.

의술과 예술의 공통점

우리는 흔히 "인생은 짧고 예술을 길다"라는 말을 듣는다. 그리고 이 말이 삶의 덧없음과 예술적 아름다움의 영원함을 뜻한다고 생각한다. 충분히 공감이 되는 삶과 예술의 진실이다. 하지만 이 말이 어떤 맥락에서 누가 한 말인지 알고 나면, 그 공감의 질과 내용은 많이 달라진다. 이 말은 서양의학의 시조로 추앙받는 히포크라테스의 잠언집 첫머리에 나오는 말이다. 여기서 '예술'로 번역된 테크네(Techne)라는 말이 사실은 예술보다는 의술을 지칭했던 것이다.

이어지는 문장은 이렇다. "인생은 짧고 의술은 길다. 기회는 잡기 어렵고 실험은 위험하며 판단은 어렵다. 의사가 필요하다고 생각하는 일을 했다고 임무가 끝나는 것은 아니다. 환자와 간병인이 제 역할을 다해야 하며, 주변 상황 또한 매우 중요하다." 사람의 질병 경험을 다루는 의술은 명확한 지침을 따르는 단순한 기술일 수 없고 주변의 인간적·사회적·자연적 환경의 영향을 충분히 고려해야만 하는 불확실하고 위험한, 하지만 동시에 영원한 과업이라는 것이다. 더 요약하면 의학적 판단의 어려움과 의술의 불확실성을 표현한 말이라고 할 수 있다. 의술은 짧은 인생을 다루지만 그 짧은 인생의 불확실성으로 인해 영원할 수밖에 없다는 것이다.

우리는 이 말에 들어 있던 본래의 뜻을 오해했지만, 우연한 또는 어쩔 수 없는 번역어의 선택을 통해 의술과 예술의 관계를 다시 생각해볼 기회를 얻었다. 우선 이런 번역상의 오해가 있었던 까닭은 고대 그리스어에 의술과 예술을 구별하는 별도의 단어가 없었기 때문이다. 테크네는 두 가지 뜻을 모두 가지고 있으므로 기예(技藝)로 옮기기도 한다. 기예로서의 의술은 몸속의 질병을 몰아내거나 고장 난 몸을 고치는 것이라기보다는 질병을 극복한 새로운 상태로 병자를 인도하는, 불확실하고 위험하지만 가치와 의미가 충만한 행위였으니 예술 행위와 다를 바가 없었을 것이다.

그들에게 과학이란 말은 없었지만 테크네라는 말 속에는 과학의 뜻도 포함되어 있다. 히포크라테스는 사체액설(四體液說, Humor Theory)이라는 이론 체계 아래 질병을 신의 의지가 아닌 자연 현상으로 설명한 최초의 의사다. 영어로 번역된 히포크라테스의 잠언을 보면 대부분 테크네를 예술(Art)로 옮기고 있지만 과학(Science)으로 옮긴 것도 더러 있다. 히포크라테스의 의술은 그것을 구분하는 말이 없었을 정도로 과학과 예술이 결합된 종합적 판단과 행위의 체계였을 것이다.

고대 그리스의 테크네와 대응하는 동아시아의 개념어는 의(醫)다. 이 글자에는 화살(矢)에 맞고 창(殳)에 찔린 병자를 약의 대명사인 술(酉)로 치료한다는 의미가 내포되어 있다. 그런데 의(醫)는 술 대신에 무당(巫)을 가리키는 글자와 함께 쓰이기도 한다(毉). 무(巫)는 하늘과 땅을 이어주는 사람(무당)을 형상화한 것으로 병을 초자연적 현상으로 바라보는 시각이 반영되어 있다. 또 예전에는 예(翳)라는 글자가 의(醫)와 혼용되기도 했다. 이 글자들을 분석해보면 오늘날의 외과(矢와 殳), 내과(酉), 정신과(巫), 예방의학(翳)의 개념이 모두 들어가 있다. 고대 중국의 의(醫, 毉, 翳) 속에는 질병 경험에 대한 불명확한 판단과 실천의 다양한 방식이 혼재되어 있음을 알 수 있다.

그런 판단과 실천의 방식에 학문과 실천과 규범의 체계가 부여되면 의학(醫學), 의술(醫術), 의덕(醫德)이 된다. 의학은 의(醫)에 대한 배움이고 의술은 그 배움의 실천이며 의덕은 배움과 실천의 기준이 되는 규범이다. 오늘의 분류 체계로 보면 의학은 기초의학이고 의술은 임상

의학이며 의덕은 의료윤리 또는 의료인문학이다. 의료행위란 이런 배움과 실천과 규범이 하나로 어우러진 종합행위예술이라고도 할 수 있다. 이는 세상에 대해 배워서 알고(學, 앎), 아는 대로 행하며(術, 함), 올바르게 살아가는(德, 삶) 일상의 구조와 크게 다르지 않다. 테크네는 과학과 예술을, 의(醫)는 배움과 실천과 규범을 아우르는 종합적 행위의 체계였던 것이다.

의학은 인간적인 과학이자 과학적인 인문학

19세기 이후 의학에 분석적이고 환원주의적 과학이 결합하자 과학-예술, 배움-실천-규범 또는 앎-함-삶의 유기적 균형이 무너지기 시작했다. 질병을 일으키는 세균이 발견되고 그것의 증식을 막는 소독과 위생이 일상화되었으며 마취가 발명되고 외과수술이 안전해지자, 과학-배움-앎이 예술-실천-규범에 우선한다는 생각이 싹텄다. 제대로 알기만 하면 실천은 어렵지 않다고 본 것이다. 20세기의 의학사는 대체로 그 생각이 정당함을 증명하는 숱한 사례로 채워졌다. 대규모로 발생해 수많은 사람을 죽인 전염병은 거의 사라졌고, 바늘구멍 하나 없이도 신체의 내부를 자세히 들여다볼 수 있게 되었으며, 관절과 심장 등 고장 난 부위를 기계로 대체할 수 있는 기술도 개발되었다. 그 결과 알면 할 수 있고 할 수 있으면 해야 한다는 정서가 지배하게 되었다. 과학이 예술을, 앎이 삶과 함을, 배움이 실천과 규범을 지배하게 된 것이다.

이렇게 의학에서 과학과 예술의 균형추가 과학 쪽으로 심하게 기울 때도 새로운 균형을 찾기 위해 애쓴 사람이 적지 않다. 의학=자연과학이라는 등식에 의문을 표하며 의술의 사회적 차원과 인문적 가능성을 보여준 대표적 인물로는, 세포병리학과 사회의학의 창시자인 루돌프 피르호(Rudolf Virchow)와 등불을 든 천사 플로런스 나이팅게일(Florence Nightingale)을 들 수 있다.

피르호는 자기 자신이 과학적 의학의 선구자이면서도 동시에 질병의 사회적 원인에 주목해 적극적으로 정치 활동을 펼친 사회의학의 창시자다. 그는 "의학은 사회과학이다. 정치학은 큰 범위의 의학일 뿐이다. (…) 의사는 가난한 자들의 대리인이어야 하고 사회적 문제는 의사들의 관할이다"라는 유명한 말을 남겼다.

나이팅게일은 대단한 지식이나 기술이 아닌 온기가 넘치는 인간적 보살핌만으로도 많은 생명을 구할 수 있음을 보여준 인물이다. 그녀는 의복과 침구의 세탁, 병실 공기의 환기, 그리고 정성 어린 간호만으로 야전병원의 사망률을 10분의 1로 줄여 세상을 놀라게 한 근대 간호학의 창시자이자 의료인문학의 선구자였다.

동아시아 전통에서는 예로부터 '질병'을 치료하는 소의(小醫), 병든 '사람'을 치료하는 중의(中醫), 병든 '사회'를 치료하는 대의(大醫)로 의사의 등급을 매겼다. 이 구분법이 거의 그대로 병의 자연 경과를 다루는 자연의학, 환자의 질병 경험을 다루는 인문의학, 그리고 질병의 사회구조적 원인을 다루는 사회의학에 대응한다. 이렇게 보면 지금의 의

학 교육은 소의를 길러내는 데 초점이 맞춰져 있는 셈이다. 예방의학
과 보건학 등 사회의학의 영역이 있지만 그 학문들도 병든 사회 자제
를 대상으로 하기보다는 그 사회의 위험 '요소'들이 생물학적 몸에 미
치는 '영향'을 연구할 뿐이다. 그리고 인문의학 또는 의료인문학은 이
제 겨우 고대의 전통과 의학 역사에 대한 반성으로부터 싹트고 있는
실정이다.

과학적 자연의학의 전성기였던 20세기 동안, 인문학이 의학 고유의
문제 영역이었음을 기억하는 사람은 거의 없었다. 사회의 불평등한 구

자연의학	사회의학	인문의학
醫學	醫術	醫德
배움	실천	규범
알다	하다	해야 한다
기초의학	임상의학	의료인문학
앎	함	삶
醫	毉	翳
과학	예술	인문학
小醫	大醫	中醫
질병	사회	사람
가끔 치료	자주 도움	항상 위로
인간적 과학	경험적 예술	과학적 인문학

조가 질병의 주요 원인이라는 주장은 있었지만, 삶에 대한 태도와 가치가 질병 그 자체의 발생 또는 경과와 관련이 있다고는 생각하지 못한 것이다. 이 시기에 의학=자연과학이라는 등식은 상식이었고, 인문학은 일상과는 거의 관계가 없지만 알고 있으면 빛이 나는 교양 정도로 치부되었다.

20세기 후반에 이르면 이런 분위기가 조금씩 변하기 시작한다. 특히 낙태와 안락사 등 의료기술의 적용을 둘러싼 종교적·윤리적 논란이 거세지면서 생명윤리(Bioethics)가 독립된 연구 분야로 확립되었다. 이후 줄기세포 연구와 유전자 조작의 가능성이 제기되면서 생명윤리 연구는 좀 더 근본적인 인간 조건에 대한 논의로 방향을 전환하게 되었다. 이런 흐름이 오래된 의학사 연구의 전통, 그리고 의학을 인간 존재와 인식의 조건에 대한 철학적 반성의 토대 위에 세우려는 의철학의 전통과 만나면서 인문의학 또는 의료인문학이라는 새로운 학문 분야가 출현했다.

이런 흐름은 우리 조상이 오래전부터 익히 알고 있던 삶의 지혜를 새로운 사유의 틀 속에 담아내려는 노력이다. '인생은 짧고 의술은 길다'는 히포크라테스의 잠언 속에 담긴 짧고 불확실한 인생과 모호하지만 귀중한 의술의 성격은, '가끔 치료하고 자주 도우며 항상 위로하라'는 이름 없는 후세 의사의 격언과 묘한 공명을 일으킨다. 인간의 의술에는 한계가 있을 수밖에 없고, 인생은 짧다. 그러니 '가끔' 치료할 수 있을 뿐이다. 하지만 환자 스스로 문제를 해결할 수 있도록 실질적인 도움을 줄 수는 있다. 사회와 자연의 환경을 조절하고 상호부조의 공동체를 만들며 의학적 조언을 주는 일 등을 통해서 말이다. 그리고 진심 어린 공감을 통한 위로야말로 의술을 영원케 하는 가장 중요한 요소다.

　이러한 지혜는 의철학이 현대적 학문으로 태어나는 데 크게 기여한 미국의 의철학자 펠레그리노(Edmund D. Pellegrino)의 한마디 속에 군더더기 없이 표현되어 있다. "의학은 가장 인간적인 과학이고, 가장 경험적인 예술이며, 가장 과학적인 인문학이다." 그렇다. 의학은 과학이지만 동시에 예술이고 인문학이기도 하다. 의료인문학은 과학이며 예술인 의학을 사람 중심으로 종합하려는 노력에 붙여진 이름이다. 의료인문학은 질병과 같은 몸의 문제를 풀면서 가야 할 삶의 여정에 꼭 필요한 지도이기도 하다.

참고한 책

《의학사상사》(여인석, 살림)

《몸의 역사》(강신익, 살림)

《불량 유전자는 왜 살아남았을까》(강신익, 페이퍼로드)

《몸의 역사 몸의 문화》(강신익, 휴머니스트)

《인문의학 1, 2, 3》(인제대학교 인문의학연구소, 휴머니스트)

《의학, 인문으로 치유하다》(예병일, 한국문학사)

《어느 의사의 고백》(알프레드 토버, 지호)

《젊은 의사의 수기, 모르핀》(미하일 불가코프, 을유문화사)

《몸의 의미》(마크 존슨, 동문선)

의료를 인간의 삶 속에서
종합적으로 바라보다

김시천　　2004년에 설립된 인제대학교 의과대학 인문의학교실에서 오랫동안 학생들을 가르치셨습니다. 인제대학교 의과대학 인문의학교실이 우리나라 최초로 인문의학을 가르친 곳인가요?

강신익　　네. '인문의학'이라는 단어를 교실 이름으로 삼은 것은 인제대가 최초라고 알고 있습니다. 제가 인제대에 전임교수로 부임하면서 교실 이름을 그렇게 바꿨어요. 하지만 당시 서울대학교와 연세대학교 등도 의학의 역사를 다루는 '의사학 교실', 가톨릭대학교와 부산대학교, 아주대학교, 울산대학교 등은 '인문사회의학교실'이라는 이름으로 인문학적 의학을 교육하고 있었어요.

김시천　　　의과대학과 치과대학에서의 배움은 크게 기초의학과 임상의학으로 나뉘는데, 이 둘 중 어디에도 속하지 않은 인문의학 혹은 의료인문학교실이 새롭게 도입된 것인데요. 이는 의·치대 학생들에게 기초와 임상을 가르치는 것만으로 뭔가 부족하다는 인식이 생겼다는 의미일까요?

강신익　　　그렇죠. 그 배경으로 1997년에 발생한 '보라매병원 사건'이 작용했다고 생각합니다. 50대 남성 환자가 병원에서 치료받던 중 보호자인 그의 아내의 요구로 담당 의사는 환자를 퇴원시켰어요. 그런데 퇴원 후 환자가 사망하자 환자의 다른 가족들이 그의 아내와 담당 의사를 형사 고발했어요. 당시 법원은 환자의 아내는 살인죄로, 의사는 살인방조죄로 유죄판결을 확정했습니다. 이 사건을 계기로 의사들은 자신들의 일상적인 행위가 살인방조죄에 해당할 수도 있다는 사실을 깨닫고, 처음으로 치료 중단에 대한 윤리적 자각을 하게 되었지요. 이 밖에 2000년에 있었던 의사파업도 영향을 미쳤다고 생각합니다.

김시천　　　의학사나 의료사회학, 의료인류학은 많이 들어봤는데, 의료인문학 혹은 인문의학이라는 말은 생소합니다.

강신익　　　20세기 이후 의학에 관련한 인문학적 사유는 주로 역사에 한정돼 있었어요. 그것도 과거는 불안전하고 현재와 미래로 갈수록 완전해진다는 발전사관에 의거해 의학이 어떻게 발전해왔는지를 중점으로 다뤘지요.

20세기 중반에 이르러서야 의학에 대한 근본적 성찰이 시작됐어요. 인류사의 비극인 제2차 세계대전 전범 재판이 계기가 되었지요. 나치가 생체 실험을 한 사실이 밝혀졌거든요. 생체 실험에 참여한 의료인과 관계자들의 재판 과정에서 인체 실험에 대한 윤리적 기준을 설정한 뉘른베르크 강령이 발표되었죠.

1960년대에는 약물에 의한 여러 문제가 발생했어요. 대표적인 사례로 탈리도마이드(Thalidomide)란 약을 들 수 있어요. 이 약은 임신 초기 입덧을 막아준다고 알려져 전 세계적으로 수많은 임신부에게 팔렸는데, 그 약을 먹은 산모들 가운데 많은 이들이 팔다리가 없는 기형아를 낳는 엄청난 사건이 벌어졌어요. 이에 의학을 통제해야 한다는 인식이 싹트게 되고 마침내 헬싱키 선언(사람을 대상으로 한 의학 연구에 대한 윤리적 원칙)으로 이어집니다. 의료윤리학은 이런 흐름의 결과 생긴 연구 분야입니다.

우리나라에서는 1997년에 발생한 보라매병원 사건을 계기로 생명윤리학회와 의료윤리학회가 생겨 이 분야의 쟁점을 연구하고 있지요. 얼마 전 연명 치료 중단과 관련한 대법원 판례도 있었듯이 윤리학적 논의가 법적으로도 정리되는 상황입니다. 하지만 의료 또는 의학의 본질에 대한 근본적 성찰과 반성은 아직 미약하다는 문제의식에서 의철학이나 의료인문학, 인문의학이 나온 것입니다.

물론 의료사회학(의료 시스템이 사회에서 어떻게 구성·운용되는지를 연구하는 학문)과 의료인류학(문화적 현상으로서 의료 행위 또는 시스템을 다루는 학문)에 대한 담론은 지금까지도 차근차근 쌓이고 있고요.

김시천　　특히 의료사회학의 관점에서 의료 자원의 분배는 여전히 중요한 문제입니다. 20세기에 비약적인 의학 발전이 있었지만, 의료 자원의 분배는 크게 기울어진 실정이지요. 돈이 있느냐 없느냐에 따라서 치료를 받거나 받지 못하니까요. 현재 미국은 전체 인구 4분의 1에 해당하는 4500만 명이 건강 보험에 가입하지 못했어요. 즉 아파도 천문학적 비용을 감당할 수 없어 병원에 못 가는 현실이지요.

강신익　　맞아요. 미국 사회에 분 버니 샌더스 열풍은 하루아침에 생긴 바람이 아니에요. 샌더스는 수십 년째 미국의 건강보험을 영국과 같은 시스템으로 개혁하자고 주장해왔어요. 미국 사회 내 빈부 격차가 워낙 심해지다 보니 이제야 그 주장에 관심을 갖게 된 것 같아요.

영국은 1948년에 NHS(National Health Service: 국민보건서비스)를 도입해 전 국민을 대상으로 의료비가 거의 들지 않거나 무료로 받을 수 있는 건강보험을 실시하고 있어요. 1948년은 제2차 세계대전이 끝난 지 얼마 안 된 시기로 영국이 경제적으로 가장 어려웠을 때거든요. 이는 경제가 좋지 않을 때 오히려 공공 무상 의료 서비스가 성공할 수 있다는 사실을 보여줍니다. 그에 비해 미국은 대단한 경제 성장을 이미 거둔 사회입니다. 그런데도 전후 영국과 같은 건강보험 도입이 더 어려워요. 불균등 구조가 고착화됐기 때문이죠.

제가 의료를 인문학적 관점에서 공부하기 시작할 때가 1980년대였는데, 그때는 의료인문학이라는 학문은 생각하지도 못했고, 주로 불평등 구조를 중심으로 고민했어요. 마르크스주의적 시각을 갖춘 보건사회학에 다소 경도돼 있었죠. 그것은 상당히 의미 있는 학문이고, 의료에서 사회경제적 시스템에 대한 고찰은 여전히 중요하다고 생각합니다.

하지만 시선을 더 근본적으로 돌릴 필요가 있어요. 의료 시스템 자체에 내재된 비인간적 측면에 대한 반성이 절실한 시점입니다. 다시 말해 의료를 인간의 '삶'과 엮어서 종합적으로 바라볼 필요가 있어요.

김시천　　사실 의료인문학 혹은 인문의학은 어떤 명칭을 쓰든, 의료인끼리 의료와 관련한 역사나 철학, 윤리 등을 성찰하는 학문으로 오해할 수 있어요. 하지만 선생님의 말씀을 정리하면, 의료 현실이 그런 것처럼 의료인문학은 의료인뿐 아니라 병을 앓고 있거나 앓을 가능성 있는 전체 사회구성원과 관련돼 있군요.

의료인문학은 인간의 삶에 초점을 맞춘다는 말씀에 매우 공감합니다. 의료는 본래 인간이 더 나은 삶을 향유할 수 있게 도와줘야 하지만, 현대 의료 체계는 인간적인 고통에 무관심했고 단순하게 질병을 치료하면 된다는 입장인 게 사실입니다. 의료인문학은 의료로 인간을 돕겠다고 한 행위가 인간의 삶과 역사에 얼마나 긴밀하게 연결되어 있는지까지 깊이 사유하려는 학문이라 정의할 수 있을 것 같습니다.

질병은 사회 문제, 궁극적으로 의학은 정치적일 수밖에 없다

김시천　　우리나라 의·치과 대학에서 의료인문학 교육은 이루어지고 있나요?

강신익　　네. 그런 편입니다. 하지만 제가 생각하는 교육의 방향과는 약간의 차이가 있어요. 아쉽게도 아직까지는 의료인문학에 기능적으로 접근하는 정도죠. 컴플라이언스(Compliance), 즉 의사가 어떻게 해야 환자가 의사의 지시에 잘 복종할 수 있는지에 중점을 두고 이 학문을 공부하는 상황이죠. 이것은 삶의 문제가 아니라 윤리적인 문제인데, 그것도 의료 수요자가 아니라 의료 공급자가 규정한 윤리입니다. 기능적이라는 말은 곧 공급자 위주라는 뜻이잖아요. 그래서 공급자 주도의 체계가 변화해야 한다는 문제의식을 갖고, 의사가 될 학생들이 스스로 생각할 수 있게 도와주는 교육을 하려고 애쓰고 있습니다.

김시천　　의료분쟁이 많은 현실에서 의·치과 대학생들이 의료인문학 수업을 들으며, '어떻게 하면 의료분쟁을 방지할 수 있을까'에 골몰할 수 있을 것 같아요. 이런 생각이 이 학문이 가진 기본적인 가치와 목적과는 다르다고 보는 견해이신가요?

강신익　　만약 의사가 자신의 책임을 회피하는 데 방점을 둔다면 그렇게 볼 수도 있다고 생각해요. 하지만 의료분쟁을 방지하려는 고민은 필요합니다. 그 자체가 잘못된 것은 아니지요. 의료분쟁을 줄이기 위한 방법을 고민하면서 환자를 어떻게 대할 것인지 분석과 성찰이 가능하니까요. 의료인문학은 학생에게 무엇을 하라는 지침을 주는 교육이 돼선 안 되고, 학생들이 스스로 소위 도덕적 입법자가 되도록 도와줘야 한다는 것이 제 생각입니다.

김시천   의료 현실을 구성하는 중요한 두 주체는 의사와 환자입니다. 이 둘이 인간적으로 만날 수 있어야 인간적 치료가 가능합니다. 하지만 선생님은 의료 시스템을 결정하는 위치에선 두 주체는 배제되고, 그 자리를 의료 공급자가 차지하고 있다고 하셨는데, '의료 공급자'라면 누구를 말하는지요?

강신익   의료 자본, 그것과 이해관계를 가진 생명보험 회사 그리고 그 위에서 춤추는 국가 권력이라 할 수 있겠죠. 의료인문학은 결국 정치학으로 나아갈 수밖에 없어요. 독일의 유명한 병리학자이면서 사회의학을 개척한 루돌프 피르호가 같은 이야기를 했지요. 그는 '질병의 문제는 사회 문제'라며, '의학은 궁극적으로 정치일 수밖에 없다'고 주장했어요.

김시천   '질병이 사회적으로 구성된다'는 표현을 하셨는데요. 어떤 의미인지요?

강신익　　메르스 사태가 좋은 예가 되겠군요. 메르스는 권위와 책임을 가진 전문가들의 독립적 판단이 아니라 대형 의료기관의 이해관계에 휘둘린 국가 권력이 야기한 사태라고 봅니다. 그 결과 사태가 걷잡을 수 없이 확산됐어요. 대형마트 노동자의 이야기를 다룬 드라마 〈송곳〉은 자본가가 휘두르는 아주 작은 권력에도 노동자들이 얼마나 큰 고통을 겪는지 잘 보여줍니다. 관련 에피소드 중, 한 노동자가 임금을 제때 받지 못해 병원비가 밀려 퇴원하는 사례가 나와요. 그가 치료 도중에 퇴원함으로써 병세가 더욱 심해질 가능성이 크지요. 이런 예를 통해 병은 사회적으로 구성된다는 사실을 알 수 있습니다.

김시천　　네. 의료 현실을 병원 시스템이라는 틀 안에서만 봐서는 곤란하다고 생각합니다. 사람이 병에 걸리면 그것의 치료뿐만 아니라 병에 걸리지 않게 하는 것도 의료의 목표가 되어야 한다는 거지요?

강신익　　북유럽 시스템이 좋은 예가 되겠네요. 북유럽은 사회보장제도가 잘 구축되어 있어요. 그래서 생산성이 떨어질 것으로 오해하지만 장기적으로 보면 사회적 효율성을 더 높이는 효과가 있어요. 충분한 휴식을 취했을 때 생산성도 더 올라가는 법이거든요. 우리나라처럼 고용이 불안정하고 야근과 특근이 잦고, 심지어 일하다 병이 나거나 다쳐도 산재보험도 못 받고 잘리는 상황에서 누가 자기 몸 바쳐 일을 하겠어요? 사회가 안정을 취하려면 구성원들이 삶의 의미를 충분히 찾아가며 일할 수 있는 체계를 만들어야 합니다.

그래서 저는 의료인문학을 '삶의 지도'라고 표현합니다. 의료인문학은 이미 생산된 의료 서비스를 어떻게 소비하고 분배할 것인지가 아니라, 그런 의료기술을 활용해 우리 삶을 어떻게 그려나갈 것인지를 고민합니다. 저는 의학을 생물학적 의미의 질병을 다루는 자연의학, 사회적 현상으로서의 질병을 다루는 사회의학, 질병을 비롯한 삶의 문제를 푸는 인문의학으로 분류해요. 그리고 이 세 영역은 절대로 분리되지 않고 함께해야 한다는 것이 제 생각입니다.

김시천　　과거엔 질병이 아니었는데 지금은 질병으로 규정된 것, 혹은 그 반대의 경우도, 질병이 사회적으로 구성된다는 이론의 한 사례가 될 수 있을 것 같습니다.

강신익　　질병이 사회적으로 구성되는 예는 무척 많아요. 정신질환과 관련한 예도 있어요. 2004년에 동남아시아 일대에 쓰나미가 발생한 후, 엄청나게 많은 사람이 외상후증후군 진단을 받았어요. 당시 서구에서 피해 지역으로 파견된 전문가들이 서구의 잣대로 피해자들을 진료했기 때문이죠. 물론 큰 사고를 겪었으니 정신적으로 문제가 많았을 겁니다. 그러나 자연스러운 애도 과정과 불안 증세 등을 굳이 질병의 틀에 넣어 수많은 정신병을 양산해냈다는 비판을 피할 수는 없다고 생각해요. 고혈압 기준이 달라지는 것도 같은 맥락으로 풀이됩니다. 고혈압이라고 판명하는 기준 혈압이 점점 낮아지고 있어요. 이 변화에 합당한 의학적 근거가 있는 것 같지는 않아요. 이는 제약회사의 이해

관계와 직결된 게 아닐까 싶어요. 고혈압의 기준치가 낮아지면 환자가 늘어나고, 당연히 고혈압 약의 판매량도 증가하니까요.

질병과 더불어 사람과 삶을 봅니다

김시천 　선생님은 건강의 개념을 바꿔야 한다고 주장하는 것으로 알고 있어요. 건강은 병이 없는 상태를 말하는 거 아닌가요?

강신익 　관점을 바꿔보면 어떨까 합니다. 이를테면 스스로 건강하다고 생각하는데, 병원에서 고혈압 판정을 받았다고 해봅시다. 이 경우 의료 시스템이 정한 생체 규범에 따르면 몸은 정상적이지 않습니다. 그러므로 생물학적 관점에서 건강하지 않은 것이지요.

　하지만 위와 같은 객관적 기준이 아니라 각자의 삶을 기준으로 삼는다면 건강 개념은 달라질 수 있어요. 세계보건기구(WHO)가 정의하는 '육체적·정신적·사회적 안녕'으로서의 건강도 결국 누구나 도달해야 할 절대적인 목표입니다. 하지만 목표는 개인마다 다를 수 있잖아요. 그래서 조르주 캉길렘은 건강을 '내 몸에 맞는 규범을 스스로 생산할 수 있는 능력'이라고 봅니다. 이에 따르면 고혈압 환자라는 이유로 건강하지 않다고 할 수 없어요. 고혈압 증세를 완화하기 위해 운동을 하고 음식을 조절하면 그 자체로 건강한 것입니다. 내 자신이 내 몸의 입법자로서 규범을 만든다고 할까요? 그런데 지금의 의료 시스템은 전문가가 만든 기준에 따라 환자가 도달해야 할 목표가 설정돼요. 환자 자신의 주체적 역량을 배제한다는 게 문제입니다.

김시천　　하지만 의사들은 객관적인 임상 자료를 바탕으로 환자의 병이 유의미한 수치 안에 드는지 판단하고 적용하는 것이 본업이잖아요. 거꾸로 말하면 환자들이 병세를 호소하는 것은 한편으론 너무 주관적이고 모호할 수 있어요. 동일한 고통을 겪어도 어떤 사람은 다른 이들보다 더 과하게 표현하기도 하잖아요.

강신익　　물론 객관적인 기준이나 과학적 의미의 질병 개념을 무시해선 안 돼요. 하지만 그게 모든 사람의 기준이 될 수는 없어요. 이에 대해 과학적으로도 증거가 많아요. 똑같은 질병에 걸렸더라도 앓는 방식이 사람마다 달라요. 저마다 살아온 경험, 유전자를 비롯한 몸의 구성 성분, 거기서 형성된 나름의 생체 규범이 다르기 때문이죠. 이런 문제에 대한 반성이 필요하다는 것이 의료인문학의 주요 흐름 중 하나예요. 그 반성을 토대로 새로운 의약 체계가 만들어졌어요. 대표적인 것이 생애경로 의학(Life Course Medicine)이에요. 현대 의학은 연령과 성별 등에 맞는 표준을 갖고 환자의 질병을 판단합니다. 그런데 생물학적·사회적·심리적으로 어떤 경험을 해왔느냐에 따라 같은 질병에 대한 반응도 사람마다 다를 수밖에 없어요. 따라서 환자가 걸린 질병을 그 환자의 전체 인생 경로를 통해 파악하자는 것이 생애경로 의학의 핵심입니다.

또 하나는 서사 의학(Narrative Medicine)입니다. 이에 따르면 개인이 무슨 일을 했고 어디에 관심을 갖고 살았는지, 즉 인생을 어떤 이야기로 구성하는지에 따라 의사가 환자의 질병을 이해하는 방식이 달라질 수 있어요. 두 가지 의약 체계가 공통적으로 강조하는 게 공감입니다. 객관화된 정보도 필요하지만, 실질적으로 의료 현장에서 질병 치료에 역량을 발휘하는 것은 공감이거든요. 아주 작은 흐름이지만 의료인문학의 문제의식이 현실적으로 적용된 사례라고 할 수 있어요.

김시천　　생애경로 의학과 서사 의학이 이른바 '개인사'에 대한 공감을 강조하며 출현한 것으로 이해됩니다. 이런 부분엔 충분히 동의하고 공감합니다. 그런데 여기서 한 가지 문제가 생깁니다. 이 두 의학이 임상에 적용된다면, 내 삶의 모든 정보를 의료기관과 관련 단체가 공유하겠지요. 달리 말하면 의료기관이 내 모든 의료 정보를 갖는다는 뜻이에요. 이는 프라이버시와 관련해 심각한 문제가 발생할 수 있어요. 정보 공개와 유출 등으로 일어나는 문제는 이미 우리 사회가 크게 겪고 있잖아요.

강신익　　그렇습니다. 하지만 그 흐름을 막을 수는 없어요. 예컨대 이미 건강보험공단 등엔 우리의 생체 정보에 대한 빅데이터가 쌓이고 있어요. 이와 관련해 논란은 계속 있지만, 결국 그 정보를 활용하는 방향으로 나아갈 거라고 생각합니다.

대표적인 사례로 10여 년 전 아이슬란드가 전 국민의 유전 정보를 데이터베이스화하려고 한 적이 있어요. 처음엔 굉장히 의욕적이었지만 결국 실패했어요. 이해관계가 충돌하기도 했고, 사적인 생체 정보를 소수가 독점해서 생기는 문제도 불거졌기 때문이죠. 이처럼 보험회사 같은 사익을 추구하는 조직이 생체 정보를 독점함으로써 개인을 지배할 수 있는 문제는 끊임없이 경계해야 합니다. 그럼에도 저는 그 길로 가지 말아야 한다고 생각하지는 않아요.

이런 문제를 예방하기 위해선 사회적 합의를 통해 대책을 마련해야 합니다. 그러기 위해서도 절실한 것이 사회 민주화입니다. 혼용무도(昏庸無道)한 정권이 정보를 독점하면 분명히 문제가 생깁니다. 결국 의료 인문학은 정치의 문제일 수밖에 없어요. 다시 말해 사회가 민주화돼야 내 몸도 민주화됩니다. 내가 살고 있는 사회가 민주화된 곳이 아니라면 내 몸도 고통을 받아요. 아까 질병이 사회적으로 구성된다는 이야기를 했지만, 이미 우리는 사회의 구성원으로 존재하고 있으니까요. 이렇게 생물학적인 것과 사회적인 것, 심리적인 것이 유기적 관계를 맺는 것, 이를 저는 삶의 지도라고 표현한 겁니다.

김시천　　잠시 이야기를 정리해보면 먼저 질병, 건강과 관련된 문제는 생명을 가진 인간 전체가 주관하는 것이고, 그 가운데서 질병에 대한 발언권을 가진 주체는 의료계 종사자와 실제 병을 앓고 있는 환자라 할 수 있는데, 사실상 의료와 관련한 상당한 영역에서 이 둘이 아닌 다른 주체들이 결정권을 행사하고 있습니다. 이는 의료만의 문제가 아니라 우리나라의 정치 사회적 성숙과 깊이 관련된 문제일 겁니다.

더불어 의료인문학에 따르면, 질병과 건강 문제는 병원에서만 해결할 수 있는 게 아니라, 각 개인들이 부딪치는 삶의 현장 전체와 관련됩니다. 이는 푸코가 말한 의료화(Medicalization)와는 또 다른 차원의 의료적 시각이 필요함을 뜻합니다. 가령 내 건강은 병원에 가는 것뿐 아니라, 내가 몸이 안 좋을 때 일을 쉴 수 있기도 해야 지킬 수 있습니다. 현실에서 제도로 정착될 수 있도록 이런 문제에 대한 사회적 발언도 필요합니다. 이런 이야기들이 받아들여질 때, 인간의 삶을 도외시한 지금의 의학은 진짜 인간다운 의학으로 변신할 수 있을 것입니다.

강신익　　네. 핵심을 잘 정리해주셨습니다. 제가 의료인문학을 20여 년 공부해왔지만, 이 학문에 대한 공감대가 의료계 내부에 확산됐다고 보기는 어렵습니다. 하지만 변화가 생기고 있어요. 대다수 의료인들이 의료인문학이란 용어가 무슨 말인지도 몰랐는데, 지금은 고개를 끄덕이는 정도가 됐어요. 아직 멀었지만 많은 사람이 관심을 갖고 공부하며, 대외적 활동도 하면서 의료인문학에 대한 공감대를 넓히는 일을 계속하려고 합니다. ✝

보고 듣고 느끼며 삶을 성찰하는 시대의 인문학

이채훈

서울대학교 철학과를 졸업한 뒤 30년간 MBC의 다큐멘터리 PD로 일했다. 〈이제는 말할 수 있다〉시리즈를 통해 제주 4·3 사건, 여순 사건, 보도연맹 사건 등 한국 현대사의 비극을 정면으로 추적했고, 〈평화, 멀지만 가야 할 길〉, 〈천황의 나라 일본〉, 〈미국 10부작〉, 〈고기랩소디〉등 다양한 다큐멘터리를 만들면서 영상인문학이 가능하다는 생각을 키워왔다. MBC를 떠난 뒤《ET가 인간을 보면》을 펴냈다. PD의 경험과 인문학적 성찰의 토대 위에서 더 많은 대중에게 쉽고 재미있게 다가서기 위해 본격적인 영상인문학을 모색하고 있다. 한국PD연합회 정책위원이다.

영상인문학(Image Humanities, Technoetic)은 1999년 이진우 교수의 〈영상인문학은 가능한가〉라는 논문에서 처음 쓰였으며 아직 정확한 의미 규정이 모호한 학문 영역이다. 진중권 교수는 그것을 때때로 '이미지 인문학'이라 부르기도 하고, '테크노에틱 인문학'이라 부르기도 한다. 어떻게 불리든 영상인문학은 최근 매체의 변화로 새롭게 등장한 인문학을 일컫는다. 《이미지 인문학》에서 진중권 교수는 "텍스트 중심의 인문학은 이제 이미지와 사운드의 관계 속에서 다시 정의되어야" 한다며 이를 "이미지에 기초한 새로운 유형의 인문학"이라고 표현했다. 결국 영상인문학은 문자 중심에서 영상이나 이미지와 소리가 인문학의 주된 매체이자 방법으로 부상하는 현실을 반영한다. 한편 영상인문학은 인문학의 영역과 내용을 규정하는 용어가 아니라 성격과 매체를 규정하는 특징을 갖는다.

삶에 대한 성찰은 문자로만 가능할까?

구텐베르크 혁명 이후 전통적인 인문학을 표현하고 기술하는 기본 방식은 인쇄 매체였다. 즉 이제까지 우리에게 인문학은 '책을 읽는' 행위를 통해 전달되었다. 그런데 19세기 말 이래 동영상 기술이 개발되고, 20세기 말에 이르러서는 디지털과 결합한 새로운 차원의 기술이 발전하면서 영상이 대중적이고 영향력 있는 새로운 표현 매체로 등장했다. 게다가 21세기에 이르러서는 디지털 기술과 인터넷의 확산으로 대규모 자본을 필요로 하는 방송사나 영화사에 국한되지 않고, 개인이 직접 제작하여 유통시키는 대중적 영상 시대가 열렸다.

천문학자 칼 세이건은 1980년대에 과학 다큐멘터리 〈코스모스〉의 해설자로 나서 생명의 탄생부터 광대한 우주의 신비까지 까다롭고 난해한 개념을 영상을 통해 일반 대중이 이해하기 쉽게 전달했다. 이 프로그램은 전 세계 60여 개국에서 방송되어 7억 5000만 명이 시청하는 경이로운 기록을 남겼고, "까다로운 우주의 신비를 안방에 생생하게 전달했다"는 평가와 함께 TV의 아카데미상이라 불리는 에미상을 수상했다. 이 프로그램은 책으로도 출간되었다. 한편 도올 김용옥 교수는 〈논어〉, 〈차이나는 도올〉, 〈중용〉 등의 방송 강의로 광대한 철학적 지식과 문명사적인 보편사를 알기 쉽게 설명했다. 그런가 하면 EBS의 〈지식채널e〉는 4~5분간 이어지는 영상과 자막으로 인간의 다양한 문제를 성찰한다. 이와 같은 영상에 대해 영상인문학이라는 수식어를 붙이고자 한다. 물론 영상인문학은 아직 정착된 학술적 개념이 아니다. 인문학을 어떻게 정의하느냐에 따라 영상인문학의 의미가 결정된다고 할 수 있다.

영상인문학은 누구에게나 열려 있다

영상인문학의 가장 큰 특징은 대중성이다. TV 프로듀서나 영화감독뿐 아니라 누구나 영상을 제작할 수 있다. 구텐베르크 혁명과 인쇄기술의 발전은 19세기에 이르러 대중적 매체로서 책과 잡지를 등장시켰고, 이러한 조건은 문해력(Literacy)을 갖춘 이라면 누구나 잠재적으로 인문학의 주체가 될 수 있는 길을 열었다. 그래서 이탈리아의 철학자 그람시는 "모든 사람은 철학자"라고 했고, 미국의 소설가 토머스 울프는 "모든 사람이 자서전의 주인공이 될 수 있다"고 했다.

이와 같은 맥락에서 21세기 디지털 영상 시대의 등장은 "모든 사람이 다큐멘터리스트"라는 말이 가능하고, "누구든지 다큐멘터리의 주인공이 될 수 있다"라고 말해도 좋을 시대를 열었다. TV 프로듀서나 영화감독뿐 아니라 누구든 오늘을 사는 주인공으로서 자기의 문제의식을 담은 작품을 만들어 유튜브 등과 같은 열린 인터넷 사이트를 통해 공유하고 소통할 수 있기 때문이다.

플라톤아카데미가 공모하는 〈60초 인문학〉은 영상인문학이 전문가뿐만 아니라 누구에게나 열려 있다는 점에 착안했다. 다양한 시각과 지식을 통섭하고 융합하는 작업은 원한다면 누구나 할 수 있는 일이다. 자신이 품고 있는 인문학의 개념을 바탕으로 누구나 영상물을 만들 수 있다는 말이다. 개인의 기발한 아이디어에 입각한 저예산 다큐멘터리, 한 사람의 생애와 인생관을 기록하는 초장기 다큐멘터리, 일정한 주제를 놓고 여러 사람이 동시다발적으로 촬영하는 테마 다큐멘터리 등 다양한 실험도 얼마든지 가능하다.

그런데 대중성은 다른 측면을 갖기도 한다. 예컨대 영화나 드라마, 다큐멘터리처럼 막대한 인적 물적 투자가 필요하고 제작에 장시간이 소요되는 경우, 대중의 정서와 반응에 크게 영향을 받는다는 점이다. 관객의 호응을 얻지 못하는 영화나 다큐멘터리는 얼마든지 거부될 수 있다. 따라서 대중적 호응에 민감하다는 점 또한 영상인문학이 갖는 중요한 특징이다.

2013년에 출간된 《대한민국, 재건의 시대》는 영상인문학의 학문적 위상이라는 점에서 주목할 만한 흐름을 대변하는 역사서다. 이 책에서 저자는 1948~68년대의 영화를 일종의 사료로 접근한다. 기존의 역사가 역사 기록을 중요한 사료의 원천으로 보았다면, 20세기에 등장한 영화는 그 영화가 제작된 시대의 정서를 그대로 반영하거나 표현한다는 점에서 중요한 역사 사료가 될 수 있다고 본다.

보고 듣고 느끼며 삶을 성찰하다

인간은 다른 동물과 달리 언어를 매개로 스스로의 생각과 느낌을 표현하고, 서로 소통하며 공동체를 이루어 살아간다. 인문학은 그런 의미에서 가장 인간다운 특질을 드러내는 학문으로 간주되었다. 고대 세계에서 문자가 발명되고, 근대 이후 인쇄 문화가 발달하면서 인문학은 무엇보다 활자화된 책에 그 학문적 정수를 효과적으로 담아낼 수 있었다. 그런 까닭에 이른바 문자를 읽고 쓸 줄 아는 능력을 갖춘 식자층은 교양인이자 사회의 지도적 계층이었다.

그런데 인쇄 매체는 무엇보다 언어적 규칙과 인간의 사고 규칙을 대단히 중요시한다. 고대 그리스 철학자들은 인간의 언어와 언어의 규칙과 세계의 질서를 같은 로고스(Logos)로 이해하였다. 인간의 사고 과정과 언어 사용은 동일한 규칙에 의존한다는 것이다. 그리고 이러한 규칙은 올바른 언어의 사용, 적합한 추론의 규칙을 포괄하는 것으로서 논리학(Logic)이라 불렸다.

문학과 역사, 철학과 같이 전통적 인문학의 가장 중요한 분과들은 바로 이러한 언어적 질서를 통해 그 성격이 파악되었고, 나름의 학문적 전통을 세우며 발전해왔다. 이러한 학문들의 공통의 매체는 모두 인간의 언어, 더 정확하게는 문자라는 추상적 기호였다. 하지만 영상인문학은 이러한 '문자'보다 '이미지'(Image)를 가장 중요한 매체로 한다. 그리고 이 이미지는 '보는' 이미지는 물론 '듣는' 이미지까지 포괄한다. 문자는 '보는' 이미지 가운데 하나일 뿐이다.

예를 들어 EBS에서 제작한 〈지식채널e〉는 5분 정도의 짧은 시간에 다양한 주제를 사진이나 동영상, 문자로 이루어진 이미지와 음악을 사용하여 연출한 영상으로 대중적 호응을 이끌어냈다. 문자만 읽는 것과 달리 영상을 통해 시각과 청각 이미지를 동시에 '보고 들음'으로써 해당 주제를 입체적으로 이해할 수 있음은 물론 개별적 체험을 넘어 집단적이고 즉각적인 공감을 불러일으킨 것이다.

이렇게 영상인문학의 매체적 특성은 기존의 문자 중심의 언어적 논리와 다른 감각의 논리를 이해할 것을 요청한다. 문자는 기본적으로 인간이 경험하는 다양한 감각과 느낌을 추상적이고 논리적인 방식으로 표현한다. 하지만 영상인문학은 느낌이나 경험은 물론 추상적 지식까지도 다시 시각과 청각의 이미지로 표현한다. 전통적 인문학이 추상적이고 논리적이라면, 영상인문학은 감각적이다.

게다가 디지털 영상기술의 눈부신 발전은 과거에는 불가능했던 이미지의 재현을 어렵지 않게 수행하도록 돕는다. 과학 다큐멘터리나 SF 영화는 이러한 가능성을 적극 활용한 경우다.

어느 날 지구에서 인간이 사라진다면 어떤 일이 벌어질까? 내셔널 지오그래픽이 제작한 다큐멘터리 〈인류가 사라진 세상〉(Aftermath; Population Zero)은 인류가 사라진 이유를 구구절절 설명하지 않는다. 핵전쟁, 운석 충돌, 기후 변화, 신종 바이러스 등 여러 원인을 떠올릴 수 있겠지만, 이런 것들은 이 작품의 관심 밖이다. 다만 인류가 사라졌을 때 지구에서 어떤 일이 벌어질지 컴퓨터 시뮬레이션으로 보여줄 뿐이다.

모든 생물 중 인간은 지구에 가장 큰 흔적을 남겼다. 인류 70억 개체 중 절반 이상이 도시에 모여 산다. 지구 표면에서 도시는 1퍼센트, 농촌과 목초지는 3분의 1이며 여기에 5억 대의 차가 달리고 있다. 인간은 대기권 바깥부터 땅속까지 손길을 뻗쳤고, 지구 구석구석까지 흔적을 남겼다. 인간이 없는 세상을 그려보면, 인간이 한 행동을 돌이켜볼 수 있다. 〈인류가 사라진 세상〉은 기존의 매체가 접근하지 못했던 표현 방식을 통해 절박한 인간의 실존에 질문을 던지는 영상인문학이라 할 수 있다.

2008년에 개봉한 SF 영화 〈지구가 멈추는 날〉(2008, 스콧 데릭슨 감독)도 마냥 허황되게 느껴지지 않는 작품이다. 이 영화에서 외계인(키애누 리브스)은 인간의 형상으로 지구에 와서, 죽어가는 푸른 별 지구를 살리기 위해 인류를 멸종시키려 한다. 그런데 인간에게 아직은 공감과 사랑의 능력이 있기 때문에 희망도 있다고 판단한 그는 인류가 계속 생존하도록 내버려둔다. 이 영화는 너무 생경한 방식으로 메시지를 던졌다는 흠이 있지만, 인류의 생존 방식을 진지하게 성찰하게 만든 영상인문학이다.

인공지능도 큰 관심사로 떠오르고 있다. '낮은 차원의 인공지능'은 이미 실용화됐다. 감각이 있고 스스로 학습하는 '높은 차원의 인공지능'도 상상할 수 있다. 호모 사피엔스 70억 명은 모두 다르게 생겼는데, 이렇게 각자 개성을 지닌 인공지능을 인간이 발명할 수 있을까? 생명의 무한한 다양성을 생각하면 아무래도 불가능한 일이라고 생각되지만, 인간보다 특정 기능이 뛰어난 로봇이 언젠가 나타나게 될 가능성은 아주 높다. 그리고 이들은 인간이 지구에 도움이 되는 존재인지 아닌지 판단해서 그렇지 않다는 결론이 나오면 인간을 절멸시킬 수 있는 존재라는 시나리오가 입에 오르내린다. 〈터미네이터〉(1984, 제임스 카메

룬 감독), 〈매트릭스〉(1999, 릴리 워쇼스키·라나 워쇼스키 감독) 같은 영화도 영상인문학의 범주에 넣을 수 있다.

다큐멘터리와 영화는 책과 매체가 다를 뿐 인문학적 물음은 문학과 철학, 역사가 추구하는 것과 크게 다르지 않다. 더욱이 시각과 청각적 이미지가 전하는 강렬한 감동은, 논리적 사유를 통해 전하는 이해나 판단과는 사뭇 다른 방식으로 인간에 영향을 미친다. 이렇게 보면 영상인문학은 주관적 차원이 아니라 매우 대중적이고 일반적인 공감을 형성하는 보편의 차원으로 감각의 지위를 격상시키는, 인식론적 전환의 배경 위에 서 있는 인문학이라 할 수 있다.

〈마션〉과 〈엘리시움〉에서 찾은 영상인문학의 가능성

영상인문학은 주로 이야기(Narrative)를 통해 전개된다. 자연과학을 다루는 다큐멘터리든, 역사의 영웅을 이야기로 재구성하여 보여주는 역사 드라마든 영상은 '이야기'라는 독특한 장르를 통해 구현된다. 더구나 전통적인 이야기가 사람이나 동물은 물론 다양한 자연물을 소재로 했던 것처럼 세계에 존재하는 모든 것이 영상의 주인공이 될 수 있다. 이는 영상인문학이 전통적인 인문학 분과를 새롭게 융합할 수 있음을 보여준다.

지구를 떠나 다른 별로 이주하는 게 가능한 일일까? 이러한 물음을 영상화한 영화 〈마션〉(2015, 리들리 스콧 감독)은 화성 이주 계획을 소재로 흥행에도 크게 성공했다. 물론 지금의 과학기술로는 화성으로 이주하는 것이 현실적으로 불가능하다. 영화 〈마션〉은 척박한 화성의 현실에서 스스로 농사짓고 물을 만들어 생존 조건을 창조하는 인간의 영웅적 면모를 당대의 과학 지식을 동원해 그려낸다.

과학적으로 볼 때 화성은 지구에서 평균 7800만 킬로미터 떨어져 있고, 가장 가까이 왔을 때 5500만 킬로미터다. 빛의 속도로 날아가면 200초 안팎, 즉 3분 남짓 걸린다. 화성은 지구 크기의 반 정도로, 지구처럼 계절이 있고 자전축도 지구와 비슷하다. 화성의 하루는 지구의 하루보다 약간 길며, 축이 기울어져 있어 남극과 북극이 있다. 적도 부근은 여름에 온도가 15~20도까지 올라가기 때문에 쾌적하다. 화성의 토양은 미국 그랜드캐니언과 구분하기 어려울 정도다. 표면에 굵은 모래들이 있는데, 애리조나에 먼지 폭풍이 불듯 엄청난 폭풍이 일곤 한다.

현재의 기술로는 인류가 화성까지 가는 데 빠르면 8개월, 길면 9개월 정도 걸린다. 인간이 화성까지 9개월 동안 살아서 가려면 일단 먹어야 하고, 대소변을 처리해야 하고, 그 기간의 심리적 불안을 잘 조절해야 한다. 무중력 상태에서 오래 지내면 뼈가 몸을 지탱할 필요가 없어지니 관절이 늘어나고, 근육도 쓸 일이 없으니 말랑말랑해진다. 칼슘이나 칼륨이 다 빠져나가서 골다공증에 걸리게 된다. 우주비행사들은 지구로 돌아오면 잘 걷지 못하기 때문에 재활 치료를 받는데, 이 신체 적응 문제를 해결하는 게 어렵다. 지구로 돌아오기 위해 화성에서 로켓을 발사하는 것도 지금 기술로는 불가능하다.

이와 같이 〈마션〉은 영화적 상상력이 결합되어 있기는 하지만 그 바탕에는 대중적으로 공감할 만한 다양한 분야의 지식을 동원하고 있다. 〈마션〉을 통해 우리는 기존의 인문학과 다른 차원에서 다양한 학문 분야에 대한 융합적인 지식과 상상력의 결합이 얼마나 중요한지를 체감할 수 있다.

또 다른 영화 〈엘리시움〉(2013, 닐 블롬캠프 감독)은 대단히 뛰어난 영상인문학의 가능성을 보여준 작품이다. 현대 사회의 빈부 격차를 그대로 둘 경우 세상은 어떻게 변할까? 〈엘리시움〉은 소득 불균형과 계급 격차가 극단으로 치닫는 미래의 디스토피아를 그린다. 2054년 소수의 선택받은 사람들은 지구 궤도에 호화로운 '엘리시움'을 건설하고 의료 혜택을 독점하며 살아간다. 압도적 다수인 평범한 사람들은 지상의 오염된 도시에서 로봇 경찰들의 감시 아래 강제 노역에 시달린다.

LA 슬럼가에 살던 맥스(맷 데이먼)는 방사선에 오염되어 닷새 뒤 죽을 운명인데, 엘리시움의 의료 시설을 이용하면 나을 수 있다. 삼엄한 경계를 뚫고 엘리시움에 진입한 맥스는 결국 목숨을 잃지만, 모든 지구 주민들이 의료 서비스를 받을 수 있게 만든다. 영화는 해피엔딩이지만 참 고생스럽게 도달한 결론이다. 이 영화는 미래 인류의 모습을 묘사한 수많은 영화 중 개연성이 가장 높은 빼어난 영상인문학 작품이라 할 수 있다.

오늘날 우리는 TV의 드라마와 영화, 다큐멘터리는 물론 유튜브에 개인들이 올리는 다양한 동영상까지, 이른바 영상 시대를 살고 있다. 개인적 취양의 사물을 다루는 것부터 전 인류가 공감할 수 있는 주제와 메시지를 담은 것까지 그 범위도 무척 넓다. 심지어 현실에서 경험

할 수 없는 가상적 현실을 구현한 영상까지 일상적으로 보고 들으며 살아간다.

이러한 영상들이 우리 인간과 세계에 대해 다양한 질문을 던지고, 의문을 제기한다면 그것 또한 인문학적 차원과 연결된다고 말하지 않을 수 없다.

영상을 매개로 인문학이 대중화될 것

얼마 전에 《ET가 인간을 보면?》이라는 책을 출간했다. 이 책을 준비하면서 나는 정신이 가장 맑을 때 글을 쓰고, 글 쓰다가 피곤해지면 책을 읽고, 책 읽다가 피곤해지면 유튜브에서 주제와 관련된 다큐멘터리 동영상을 찾아서 보았다. 에피쿠로스와 양주(楊朱)에 대한 동영상은 물론 〈마지막 네안데르탈인 아오〉(Ao, L'home ancient), 〈인류가 사라진 세상〉 등 전혀 예상 못한 흥미로운 동영상도 그러던 중에 발견했다. 인류 문명사를 다룬 다큐멘터리만 해도 셀 수 없이 많다. 이런 것들에 나는 영상인문학이라는 수식어를 붙이고 싶다.

영상인문학은 기존의 타 학문에 비해 문턱이 높지 않아 누구나 친숙하게 접근할 수 있다. 그뿐 아니라 만들어서 전파하기도 아주 쉽다. SNS를 활용하면 어린이도 할 수 있다. 꼭 1시간짜리 다큐멘터리가 아니라 5분, 60초 등 다양한 형식과 기법의 인문학 콘텐츠가 앞으로 점점 더 확산될 것이다. 정보의 바다에서 얻은 자연과학에 대한 최신 업데이트 정보를 활용해서 인간을 성찰할 수도 있다. 각자도생의 어두운 세상이지만 영상인문학과 함께 얼마든지 혼자 재미있게 공부할 수 있는 여건이 마련되고 있다.

과거를 추적하는 다큐멘터리라면 인류의 사상이 만개한《축의 시대》를 매개로 한 영상인문학이 가능할 것이다. 인류의 미래를 살피는 영상인문학도 물론 생각할 수 있다. 유발 하라리(Yuval Noah Harari)는 빅히스토리의 관점에서 쓴 인류사인《사피엔스》에서 인류의 미래를 비교적 낙관한다. 그는 의료 기술의 발달로 수명이 연장되고, 대체 에너지 개발로 환경오염이 해소되고, 사람의 말을 잘 듣는 인공지능이 활약하고, 지구 제국이 출현하여 대규모 전쟁이 사라질 걸로 예측했다.

지금까지 살펴본 것처럼 영상인문학은 전통적으로 인문학이라 불려온 분과 학문과는 특성이나 사용 도구에서 여러모로 다르다. 오히려 그것은 매체의 변화에 따른 인문학 표현의 하나로 보는 것이 더 적합할 것이다. 과거의 2000년이 주로 문자를 중심으로 한 인문학의 시대였다면 향후의 인문학은 오히려 다양한 학문 분과를 융합하면서 시각과 청각 이미지를 결합한 — 나아가 후각과 촉각까지 결합할지도 모른다 — 보다 감각적인 방식으로 대중적으로 소통하고 공감하는 인문학이 될 수도 있다.

영상인문학이 확립된 학문적 분야는 아니지만, 그것이 갖는 독특한 매체 특성과 아울러 인식론의 확장과 사회적 파장 등 다양한 차원에서 그 의미와 가치를 재조명할 필요가 있다. 더 나아가 영상을 통해 무엇을 보여주고, 어떤 문제, 어떤 메시지를 공유할 것인지 진지하게 탐색

될 때 영상인문학은 그 진정한 의미와 가치를 인정받으며 돈벌이 수단이라는 딱지도 뗄 수 있지 않을까 싶다.

참고한 책

《대한민국, 재건의 시대》(이하나, 푸른역사)

《사피엔스》(유발 하라리, 김영사)

《성장의 한계》(도넬라 H. 메도즈 외, 갈라파고스)

《바른 마음》(조너선 하이트, 웅진지식하우스)

《초협력자》(마틴 노왁·로저 하이필트, 사이언스북스)

《생물학 이야기》(김웅진, 행성B이오스)

〈2015 PD인문학포럼 자료집〉(한국PD교육원 펴냄)

인문학의 시간대와 공간을 확장하다

김시천　　　인터넷이 발달하고 스마트폰이 보급되면서 바야흐로 1인 미디어 시대가 열렸습니다. 인쇄 매체보다 영상 매체를 훨씬 더 많이 보는 세상이 되었다고 할 수 있죠.

이런 흐름 때문인지 책의 형태로 우리에게 다가온 인문학이 영상과 함께하기 시작했습니다. 저는 인문학자로서 영상 매체의 물결이 인문학자의 생활양식을 바꾸고 있다는 생각이 들어요. 과거 인문학자의 삶은 자신의 견해를 책과 강의로 풀어내는 것이었어요. 그러나 최근에는 도올 김용옥과 강신주 등 다수의 인문학자들이 방송과 영상을 통해 독자가 아닌 시청자와 소통하며 영향을 미치고 있습니다.

이채훈　　　맞아요. 저는 영상과 인문학의 만남에서 그 둘을 잇는 인간의 변화에 주목하고 싶습니다. 디지털 시대라는 말이 거추장스러울 정도로 디지털 기술 일색인 사회에서 인간의 행동양식은 물론 그 본성 자체도 바뀌는 느낌입니다. 언뜻 봐서는 기계가 인간을 닮아가는 것 같지만, 자세히 보면 인간도 기계를 닮아가고 있습니다. 가령 스마트폰 이라는 프로그래밍 처리된 기계를 사용하다 보면 스마트폰을 사용하 는 나 자신이 프로그램화되는 역설이 성립합니다.

김시천　　네. 그럼 본격적으로 영상인문학 이야기를 해볼까요. 영상 인문학이라는 용어는 계명대학교 총장을 역임한 이진우 교수가 1999 년에 쓴 〈영상인문학은 가능한가: 이미지의 실재성과 초월성을 중심으 로〉에서 처음 사용했습니다. 이진우 교수는 이 논문에서 디지털 시대 에 이미지를 중심으로 존재론과 형이상학 등이 변화하는 과정을 분석 했어요. 논문은 상당히 철학적이고 감각적이었지만 영상인문학 자체 를 엄밀하게 정의하고 있지는 않아요.

우리도 이 자리에서 영상인문학이 무엇인지 그 개념을 확정할 수는 없습니다. 다만 선생님의 글에서 출발해 영상인문학의 가능성을 더 살 펴볼 수는 있다고 생각합니다. 먼저 저는 영상인문학의 범위를 이야기 하고 싶어요.

선생님은 기존 인문학의 주제를 다룬 영상물을 영상인문학이라 부 르는 것이 '동어반복'이라고 했는데요. 하지만 각기 다른 모양의 그릇 에 물을 담으면, 당연히 그릇마다 물이 담긴 형태도 다르잖아요. 이처 럼 영상이 인문학 이야기를 담는 것엔 문자의 경우와는 다른 독특한 특징이 있다고 생각해요. 예를 들면 영상엔 문자와 달리 청각적인 요소도 들어갑니다. 영상은 이미지뿐 아니라 음악과 음향을 통해서도 내용을 전달하니까요.

이채훈 　동의합니다. 실제로 뇌과학 연구에 따르면 언어로 표현할 수 있는 인간의 감정은 전체의 20퍼센트밖에 안 된다고 합니다. 반면 음악은 나머지 80퍼센트를 포함해 100퍼센트를 표현할 수 있어요. 영화 〈멜랑콜리아〉(2011, 라스 폰 트리에 감독)는 지구가 큰 유성과 부딪쳐 멸망하는 상황에서 출발해요. 죽음이 불가피한 상황에서 바그너의 〈트리스탄과 이졸데〉(Tristan und Isolde)가 흘러나옵니다.

낭만주의 최고의 테마인 사랑과 죽음을 극한으로 표현한 음악이지요. 바그너의 음악이 내용과 어우러지며 영화의 주제를 극대화합니다. 이렇게 음악은 언어보다 더 많은 것을 말하고, 전달하는 느낌도 대단히 강렬해요. 그런 한편 개인적 의견이기는 합니다만, 다큐멘터리의 경우엔 현장에서 녹음한 사운드는 꼭 필요하나, 음악을 사용하는 것은 사실성을 떨어뜨릴 수 있다는 면에서 필요악이라고 생각합니다. 음악과 음향을 지나치게 강조하는 것이 꼭 바람직하다고 할 수는 없어요.

김시천 　문자나 이미지는 보이는 그대로를 드러내지만, 음악은 눈으로 확인할 수 없다는 면에서 신비롭습니다. 영상은 이런 청각적 요소를 포함해 표현양식 자체가 문자에 비해 훨씬 더 넓습니다. 결국 이런 차원에서 영상인문학은 문자로 된 인문학보다 더 넓은 외연을 가지고, 하나의 독립된 분야로서 설 수 있지 않을까 싶습니다.

영상인문학이 자연과학을 강조하는 이유

김시천　　　영상인문학의 중요한 특징으로 대중성을 꼽으셨습니다. 그런데 우리가 쉽게 접하는 방송사의 영상은 불특정 다수를 대상으로 하기에 대중적이고 공적인 성격이 강합니다. 아무리 1인 미디어 시대라지만, 개인이 사적으로 그런 커다란 이야기를 영상으로 구현하기는 힘들지 않을까요?

이채훈　　　지상파 방송이 컴퓨터 그래픽 기술을 활용해 〈마지막 네안데르탈인 아오〉나 〈인류가 사라진 세상〉 등과 같은 공적 의제를 다뤄야 하는 것은 맞습니다. 디스커버리나 내셔널 지오그래픽이 그런 영상을 많이 만드는 대표적인 채널입니다. 하지만 지상파는 사적인 주제로도 방송을 합니다. 휴먼 다큐멘터리는 사적인 이야기지만 보편적 감동을 주죠. 많은 인디 다큐멘터리도 마찬가지입니다. 예컨대 정수연 감독의 다큐멘터리 영화 〈봄이 오면〉(2005)은 서로를 그리워하지만 만나지 못하는 감독의 어머니와 이모를 위해 감독이 직접 영상으로 메신저 역할을 한 모습을 그리고 있습니다.
　　PD로서의 삶을 오랫동안 경험한 저는 개인이 만드는 영상에서 기술의 완성도보다는 감독의 관점에 방점을 둡니다. 촬영과 편집 기술이 발달하고 그에 대한 접근이 쉬워지면, 당연히 개인이 보여주고자 하는 영상인문학의 내용은 훨씬 더 풍부하게 발전할 것입니다.

김시천　　선생님은 이 글에서뿐만 아니라 평소 영상인문학을 이야기할 때 자연과학적 성과를 이용하라고 강조합니다. 무슨 까닭인가요?

이채훈　　혹시 오해가 있을까 말하지만, 전 공자나 플라톤 등 위대한 철학자들의 저서는 어떤 시대에도 영원히 기억해야 할 고전으로 남을 거라고 봅니다. 그런데 고전은 문자로 구성돼 있어요. 빅 히스토리로 따지면 문자 기록 기간은 2800년 정도로, 호모 사피엔스가 살아온 20만 년의 세월에서 비중이 크다고 할 수는 없어요. 문자로 기록한 역사에서 나타난 인간의 모습만으로 인간을 다 알 수 없다는 이야기입니다. 그럼에도 우리는 이제껏 문자로 남은 것만을 갖고 인문학을 공부했어요. 그러니 새로운 인문학은 자연과학적 사실에 바탕을 두고 시작해야 하지 않을까요?

　고고학, 지질학, 고생물학, 화학, 진화론 등 자연과학의 여러 분과들은 문자 기록 이전의 인간의 모습을 다양한 방식으로 추적합니다. 예를 들면 사람이 옷을 입고 다니기 시작한 것은 약 11만4000년 전부터입니다. 이 사실은 화석을 통해 유추할 수 있었죠. 옷 속에 사는 이는 머리에 사는 것과는 종류가 달라요. 그런데 자연과학은 옷 속에 사는 이가 약 11만4000년에 출현했다는 사실을 밝혀냈어요. 여기서 인간이 옷을 입기 시작한 때를 추정한 것이죠. 또 다른 예로 자연과학은 인간과

제일 먼저 가까워진 동물이 '개'라는 사실도 알아냈어요. 수렵시대에 사냥의 경쟁자였다가 협력하게 된 결과입니다.

자연과학의 성과에 기대 우리는 인간을 새롭게 재발견할 수 있습니다. 따라서 새로운 인문학이 자연과학의 성과를 바탕으로 출발하는 것은 당연하다고 생각해요. 더구나 영상은 그 사실들을 문자보다 더욱 다양한 표현력으로 보여줄 수 있잖아요. 그러니 영상인문학에서 자연과학을 강조하지 않을 수 없는 거죠.

김시천　　영상인문학의 예를 몇 가지 더 들어주세요.

이채훈　　인간을 이해하기 위해서 침팬지를 연구해야 한다고 말하면 인류학자들은 화를 낼 것입니다. 그러나 진화생물학자들은 우리에게 가장 가까운 사촌격인 침팬지를 연구하지 않으면 우리를 알기 위한 단초 하나를 잃어버리는 셈이라고 말하죠. 침팬지는 인류의 '살아 있는 링크'라 부릅니다.

신동화 PD가 연출한 SBS 창사기념 특집 다큐멘터리 3부작 〈침팬지, 사람을 말하다〉(2008)는 이런 의미에서 훌륭한 영상인문학입니다. 다큐멘터리 〈침팬지, 사람을 말하다〉를 토대로 신동화 PD와 백종호 기자는 책을 펴냈습니다.

침팬지는 600만 년 전에 우리와 갈라져 주로 아프리카에만 살고 있는데, 인간은 어떻게 숲에서 초원으로 나와 전 세계로 퍼져 나갔을까요? 우선 뇌 용량에 차이가 있습니다. 인간의 뇌 용량은 1200~1300cc

정도 되는데 침팬지는 400cc 정도입니다. 인간은 불을 사용하여 고기를 구워 먹으면서 뇌 용량이 급격하게 커졌습니다. 에너지를 쉽게 많이 분해할 수 있게 됐고, 다른 동물에 비해 쉽게 소화할 수 있게 되었죠. 그래서 내장이 짧은 편입니다.

하지만 더 중요한 건 사회적 원인에서 찾을 수 있어요. 인간은 다른 개체의 마음을 읽고 집단을 유지하는 능력을 키우면서 뇌 용량이 커졌어요. 집단 생활은 엄청난 이득도 주지만 여러 가지 문젯거리도 야기하는데, 이를 잘 해결하기 위해서 뇌가 비약적으로 발달한 거죠.

영장류는 무리지어 살게 돼 있습니다. 집단의 규모는 뇌 용량에 따라 커지는데, 뇌 용량 400cc 정도의 침팬지는 최대 50마리, 뇌 용량 1300cc인 호모 사피엔스는 최대 150명이 무리를 지어 살았어요. 인간이 얼굴도 모르는 사람들과 네트워크를 형성하고 협력할 수 있는 것은 신념과 가치의 체계를 공유할 수 있기 때문입니다. 이 때문에 인류는 150명이란 자연 집단의 한계를 넘어 수천, 수만, 수억 명의 타인과 협력할 수 있었고, 이 협력을 통해 문명을 꽃피웠어요. 인류는 신화, 종교, 이데올로기 등 허구를 만드는 능력에 힘입어 서로를 연결할 수 있었고 지구를 지배할 수 있게 된 겁니다.

김시천　　　인간을 이해한다는 것이 문학, 철학, 역사를 넘어서서 보다 거대한 자연사를 바탕으로 해야 한다는 취지는 잘 알겠습니다. 그런데 그것이 도대체 우리에게 어떤 의미가 있다고 생각하는지요?

이채훈　　　진화생물학자 장대익 교수는 2015년 5월 PD인문학포럼에서 '모방 능력'과 '사회적 학습'의 중요성을 역설했습니다. 인간은 생명의 나무에서 가장 늦게 가지쳐 나온 막둥이 같은 존재예요. 오스트랄로피테쿠스, 호모 하빌리스, 호모 에렉투스, 네안데르탈인 등 다른 인류는 모두 멸종했지만 20만 년 전에 출현한 호모 사피엔스만 살아남아서 지구를 지배하고 있어요. 인간은 모방 능력을 통해 밈(meme)이라는 것을 만들었고, 생물학적 존재를 넘어 자유, 민주, 정의, 평화 같은 이념을 위해 사는 엉뚱한 종이 됐어요. 돼지가 자유를 위해서 목숨을 버렸다는 말은 들어본 적 없지만, 인간은 자연스럽게 그런 이상한 행동을 합니다. 외계인 학자가 와서 인간을 탐구하면 이런 행동 패턴을 아주 재미있다고 여기지 않을까요?

김시천　　　바로 그런 내용은 책으로 서술될 수도 있지만, 영상을 통해 구현될 때 전문적 지식을 갖추지 않은 사람도 쉽게 이해할 수 있을 거 같아요. 영상은 추상적 논리보다 감각적으로 호소하는 강렬함을 갖고 있기에 그렇지 않은가 싶은데요. 좀 더 예를 들어주시겠어요?

이채훈　　　SF 영화는 이제 미래뿐 아니라 과거로도 시간여행을 떠납니다. 크로마뇽인과 네안데르탈인의 만남을 그린 마르크 클라프진스키의 소설을 영화화한 〈마지막 네안데르탈인, 아오〉(2010, 자크 말라테르 감독)는 이 흥미진진한 시간여행의 좋은 안내자가 됩니다. 이 영화는 호모 사피엔스와 만난 네안데르탈인이 어떻게 멸종의 길을 걸었는지 탐구한 영상인문학입니다.

영화에서 크로마뇽인들은 낯선 네안데르탈 소년 아오를 경계하고, 심지어 적대시합니다. 크로마뇽인 사냥꾼 카 마이는 처음 마주친 아오를 가리키며 말합니다. "저자의 목소리는 동물이 내는 소리와 같고, 피부는 부분적으로 털에 덮여 있습니다. 그는 사람도 아니고 동물도 아닙니다. 그는 위험한 존재입니다. 그를 죽이거나 그가 온 곳으로 돌려보내야 합니다."

후기 네안데르탈인과 초기 크로마뇽인의 석기는 비슷한 수준이었어요. 두 인류는 활은 없었지만 창은 사용했어요. 크로마뇽인의 창은 작고 날렵했죠. 힘껏 던져서 멀리 있는 동물을 잡을 수 있었고, 집단 구성원이 협동하여 사냥을 하는 데 익숙했을 겁니다. 창이 작은 만큼 큰 동물 한 마리를 여러 명이 함께 공격했을 테고요.

반면 네안데르탈인의 창은 크고 투박했어요. 사냥감과 마주 보거나 등에 올라타서 격투하듯 찔러야 했기 때문에 사냥하는 도중 부상을 입는 경우가 많았죠. 두 인류가 일대일로 권투나 레슬링을 벌인다면 네안데르탈인이 이겼겠지만, 집단으로 맞붙는다면 크로마뇽인이 유리했을 거예요. 이와 같은 기존 과학의 연구를 바탕으로 영화 〈마지막 네안데르탈인 아오〉는 색다른 재미와 감동을 전합니다.

김시천　　　소설을 영상화한다, 이런 점은 정말 영상인문학이 상상력을 통해 얼마나 비약할 수 있는지를 잘 보여주는 사례라 생각됩니다.

이채훈 　　영상인문학의 특징을 가장 잘 보여주는 것이 이른바 빅 히스토리입니다. 영상인문학은 첨단 인문학답게 뇌과학, 우주론, 진화생물학 등 자연과학이 인간에 대해 밝혀낸 사실들에 바탕을 둔 새로운 인문학을 지향할 것으로 보입니다.

500년 전 "인간과 우주에 대해 우리가 아는 게 거의 없다"는 자각에서 과학혁명이 시작됐어요. 과학자들은 가설을 세우고, 검증하고, 이를 축적하여 빛나는 성과를 거두었죠. 하지만 이는 집단 지성을 통해 사실을 업데이트하는 기나긴 과정일 뿐, 완벽한 앎을 보장하지 못합니다. 과학적 지식은 완벽한 앎을 향한 점근(Approximation)일 뿐, 앎 그 자체는 아닙니다. 뉴턴의 표현대로 우리는 "광막한 바닷가에서 조약돌이나 조개껍데기를 발견하고 즐거워하는 어린이"에 불과합니다.

하지만 "모른다"는 자각은 끝없는 탐구의 에너지가 됩니다. 우리는 과학이 알려준 탄탄한 사실을 바탕으로 인간을 새롭게 볼 수 있게 됐어요. 과학이 알려준 사실의 큰 틀은 잘 흔들리지 않습니다. 자동차 내부를 잘 몰라도 운전할 수 있고 컴퓨터 구조를 잘 몰라도 포털 검색을 할 수 있듯, 우리는 전문 과학자가 아니더라도 자연과학이 제공하는 지식을 활용해서 인간을 성찰할 수 있습니다. 과학적 사실은 100퍼센트 정확할 수 없기 때문에 끊임없이 업데이트해야 함은 물론이고요.

인간에 대한 과학적 탐구는 언제나 설레는 상상력을 동반합니다. 호모 사피엔스는 불과 20만 년 만에 푸른 행성 지구를 지배하게 됐어요. 인간의 개체수는 70억 명을 넘었고 무게는 약 3억 톤입니다. 소 10억 마리, 돼지 10억 마리, 닭 225억 마리는 다 합해서 7억 톤인데, 모두 인간의 식량입니다. 지구 위의 야생동물은 모두 합해서 1억 톤쯤 되는데, 이 수치는 급속히 줄어들고 있어요.

인간은 지구 위에서 유전적으로 큰 성공을 거뒀지만, 바로 그 때문에 자신을 멸종의 위기로 몰아넣었어요. 광활한 우주에서 보자면 인류가 멸종하든 지구가 없어지든 아무것도 아닐 것입니다. 그러나 인류의 운명과 나 개인의 운명은 뗄 수 없이 얽혀 있기 때문에 이 문제에 무관심할 수 없어요. 지구 위의 다른 동물들, 나아가 우주의 이웃들 — 물론 너무 멀어서 만나기 어렵지만 — 과 평화롭게 공존하기 위한 지혜를 우리는 갈구합니다.

공자와 플라톤에 대한 다큐멘터리도 훌륭한 지혜를 줄 수 있겠지만, 자연과학이 밝혀준 인간에 대한 사실을 토대로 한 영화와 다큐멘터리도 어엿한 영상인문학으로 간주할 수 있지 않을까요? 영상인문학은 시간적으로 과거와 미래, 공간적으로 우주와 제국, 국가, 개인은 물론 미세한 원자의 세계까지 마음대로 드나듭니다. 이것이 영상인문학의 특징이라 할 수 있습니다.

영상인문학과 방송의 미래

김시천　　　그런데 요즘은 '사실'(Fact) 그대로가 아니라 그것이 변형된 형태인 '팩션'(Faction)을 다루는 영상이 유행합니다. 팩션은 '메시지' 전달에 더 중점을 둡니다. 이로 인해 특히 텔레비전 사극은 실제 역사를 정확하게 재현하는 것에서 다소 자유로워져 훨씬 다양한 모습을 취할 수 있게 됐어요. 이는 문사철 전통이 진리나 사실을 추구한 것과는 다른 점으로, 영상인문학이 갖는 특징으로 보입니다. 어떻게 생각하는지요?

이채훈　　사람들은 이야기 듣는 것을 좋아합니다. 우리가 아이였을 때 할머니가 해주신 옛이야기를 참 좋아하지 않았나요? 또 성인이 돼서도 뒷담화를 들으며 묘한 쾌감과 재미를 느끼기도 합니다. 스토리텔링은 여전히 중요합니다. 팩션의 인기가 높은 이유는 무미건조할 수 있는 사실에 스토리텔링을 얹기 때문이죠. 예컨대 MBC〈마이 리틀 텔레비전〉이 젊은 세대에게 다가가기 위한 새로운 스토리텔링 기법을 많이 활용해 성공한 경우입니다.

　하지만 그늘 또한 짙어요. 인문학의 위기라고들 하죠. 사실 방송에서도 마찬가지입니다. 거의 엔터테인먼트 위주고, 인문학적인 내용은 변두리로 빠지는 추세입니다. 방송 영상에서 기법은 화려해졌지만, 내용은 점점 사라지고 있어요. 팩션이 메시지 전달에 중점을 둔다고 하지만, 그 메시지 자체가 안 보이는 것이 늘어나고 있고요. 텔레비전의 팩션 사극에서도 휘황한 스타 배우와 액션 등이 메시지보다 앞선 경우가 많잖아요.

　VR(Virtual Reality)이 보편화하면서 게임 등 넓은 차원에서 비교적 가벼운 취미를 주제로 한 영상이 증가할 것입니다. 수많은 '먹방'이 제작되면서 인기를 끄는 현상도 그런 예라 할 수 있습니다. 투자자는 돈이 되는 콘텐츠에 몰리는데, 인문학 관련 영상은 투자비를 회수하기가 난

감하기 때문이죠. 인류의 패러다임이 극적으로 상생과 평화로 바뀌지 않으면 방송의 미래는 낙관하기 어렵습니다.

김시천 우리나라 방송 매체에서 인문학자들이 강의하는 경우가 늘어나 얼핏 보면 인문학이 대중적 인기를 누리는 것처럼 보이기도 합니다. 그런데 영국의 BBC 방송사는 인문학과 관련한 다큐멘터리를 오래전부터 다양하게 만들어왔어요. 역사도 오래되고 규모도 큰 해외 방송 채널이 프로그램을 제작하는 태도와 우리나라의 경우를 비교하면 어떤가요?

이채훈 우리나라 방송은 미국과 일본 방송의 영향 아래 성장했으나 이제는 그것들보다 더 재밌게 발전했다고 말할 수 있어요. 이른바 '한류'죠. 그런데 조금 더 깊이 들여다보면, 민주주의와 인간에 대한 성찰을 충분히 하지 못해, BBC나 일본의 NHK (물론 이 방송사 자체를 좋게만 말할 수는 없어요) 만 한 품격을 갖추지 못했어요. 우리나라 방송사가 그 필요성을 언제 절감할지 모르겠습니다.

김시천 이야기를 나누면서 PD는 여러 분야에 관심을 둬야 한다는 생각이 들었습니다. 마지막으로 PD가 되려면 어떤 소양이 필요한지 묻고 싶습니다.

이채훈 이전까지는 PD의 기본 덕목으로 호기심, 잘 듣고 빨리 배위 종합하는 능력, 상처 입은 사람에 대한 공감 능력 등을 나열했어요. 그런데 지금은 인공지능 실용화가 코앞에 놓인 시대입니다. 연산과 구성 등에서 기계와 경쟁하는 것은 불가능합니다. 요즘에는 일기예보나 스포츠 중계도 인공지능이 하고 있어요. 결국 PD나 기자는 기계가 하지 못하는 창조적인 영역을 개척해야 합니다. 전 그 점에서 '의제를 설정'하고 '기획'하는 능력이 점점 중요해지고 있다고 봅니다. 인간에 대한 깊은 이해를 바탕으로 사회와 문화가 나가는 방향과 관련해 궁극적인 질문을 던질 줄 아는 사람이 살아남을 것입니다. 기계가 점점 강화되는 시대에 기계적이지 않은 인간 고유의 능력이 더 소중해지는 것이지요. ✝

2부

―

과학, 정보통신기술과 융합하는 인문학

빅데이터, 과학과 인문학의 경계를 허물다

이원태

정보통신정책연구원 ICT전략연구실 연구위원이다. 서강대학교 대학원에서 정치학 박사학위를 받고 사회평론 기자, 서강대학교 사회과학연구소 상임연구원, 사이버커뮤니케이션 학회 부회장, IT정치연구회 회장 등을 지냈다. 디지털 창작, 인공지능 윤리, 사이버 규범 등 정책과 인문사회를 연계하는 연구 활동에 관여하고 있다.

빅데이터인문학(Big Data and Humanities)은 빅데이터의 성장으로 가능해진 새로운 인문학 흐름과 방법을 가리키는 용어이다. 애널리스트 더그 레이니(Doug Laney)는 데이터의 급성장에 대해 데이터의 양(volume), 데이터 입출력 속도(velocity), 데이터 종류의 다양성(variety)이라는 세 차원에서 접근하여 "엄청난 용량, 빠른 속도, 높은 다양성을 갖는 정보 자산"으로 정의하였다. 그 결과 우리의 일거수일투족은 방대한 데이터 기록으로 남게 되었고, 이런 기록은 인간을 이해하는 자료가 되었다. 인간에 대한 이해가 빅데이터를 기반으로 실증적으로 가능해진 것이다.

빅데이터는 인간의 사유방식이자 기억 그 자체

그야말로 빅데이터의 시대다. 정보통신 기술의 발전으로 일상생활 곳곳에 사물인터넷(Internet of things, IoT)이 스며들면서 우리의 삶은 다양한 분야에서 수집 또는 저장되는 대량의 데이터로 분석되고 설명되고 있다. 〈마이너리티 리포트〉와 같은 SF 영화에서 보듯이 이제는 SNS나 로그 데이터, 실시간으로 수집되는 스트리밍 데이터 등을 통해 인간의 삶과 사회의 미래를 예측하기도 한다.

빅데이터는 영어 단어 '빅'(Big)과 '데이터'(Data)의 합성어다. 글자 그대로 크고 많은 데이터라는 뜻이지만 단순하게 양적으로 많다는 뜻이 아니다. 빅데이터는 전통적인 방식으로 측정 가능하거나 분석과 해석이 가능한 범위를 넘어서는, 방대한 양의 데이터라는 뜻을 내포한다. 그리고 그 안에는 의미가 없거나 쓰레기처럼 보이는 데이터도 포함되는데, 그 방대함으로 새로운 의미와 가치를 발굴할 수도 있음을 의미한다. 따라서 빅데이터는 단순하게 양이 많음이 아니라 정보가 모여짐으로써 가치가 커지는 데이터라는 뜻으로 이해하면 좋겠다.

예를 들어 사회적으로 대단히 중요한 사건이 발생했을 때 그 사건에 대해 사람들이 인터넷상으로 보이는 검색어, 댓글, SNS에 올리는 개인적 소회 등과 같은 모든 반응이 빅데이터에 해당한다.

빅데이터를 통해 우리는 과거의 역사적 가치를 보존하고 전수할 뿐만 아니라 개인의 생활 패턴과 생각, 감정을 파악하여 사회의 트렌드를 읽어내고 미래를 예측할 수도 있다.

한편 빅데이터를 수집하고 저장하고 가공하는 과정에서 데이터에 대한 해석이 핵심 과제로 떠올랐다. 빅데이터 분석의 결과와 그 활용 방안에는 이를 해석하는 사람의 주관적 판단이 개입될 수밖에 없기 때문이다. 방대한 양의 데이터를 어떻게 해석하고 적용하느냐에 따라 데이터의 가치나 사회에 미치는 영향력이 달라질 수 있다.

또 빅데이터 활용에서 중요한 지점은 개별 사건의 인과관계가 아닌 상관관계를 밝히는 것이다. 과학적 분석을 통해 하나의 사건과 다른 사건이 비슷한 시점에서 발생하고 있다면 개별 사건의 원인은 크게 중요하지 않게 된다. 이 경우는 인간과 사회의 성찰을 통해 각종 변화에 대한 내적 의미를 확인하는 인문사회적 소양이 빅데이터에 대한 기술적 접근의 한계를 메울 수 있다. 비정형화된 데이터들을 분석할 때 인간의 심리나 행태에 대한 근원적 이해가 바탕이 되면 빅데이터로부터 보다 혁신적인 가치를 창출할 수 있는 것이다.

만약 데이터를 분석하는 과정에 인문학적 성찰이 결합된다면 지식의 축적과 전수, 더 나아가 미래 예측을 위한 빅데이터의 쓰임이 극대화될 것이다. 동시에 인문학 분야에서도 사회의 전 영역에 대한 정보를 저장하고 가공하여 인간의 기억을 매개하는 정보통신 기술을 활용했을 때 보다 창조적으로 학문 활동을 전개할 수 있을 것이다. 이처럼 빅데이터를 포함한 혁신적인 기술의 활용에 인문학을 포함한 다양한 학문의 통섭과 학제 간 연계가 이루어진다면 다양한 사회문화 지식을 효과적으로 전승하고 인간의 행동과 사회에 대한 포괄적이고 근원적인 이해가 가능해질 수 있다.

빅데이터의 등장과 인문학의 혁신

과거 수많은 학자들은 인간과 기술의 관계를 설명하기 위해 기술 철학이나 인문, 사회학 이론, 미디어 및 기술 연구에 주목해왔다. 인간은 언어나 그 외 다양한 상징 수단을 통해 암묵적인 자신의 세계를 명시적 지식으로 변환하는데, 이때 기술은 인간 신체 기관 혹은 감각의 확장을 통해 기억이 전수될 수 있도록 돕는다. 사회에 대한 인간의 인식과 지식은 시대에 따라 발달하는 기록 기술을 통해 표현되었으며, 이때 인간과 기술은 하나의 단위로 함께 진화해왔다. 프랑스의 대표적인 기술철학자 베르나르 스티글레르(Bernard Stiegler)가 언급한 바와 같이 세계에 대한 인간의 기억은 기술을 매개로 기록되어온 것이다.

그런 점에서 빅데이터는 인간이 기억하지 못하거나 의도적으로 기억하고자 하는 각종 데이터의 집합으로, 사회와 인간 삶의 발달을 인과적으로 설명할 수 있는 복합적이고 통합적인 지식의 근거로 기능한다. 빅데이터를 포함한 다양한 디지털 기억 장치들은 인간 기억의 한계를 극복하는 동시에 기억의 완벽한 재현과 회상이 가능한 방향으로 진화하고 있다. 즉 빅데이터는 인간과 인간, 사회와 사회를 연결하고, 세대와 세대를 잇는 맥락적 차원에서 인간의 사유 방식 혹은 기억 그 자체로 이해될 수 있다.

빅데이터 시대는 생활의 모든 측면에서 정보가 생산되고, 측정되고, 기록되고, 저장된다. 가족과 친구와 주고받은 문자 메시지나 이메일 등 미처 '자료'라고 생각지도 못한 부분도 풍부한 자료가 된다. 이를 바탕으로 빅데이터는 인문학의 난제였던 눈으로 확인할 수 없는 인간 행동의 이면과 감춰진 정신까지 패턴화해 드러내준다. 눈으로 확인할 수 없는 인간의 행동을 보다 명확한 자료를 통해 보는 것이다. 결국 해석은 인간의 몫이지만 빅데이터는 인간의 행동을 어느 정도 객관화할 수 있다는 점에서 의미가 크다. 이를 '주관의 객관화'라고 부르기도 한다.

인간의 일상적인 삶 전반을 드러내는 빅데이터는 사회 혁신을 통해 사회와 개인의 삶을 구조적으로 변화시키며, 사회에서 요구하는 가치를 발굴하는 데까지 나아간다. 하지만 사회 구성원의 요구가 선행하지 않는다면 빅데이터의 활용은 어려울 것이다. 따라서 빅데이터를 포함한 기술은 인간과 사회의 상호맥락적 관계에서 설명되어야 하며, 기술과 인간, 사회적 환경을 모두 포함한 생태학적 관점에서 논의할 필요가 있다. 사회 전반을 아우르는 빅데이터를 통해 인간 삶의 본질을 통찰하기 위해서는 학제 간 융합 또는 이를 하나의 지식 체계로 통합하는 통섭의 시각이 필요하다. 즉 빅데이터로 개인의 과거를 기억하고 현재를 설명하며 미래를 예측하기 위해서는 과학기술뿐만 아니라 인문사회학적 소양을 바탕으로 한 접근이 함께 이루어져야 한다.

이러한 점은 빅데이터를 통해 인문학의 범위가 기술, 공학뿐만 아니라 사회과학과의 접합을 통해 더욱 확장될 수 있음을 함축한다. 빅데이터 시대를 맞아 인문학의 범위는 의사 결정과 정보 소통, 현상 인지 면에서 기존에는 시도할 수조차 없던 범위로까지 확대되어 학제 간 연구를 촉발하기도 한다. 예를 들어 역사와 관련된 빅데이터를 처리하기 위해서는 인문학과 공학(과학) 사이의 협업이 필요하다. 인문 자료

빅데이터 시대 인문사회 지식의 범위

범주	내용
의사 결정	일상의 해석 공간 확장, 신속하고 자율적인 의사 결정
정보 소통	인간과 사물 간 소통 확장, 시공간 압축, 분산과 집중의 동시적 상호작용
현상 인지	인지 및 재현 능력 확장, 뇌과학 및 신경인문학
행동 윤리	인간 노동 대체 가능성, 사회적·윤리적 책임성

의 정보화 이상으로 정보화 기술에 대한 이해를 바탕으로 인문학 연구
방법을 새롭게 정립하는 것이다. 인간의 삶과 가치라는 궁극적 목표를
위해서는 학문 간 의사소통이 필수인 셈이다. 빅데이터에 초점을 둔
새로운 분석 방법론에는 다음과 같은 것들이 있다.

빅데이터 분석 방법론

연구 방법론	내용
비정형 데이터 마이닝 (unstructured data mining)	문서, 이미지, 영상 등 구조화되지 않은 데이터를 수집하고 분류하여 그로부터 의미 있는 정보를 추출하는 과정 (예: 인문학 텍스트 분석, 포털 게시판, 블로그 등을 바탕으로 특정 주제에 대한 여론 분석 등)
인포그래픽스 (infographics)	복잡한 빅데이터 분석 자료를 이해하기 쉽게 도표나 이미지로 시각화하는 방법
네트워크 분석 (network analysis)	개인 간의 관계망 및 문서 안에서 단어들이 형성하는 네트워크를 비롯한 사물과 사람, 개인과 기관 등의 네트워크 분석
통계 예측 (statistical predictions)	방대한 데이터를 바탕으로 특정 패턴을 파악하는 시도 (예: 유행 질병, 교통의 흐름 등)

빅데이터 분석은 자연언어를 실시간으로 분석해 새로운 흐름을 찾아내는 것이다. 따라서 정형, 반정형, 비정형 등 다양한 형태로 혼재되어 있는 데이터를 어떻게 분류하여 분석할 것인지 데이터 분석 체계가 필요하다. 이때 데이터가 정형화되어 있다는 것은 텍스트나 데이터의 구성 체계에 순서가 있고, 날짜, 속성, 범주화가 가능함을 의미한다. 이와 달리 여러 요소가 섞여 있는 것을 비정형이라고 표현한다. 때문에 새로운 기법의 분석 방법이 필요하다. 비정형 데이터 마이닝은 빅데이터 내 데이터 실시간 분석을 바탕으로 하며, 데이터 크기의 변화를 기반으로 다중의 저장 공간과 분석 틀로 데이터 흐름을 분석할 수 있어야 한다. 인포그래픽스는 빅데이터 분석을 통해 나타난 복잡한 정보를 한눈에 볼 수 있도록 도표나 3D 형태의 정보로 시각화한다. 네트워크 분석은 소셜미디어 상에 드러나는 사물, 사람, 개인, 기관 등을 분석하는 등 요소별 네트워크를 중심으로 하며, 소셜미디어에 드러난 소통 양식에 대한 연구가 대표적이다. 통계 예측은 빅데이터가 채집한 방대한 데이터를 바탕으로 특정 패턴을 밝히는 것인데, 빅데이터의 등장으로 과거에는 상상조차 할 수 없는 표본을 만들 수 있고, 통시적·시계열적 분석이 가능해 인간 행동의 이해와 일반화라는 인문학 목표에 보다 정교하게 접근할 수 있게 됐다.

구글 엔그램 뷰어와 유로피아나

빅데이터는 데이터의 엄청난 양뿐 아니라 비정형·비구조적 데이터를 통해 데이터 자체의 질적 변화를 가져왔다. 그러나 중요한 점은 수많은 데이터를 해석하는 방법은 여전히 인문학에 의거한다는 사실이다. 일부 전문가들은 비정형화되고 비구조화되어 있는 데이터를 분석하는 원리가 과거 인문학이 대상을 직관적으로 파악하는 방식과 매우 유사하다고 말한다. 즉, 인문학은 삶의 가변성을 직관적이고 해석적으로 파악하여 이를 수많은 문자 정보로 체계화하고 재구성하는데, 빅데이터 역시 직관적 원리 파악과 창조적 상상력을 통한 해석과 의미 부여를 중요시한다는 것이다. 그런 점에서 인문학은 분석과 해석의 기준, 또는 기본 얼개 역할을 담당할 수 있다.

최근 빅데이터와 인문학 관계에서 가장 주목받는 분야는 '디지털인문학(Digital Humanities, DH)'이다. 디지털인문학은 컴퓨팅과 인문학의 영역이 교차하며 이루어지는 연구, 교육 및 창조 활동을 의미한다. 오늘날 디지털인문학은 디지털화되었거나 디지털로 생산된 자료를 포함하며 인문학의 오랜 방법론을 기술 및 디지털 퍼블리싱과 결합하고 있다. 학술적 관점에서 디지털인문학은 인간의 산술 능력을 뛰어넘는 컴퓨터를 활용하여 인문학 자료를 수집하고, 저장하고, 분석한다. 이를 통해 각 분과 학문의 고립 현상을 극복하여 통섭적이고 융합적인 연구를 실현할 뿐만이 아니라, 인문학의 성과를 사회에 환원하는 방법론으로 각광받고 있다.

빅데이터의 인문학적 활용과 관련해서 특히 주목받고 있는 데이터 분석 기술은 바로 링크드 오픈 데이터(Linked open data, LOD)이다. 링크드 오픈 데이터는 웹 공간에서 식별되고 공유되는 데이터 구조와 링크

정보를 의미한다. 웹에서 데이터를 식별하는 고유 기호인 URL(Uniform Resource Locator)을 사용해 특정 웹 문서에 얽매이지 않으며, 정보를 분해하거나 결합하는 데 용이한 RDF(Resource Description Framework)를 이용하여 사이버 공간에서 정보가 원활하게 교환될 수 있도록 한다. 실제 웹 공간에는 수많은 정보가 공유될 수 있는 형식으로 공개되어 있기 때문에 특정 분야나 특정 기관이 각자의 요구나 시각을 바탕으로 관련 정보를 취사선택, 활용할 수 있다.

LOD의 대표적 사례로 2004년에 고안되어 2010년 처음으로 공개된 구글 엔그램 뷰어(Google Ngram Viewer)를 들 수 있다. 구글 엔그램 뷰어는 1520년부터 2012년까지 약 500년간 출간된 800만 권의 책에 사용된 특정 단어의 빈도를 확인할 수 있는 서비스다. 비록 특정 단어가 사용된 정확한 맥락을 파악하는 데는 한계가 있지만 반복되는 언어의 생성과 소멸 과정을 통계적으로 제시해 언어와 개념 그리고 문화의 진화 과정을 살펴볼 수 있다. 이때 웹상에 존재하는 방대한 양의 개별 데이터를 분석하고 가공하여 도출된 결과를 바탕으로 새로운 인문학적 해석이 가능하다. 구글 엔그램 뷰어를 처음 고안한 에레즈 에이든(Erez Aiden)과 장바티스트 미셸(Jean-Baptiste Michel)은 이와 같은 방대한 양의 데이터를 이용해 인간의 역사와 문화를 분석하는 새로운 영역을 '컬처로믹스(Culturomics)'라고 부른다.

LOD를 활용하여 유럽 전역의 문화유산에 대한 개별 사용자의 자유로운 접근을 가능하게 한 유로피아나(Europeana)도 지나칠 수 없다. 유럽연합의 전자도서관 프로젝트 일환으로 개발된 유로피아나는 유럽의 권위 있는 문화유산에 대한 빅데이터를 서로 연결해 문화유산을 포함한 다른 분야의 창의적 혁신을 견인하고 지원한다. 시간과 장소, 분야에 관계없이 이용자들에게 관련 정보를 제공해 수많은 문화유산과 학문 간의 의미 있는 관련성을 구축하는 것이다. 이는 유럽 문화의 공적 정체성을 강화하여 구성원들의 공동체적 이해를 높이고, 유럽 역사와 문화유산에 대한 접근성을 강화하여 사람들의 인문학적 소양을 높이는 것을 주요 목적으로 한다.

이처럼 빅데이터의 인문학적 활용은 인문사회과학 전반의 인식론적 지형에 커다란 변화를 가져왔다. 즉 빅데이터와 같은 ICT를 단순한 기술로 이해해온 일종의 기계적 이점(Mechanical Advantage)이 인식론적 이점(Epistemological Advantage of Digital Tools)으로 전환한 것이다. 물론 이와 같은 인식론적 이점은 거대한 데이터가 인문학의 인지 시야를 보다

구글 엔그램 뷰어의 예 (검색어: Frankenstein, Einstein, Sherlock Holmes)

넓힐 것이라는 긍정적 가능성에서 출발한다.

빅브라더의 위험성

빅데이터는 인간에 대한 이해를 확장했다는 점에서 각광받지만 그 자체의 위험성, 특히 프라이버시 침해 문제는 여전히 첨예한 이슈다. 빅데이터 분석 기술이 정교해지고 데이터 수집도 광범위하게 진행되면서 개인식별정보 유출에 따른 사생활 침해나 감시 문제가 심각하기 때문이다. 개인식별정보(Personally Identifiable Information, PII)란 단일 개인을 유일하게 식별하거나, 접촉하거나 찾아내기 위해 활용될 수 있는 정보 또는 단일 개인을 유일하게 식별하기 위해 다른 정보원과 함께 사용할 수 있는 정보를 뜻한다. 개인비식별정보라도 데이터 마이닝 기술을 통해 식별이 가능하다는 지적도 있어 빅데이터의 오남용으로 디지털화된 사적 기억의 노출 가능성, 개인이 감시되고 통제될 수 있는 디지털 파놉티콘(원형감옥)의 위험성 이슈는 쉽게 가라앉지 않을 것으로 보인다.

그런 점에서 빅데이터는 데이터 권력 집중의 문제, 즉 빅데이터를 관리하는 자가 빅브라더(Big Brother)로 변질할 가능성에 대해 우려를 제기한다. 이른바 '빅데이터 감시사회'가 등장할 수 있다는 것이다. 다시 말해 특정 집단에 데이터가 집중되는 현상에 대한 우려다. 왜냐하면 데이터의 규모가 방대할수록, 관련 기술이 어려울수록 특정 권력에만 빅데이터 분석 및 활용 수단이 집중될 가능성이 높기 때문이다. 특히 대규모 정보를 보유한 기업의 '빅브라더화'는 늘 우려의 대상이 되고 있다. 더구나 빅데이터는 기술적 위험(체계 고장, 바이러스 등), 개인적 위험(사민권, 모욕 등), 사회적 위험(정치, 경제, 문화), 생태적 위험을 모두 증대시킬 수도 있는데, 일군의 학자들은 이러한 빅데이터 현상을 현대 자본주의 사회에서 발생하는 새로운 사회 위험 요인으로서 '정보 재난'이라 표현하기도 한다.

뿐만 아니라 빅데이터 오남용에 따른 사회문화적 역기능도 지적하지 않을 수 없다. 방대한 양의 데이터에 의존한 나머지 모든 사물의 정량화가 일반화할 경우 역사적, 이론적, 정성적 인과관계를 무시하는 의사 결정이 일어날 수 있기 때문이다. 이 같은 빅데이터 분석 결과에 대한 무비판적 수용은 데이터로 모든 현상을 설명하려는 '빅데이터 근본주의(Big Data Fundamentalism)'에 빠지게 만든다.

이러한 우려들 때문에 빅데이터에 인문학적 개입이 필요해진다. 빅데이터 분석으로 과도한 단순화를 통해 문제를 해결하기보다는, 인간의 주관성을 세심하게 다룬 관찰, 심층 인터뷰, 의미의 사회적 생산과정 연구와 같은 인문학적 개입을 통해 빅데이터의 사회문화적 가치를 제대로 드러낼 수 있기 때문이다. 빅데이터 시대를 살아가는 사람들에게 프라이버시는 무엇이고 어디까지 지켜져야 할 것인지를 두고 새로운 사회적 협약이 형성되어야 하는데, 이 과정에서 무엇보다 인문학적 성찰이 뒷받침되어야 한다.

빅데이터 시대 인문학의 역할은?

빅데이터 시대에 데이터는 현재의 상황을 보여주는 객관적 지표이자 미래를 예측하기 위한 적절한 근거다. 따라서 불확실한 미래 변화에 대한 적응 가능성을 높일 수 있는 빅데이터는 매우 중요한 가치를 지닌다. 데이터가 장기간 쌓이는 과정에서 정치, 사회, 경제, 문화, 과학, 기술 등 전 영역에 걸쳐서 사회와 인류에게 의미 있는 정보나 지식을 전수할 수 있기 때문이다. 물론 짧은 시간에 수없이 많은 데이터가 생성되고 소멸되는 와중에 가치 있는 데이터를 발굴하고 이를 정교하게 분석할 수 있는 플랫폼과 기술의 발전이 강조될 수밖에 없다. 그러나 빅데이터는 데이터의 크기를 중심으로 정의되기 시작했지만 단지 그 크기의 중요성만으로 설명되는 개념이 아니다. 단순한 의미에서 커다란 데이터라는 개념으로 이해될 것이 아니라 많은 정보기술 연구의 경계선을 넘나드는 하나의 동력으로, 여러 학문 분야의 통합적 이해를 바탕으로 하는 것으로 받아들이고 접근할 필요가 있다.

그런 점에서 빅데이터 시대에 인문학의 본질적 역할이 달라질 것으로 보지는 않는다. 문학을 비롯한 철학, 역사학이 과거 종교를 대신하였듯이 인문학은 디지털 시대에도 인류에게 삶의 비전을 제시해주는 나침반 구실을 할 것이다. 인간은 빅데이터를 활용하고 해석하는 중심에 있으며, 이를 올바르게 사용하는 주체로 키우는 것이 인문학의 역할이기 때문이다. 빅데이터 시대의 인문학은 기존 인문학의 방법을 디지털 미디어 속에서 구축해야 할 필연성에 반응해야 하고 인문학 자료를 찾아주는 도우미이자 철저한 비평가가 되어야 한다. 어쩌면 바로 이 점이 '미래의 융합형 인간'을 위해 인문학이 기여할 수 있는 가장 중요한 역할일지도 모른다.

물론 빅데이터 시대에 인문학은 종전에 수행하던 범위를 훨씬 능가하는 수준으로 발전할 것이다. '거대 인문학(Big Humanities)'의 가능성은 그러한 예라고 할 수 있다. 앞에서 에이든과 미셸이 보여준 것처럼 역사 기록을 디지털화하는 문제부터 중국의 인물 데이터베이스, 한국 역사통합시스템의 아카이브 서비스, 다학제 연구 등은 개별 학문 분야를 뛰어넘는 잠재적 영향력을 갖고 있다. 실제로 '거대 인문학'은 지금까지의 글과 예술, 전쟁, 로맨스 등이 어떻게 오늘날의 모습을 갖추게 되었는지를 보여줌으로써 과학자들과 인문학자들이 '과거'에 접근하는 방식을 변화시키고 새로운 틀을 제안해갈 것이다.

한편 빅데이터 시대의 인문학은 단순히 인문 콘텐츠의 디지털 전환 작업을 넘어 공공서비스 영역으로 그 범위를 넓힐 수도 있다. 왜냐하면 빅데이터는 행정 서비스뿐만 아니라 건강, 안전, 복지 등 다양한 공적 영역에서 정책의 틀을 갖추고 폭넓게 활용되면서, 그 가치가 점점 커지고 있기 때문이다. 그래서 빅데이터는 오늘날 국내외적으로 공공 및 행정 분야에서 새롭게 부각되고 있는 이른바 '공공인문학(Public Humanities)'에서 중요한 역할을 할 것으로 기대된다.

참고한 책

《여기에 당신의 욕망이 보인다: 빅데이터가 찾아낸 70억 욕망의 지도》(송길영 지음, 쌤앤파커스)

《빅데이터 인문학: 진격의 서막》(에레즈 에이든·장바티스트 미셸 지음, 사계절)

〈ICT 인문사회 혁신기반 구축(I) 총괄보고서〉(정책연구 13-48, 이원태 외, 정보통신정책연구원)

《빅데이터와 위험정보사회》(조현석 엮음, 커뮤니케이션북스)

〈빅데이터와 사회과학-인식론적, 방법론적 문제들〉,《커뮤니케이션 이론》제9권 3호

〈빅데이터와 사회과학하기-자료기반의 변화와 분석전략의 재구상〉,《한국사회학》제49권 2호

The End of Theory: The Data Deluge Makes the Scientific Method Obsolete, Anderson, Chris(2008), Wired. URL: http://www.wired.com/2008/06/pb-theory/

〈Linking Open Data cloud diagram〉, Schmachtenberg, M., Bizer, C., Jentzsch, A., & Cyganiak, R.(2014), URL: http://lod-cloud.net/

인문학의 눈으로 데이터의 이면을 봅니다

김시천　정치학 박사학위를 받고 정보통신정책연구원에서 빅데이터와 관련된 연구를 활발히 하고 있습니다. 빅데이터에 관심을 갖게 된 계기가 있는지요?

이원태　기술이 사회와 인간에 미치는 영향에 대해 관심이 많았습니다. 현대 사회에 디지털 정보통신 기술(ICT technologies), 구체적으로 인터넷이 사회의 공동 가치에 어떤 영향을 미치고 정치에 어떠한 변화를 가져오는지에 관심이 컸다고나 할까요. 박사학위를 할 당시 사회과학 분야에서는 인터넷과 사회자본의 관계에 대한 연구가 많았는데, 그 가운데 정치학에서 중시하는 정치 커뮤니케이션의 변화에 대한 관심으로 구체화되었습니다. 나아가 정부 운영 방식, 거버넌스의 변화 등에 대해 다양한 학문적 수요가 커졌고, 이러한 분위기에서 연구원에 들어오게 되었습니다.

김시천 전통적으로 인문학은 텍스트를 주로 다룹니다. 문자나 그림, 기호로 인쇄된 것이 대표적이죠. 따라서 그 속에서 중요한 것은 의미와 논리 같은 것이었어요. 그런데 빅데이터인문학에서는 데이터를 가장 중요하게 다룹니다.

이원태 방대한 데이터를 기계적이고 통계적 방식만으로 접근해서는 의미와 가치를 제대로 도출해내기 어렵기 때문에 인문학과 빅데이터가 만나는 것입니다. 오랫동안 텍스트는 쉽게 식별되는 정형화된 것들만을 의미했어요. 하지만 음성, 이미지, 기호 등 비정형화된 데이터와 텍스트 또한 무척 많아요. 사람들이 스마트폰이나 일상생활에 남기는 데이터 역시 정형화된 형태로 존재하지 않으며 순간적으로 지나가는 정보가 많지요. 이런 것들까지 포함하려는 것이 빅데이터가 추구하는 바입니다.

미디어 환경이 변하면 학문 영역도 변해요

김시천 인문학에서는 텍스트를 다룰 때 주로 해석을 합니다. 그런데 데이터의 세계에서는 분석이라는 말을 선호하는 듯한데, 분석과 해석은 어떻게 다를까요?

이원태　　　예를 들어 빅데이터는 방대한 양의 데이터를 수치화 혹은 양화해서 의미와 가치를 도출합니다. 이럴 때는 주로 분석을 하죠. 하지만 숫자로 표현된 것 이면의 의미와 가치를 파악하려면 인문학적 해석이나 통찰이 필요합니다. 빅데이터 시대의 특징은 분석과 해석의 구분 자체를 넘어선다는 데에 있어요. 전통적인 사회과학과 통계학적 분석을 넘어서서 인문학적 상상력을 요구하는 해석이 이제 떼려야 뗄 수 없는 관계가 되었습니다.

김시천　　　최근 여러 매체에서 대통령의 신년연설을 소개할 때 예전의 해설과는 다르게 어떤 단어가 가장 많이 쓰이고 또 어떤 주변 단어와 함께 쓰이는지를 분석한 후 나름의 해석을 한 바 있지요. 이런 사례가 적절한 예가 될 수 있을까요?

이원태　　　그렇습니다. 대표적인 것이 단어와 단어 사이의 관계입니다. 이를 의미망 분석, 또는 데이터 마이닝이라고 합니다. 통계적인 분석 방법을 쓰기도 하지만 보이지 않는 이면까지를 보려면 인문학적 통찰이 필요해요. 그래서 데이터 사이언티스트들이 자료를 해석할 때 인문학자들의 상상력과 통찰을 많이 반영합니다. 분석의 툴을 만드는 작업은 물론 해석 작업에도 인문학적인 통찰이 필수니까요.

김시천   아무래도 빅데이터인문학은 정보통신 기술의 발전으로 출현한 새로운 매체에 의해 축적되거나 누적된 정보를 바탕으로 하는 것 같습니다. 매체의 발전이 학문의 변화에 어떤 변화를 가져온다고 생각하는지요?

이원태   단순하게 답하기 어려운 질문입니다. 예를 들어 인터넷이나 정보가 중요해지면서 정보사회학이란 학문이 생겨났고, 인터넷과 정치와 관련해서는 인터넷 거버넌스라는 학문 영역이 등장했어요. 이처럼 미디어 환경이 변하면 학문 영역에도 변화가 일어납니다. 인문학도 마찬가지고요. 디지털 기술을 활용하거나 이를 기반으로 접근하는 디지털인문학이 중요한 트렌드가 된 것이 대표적인 사례입니다. 더 중요한 것은 학문과 학문의 경계가 무너지는 큰 변화가 일어나고 있다는 것이고요.

김시천   미디어의 변화도 주목됩니다. 빅데이터가 중요하게 된 것이 최근의 현상이라면 19세기 이래 잡지와 신문, 1990년대 이후 인터넷이 확산되고, 21세기 들어서면서 스마트폰이 보급됐어요. 아주 단순한 질문인데요, 매체의 변화와 관련하여 특히 주목할 만한 부분이 있다면 무엇일까요?

이원태   스마트폰은 인터넷에 기반한 디바이스일 뿐입니다. 더 중요한 사실은 디바이스 자체가 필요하지 않은 시대가 올 거라는 점입니다. 손으로 스마트폰을 터치하고 조작하지 않아도 말로 하거나 눈을 깜빡이고 생각하는 것만으로도 인터넷이 되는 시대가 오고 있어요. 사물인터넷 혹은 만물통신망 시대라고 하죠. 그런 시대가 되면 디바이스는 순간적인 도구에 지나지 않게 됩니다.

김시천　　사물인터넷이 현실화하면 더 많은 빅데이터가 쌓이게 되겠네요.

이원태　　그렇죠. 스마트폰으로도 사람들 사이의 교류에서 일어나는 행태 정보, 신체 정보, 심지어 감정에 관한 정보까지도 쌓이고 있어요. 나아가 사물인터넷 시대에서는 개인이 네트워크 내에만 존재할 수도 있습니다. 이는 근본적으로 철학적인 문제를 제기할 거예요. 따라서 인문학이 더욱 중요한 시대가 될 것입니다.

빅데이터 분석은 어떻게 이뤄질까요?

김시천　　빅데이터 시대에는 인문사회 지식의 범위가 의사 결정, 정보 소통, 현상 인지, 행동 윤리라는 네 차원으로 확장된다고 했는데, 이에 대한 보충 설명 부탁드립니다.

이원태　　간단하게 설명하기 어려운데요. 그래서 여러 학자들이 논의한 내용을 제 나름의 시각으로 정리해봤습니다. 의사 결정은 빅데이터라는 수단이나 자원이 사람들의 자율적 의사 결정에 도움을 준다는 의미입니다. 자료가 많으면 해석의 여지가 넓어진다는 차원에서 실질적으로 도움이 된다는 뜻이고요. 정보 소통이란 인간과 인간, 인간과 사물 사이의 소통을 포함합니다. 빅데이터가 매개가 되어 사물과 소통이 가능해졌습니다. 만약 앉아 있는 의자에 인터넷이 연결되고, 누군가가 그것에 접촉한다면 의자는 소통의 매개가 됩니다. 이 또한 빅데이터가 있어야 가능합니다. 현상 인지는 빅데이터를 통해 인간이 인식하고 표출하는 것이 무한히 확장됨을 의미합니다. 예컨대 인간의 뇌에 빅데이터 칩을 넣으면 인간의 인지 능력은 극대화됩니다. 뇌과학, 인공지능 등이 각광받는 이유와도 관련이 있어요.

김시천　　누구나 영어사전이나 백과사전을 머릿속에 넣는 꿈을 꾸잖아요. 그 기술이 가능할까요?

이원태　　이미 가능한 단계에 접어들었어요. 이런 분야를 뉴로컴퓨팅이라고 합니다. 신체에 칩을 넣는 실험도 진행되고 있고요. 이것의 현실화를 위해 마인드 업로딩, 마인드 다운로딩과 같은 기술이 개발되고 있지요. 하지만 인간은 기계나 로봇이 아닙니다. 그래서 인간에 대한 인문사회적 이해가 더욱 중요합니다. 빅데이터가 인간의 삶과 행동에 커다란 영향을 미친다는 차원에서 이해하면 좋겠습니다.

김시천   데이터 분석과 관련해서 마이닝(Mining-채굴하다)이란 표현을 쓰는 이유는 무엇인가요?

이원태   광산에서 채굴한다는 것은 가치 있는 것을 찾아 원료 상태로 가져가는 거잖아요. 그처럼 의미 있고 가치 있는 것을 캐낸다는 뜻입니다. 이것저것 다 긁어간다면 그것은 마이닝이 아니죠.

김시천   정보의 추출 이후 그 결과를 보여주는 것이나 이로부터 분석하는 내용과 관련해서도 독특한 방법과 용어가 등장합니다. 인포그래픽스, 네트워크 분석, 통계 예측 등등. 각각 어떤 의미인지, 예를 들어 소개해주세요.

이원태   빅데이터 분석 결과는 대단히 복잡합니다. 인포그래픽스는 분석 결과를 이미지로 시각화하는 것을 말합니다. 복잡한 숫자나 백분율로 보여주기보다는 원이나 막대그래프 등으로 시간의 변화에 따라 보여주는 방법이죠. 네트워크 분석은 빅데이터 분석에서 요구되는 의미망, 즉 의미와 의미 사이의 관계, 단어와 단어 사이의 관계를 구조화해 보여주는 것입니다. 예를 들어 네트워크에서 큰 영향력을 미치는 사람이 있다면 그 영향력의 이슈 영역을 구조를 통해 보여주는 분석 방법이에요. 통계 예측이란 방대한 데이터 통계를 패턴화해서 미래의 수치를 예측하는 것을 의미합니다.

빅데이터의 인문학적 가치와 의미

김시천　　　독자들이 가장 궁금해하는 점은 빅데이터 분석이 왜, 어떻게 인문학과 관련되는가일 텐데요. 빅데이터인문학의 특성과 의미를 설명해주세요.

이원태　　　빅데이터인문학은 아직 학문적으로 정립되지 않았습니다. 기존의 데이터 분석만으로는 한계가 있기에 인문학적 통찰이 요구된다는 것을 반영한 개념이죠. 빅데이터에는 날씨, 자연 등등 다양한 정보가 있지만 인간과 관련된 정보가 매우 많은데, 기존에는 이런 정보를 비합리적, 비객관적 정보로 치부했어요. 하지만 이런 생각이 바뀌어서 인간과 관련한 정보를 좀 더 적극적으로 활용하겠다는 시각을 반영한 것이죠. 특히 감성과 관련된 정보가 엄청난데, 이런 정보는 기존의 과학이나 사회과학만으로는 접근이 쉽지 않습니다. 언어, 음성, 사진 등의 방대한 자료가 빅데이터 분석 대상이 되면서 그 가치와 의미가 달라지고 있습니다.

김시천　　　말씀 들으니 떠오르는 사례가 있습니다. 인류학자 루스 베네딕트의《국화와 칼》은 제2차 세계대전 당시 일본인의 심성을 연구한 대표적인 저서입니다. 이것이 기존 학문의 연구 방식에 해당한다면, 빅데이터는 지금 일본 사람들이 생산하는 다양한 데이터를 통해 이에 접근하는 방식이라고 할 수 있겠다 싶은데, 어떤가요?

이원태　　적절한 예가 될 것 같습니다. 과거의 인문학적 발상이 내놓은 결과는 지극히 추상적입니다. 또 전통적 사회과학만으로는 보이지 않는 부분이 많고요. 그런데 빅데이터 분석을 거친 결과물은 매우 구체적입니다. 개인과 사회의 현상을 설명할 때 빅데이터 분석은 기존의 인문학과 사회과학이 하지 못한 것을 할 수 있다는 점에서 주목받는 것이죠.

김시천　　링크드 오픈 데이터가 가장 주목받는 분석 기술이라고 소개하고. 구글 엔그램 뷰어를 예로 들었는데요. 이런 자료에 어떤 의미가 있는지요?

이원태　　디지털인문학 분야에서 가장 많이 드는 예시 가운데 하나입니다. 데이터 마이닝이나 네트워크 분석과도 관련이 있고요. 구글 엔그램 뷰어는 800만 권에 달하는 책에 쓰인 특정 단어의 빈도를 보여줍니다. 그 단어와 연결된 단어들을 링크드 오픈 데이터라고 해요. 이것을 분석하면 특수한 의미망을 파악할 수 있습니다. 디지털인문학 프로그램에서 가장 많이 사용하는 기법으로 특정 문화적 콘텐츠가 문화나 역사, 학문과 어떤 관계를 맺는지 잘 보여줍니다.

김시천　　빅데이터와 관련해 가장 일반적으로 알려진 것 가운데 하나가 개인식별정보와 같은 것으로 드러나는 사생활 침해, 이른바 빅브라더의 위험성입니다. 이에 대해서는 어떻게 보는 것이 바람직할까요?

이원태　빅데이터 그 자체는 사회적, 문화적, 학문적으로 다양하게 활용할 수 있습니다. 물론 개인식별정보가 없는 상태로도 활용할 수 있어요. 그런데 개인 식별이 가능한 데이터는 상업적으로 유용될 유혹이 무척 큽니다. 사생활 침해의 위험성이 여기서 발생하죠. 아무리 규제해도 그런 장치들은 대개 사후에 일어납니다. 따라서 위험성을 처음부터 인식하고 예측해서 최소화할 수 있는 인문학적 개입이 필요합니다. 인문학적 개입의 제도화가 필요한 까닭이 여기에 있는 거죠.

김시천　글에서 융복합적 지식 혹은 공공인문학의 가능성을 타진하고 있습니다. 이런 말에 담긴 의미가 무엇인지, 그리고 왜 그런 것이 필요한지, 그 내용은 무엇인지 의견을 듣고 싶습니다.

이원태　지금까지의 이야기는 기술과 인문학의 관계, 즉 기술과 개인 혹은 사회의 관계에 대한 것이 중심이었어요. 공공인문학이란 디지털 기술과 공공영역과의 관계에서 인문학적으로 기여할 수 있는 부분이 있다는 인문학자들의 견해를 반영한 개념입니다. 이는 인문학의 역할을 적극적으로 강조하기 위한 전략적 개념이기도 합니다. 조금 다른 예이긴 하지만, 드라마 〈대장금〉은 《조선왕조실록》을 디지털화한 성과를 바탕으로 만들어졌습니다. 국내 최초의 디지털인문학 성과라 할 수 있죠. 예전에 《조선왕조실록》을 활용하려면 어렵게 텍스트를 읽으며 조사해야 했지만 이제는 검색을 통해 누구나 활용할 수 있게 되었어요. 공공 프로젝트가 아주 다양한 방식으로 활용될 수 있음을 보여준

예라고 할 수 있지요.《조선왕조실록》이 책으로만 존재했다면 가능하지 않았을 일입니다.

디지털 시대를 살아가기 위한 자세

김시천　　취업준비생이나 대학생 중에서도 이에 관심을 갖는 사람이 많을 듯합니다. 취업 가능성 혹은 새로운 분야의 개척 가능성 등에 대해 조언해주신다면요?

이원태　　디지털 기술과 인문학을 함께 연구하고 공부하기란 말처럼 쉬운 일이 아닙니다. 이미 세상이 융복합의 시대에 진입했어요. 오늘날 우리는 기술과 기술이 아닌 것 두 가지를 어느 정도 습득해야 생존할 수 있는 시대, 즉 멀티플레이어의 시대를 살고 있습니다. 어쩌면 모험을 하려는 의지나 노력이 필요한지도 모릅니다.

김시천　　멀티플레이어 시대에 필요한 덕목은 무엇일까요?

이원태　　예를 들어 아이패드를 구동시키는 최소한의 원리와 방법을 이해하고, 그 안의 콘텐츠를 읽어낼 수 있는 능력을 갖추라는 겁니다. 내용물을 전혀 이해하지 못하면서 할 수 있는 일이 아니기 때문입니다. 그렇다고 그것을 혼자서 다 해내야 한다는 뜻은 아닙니다. 협업

과 공유의 미덕이 무척 중요합니다. 다행인 것은 젊은 세대의 상당수
가 이미 그러한 교육 조건에서 공부하고 있고, 그런 능력을 갖춘 세대
가 등장하고 있다는 겁니다.

김시천　　　　오늘 말씀 감사합니다. ✝

인간의 본성과 행동에 대한 수수께끼를 푸는 과학

강경표

상지대학교 교양학과 외래교수. 대학에서 철학을 전공하고 과학을 이해하기 위해 기초과학을 공부했다. 그렇게 과학과 철학의 경계를 넘나들며 공부를 하다가 생물학의 성과를 바탕으로 인간 존재를 탐구하게 되었다. 조금 더 좁혀 말하면 진화론을 바탕으로 인간의 사유를 탐구한다. 진화인식론, 진화윤리학, 진화심리학이 공부하는 영역이다.

진화심리학(Evolutionary Psychology)은 인간의 마음과 뇌의 구조와 기능, 특성을 진화의 산물로 이해하려는 학문이다. 심리학과 진화생물학의 현대적 원리들을 종합하여 삶의 문제를 과학적으로 해석한다. 1973년 마이클 기셀린(Michael Ghiselin)이 진화심리학이라는 용어를 처음 사용했으며, 1992년 《적응된 마음: 진화심리학과 문화의 형성》이 출간되며 체계적으로 논의되기 시작됐다. 오늘날 진화심리학은 경제학·법학·의학·정치학·문학 등 매우 다양한 학문 분야의 연구에 적용되거나 응용되고 있다.

사랑을 가장 단순한 방식으로 설명하는 학문

인간의 삶에서 가장 오래된 주제는 무엇일까? 바로 '사랑'으로 표현되는 감정일 것이다. 사람은 누구나 사랑을 찾는다. 그것이 남녀 간이든 동성 간이든 상관없다. 누구든 일생에 한 번은 자신의 잃어버린 반쪽을 찾아 나선다.

사랑에 대한 진지한 토론을 다룬 책으로는 플라톤의 《향연》이 최고다. 에로스(Eros)의 실체를 놓고 이토록 진지할 수 있을까 하는 생각이 먼저 들지만, 그 시대 나름 사랑 전문가들이 흥미로운 토론을 벌인다. 사랑에 대한 도덕적·존재론적·우주론적 담론 속에서 혹자는 《향연》을 동성애를 설명하는 전거로 언급하기도 하고, 혹자는 사랑의 존재론적·형이상학적 가치를 설명하는 근거로 인용하기도 한다. 하지만 내관심은 조금 다르다. 내가 주목하는 것은 왜 인간은 그토록 오랜 시간 동안 사랑이라는 감정에 집착하고 목말라하며 지금도 끊임없이 그 주제에 몰두하는가이다.

사랑이 단순한 개념의 문제라면 그렇게 오랜 시간 논해질 리 없다. 사랑은 변하지 않는 인간 본성과 관련된 문제다. 그러나 변하지 않는 인간 본성의 문제는 기존의 학문이 답해오던 형이상학적 성질의 그 무엇이 아니다. 이것은 생명의 본질과 관련된 문제이며 생명의 역사가 지닌 숙명적인 부분과 연결된다. 유성생식(Sexual Reproduction)의 숙명으로부터 출발하여 사랑이라는 감정의 발현으로 이어지는 기나긴 여정은, 인류 역사상 계속되어온 에로스의 향연 속에서 천박하고 단순한 설명 방식으로 여겨져 누구나 이야기할 수 있는 그저 그런 것으로 치부되었지만 사실 가장 유효하고 중요한 설명 방식이다.

이제 우리는 사랑을 가장 단순한 방식으로 설명하는 학문을 만나게 되었다. 바로 진화심리학(Evolutionary Psychology)이다. 진화심리학은 사랑에 대한 생물학적 이해를 바탕으로 그 감정이 발생하는 근거를 일관되게 설명한다. 비단 사랑뿐만이 아니다. 그동안 종교와 철학에서 논해지던 '도덕'의 영역까지 설명해내기 위해 노력하고 있고, 유효한 설명을 통해 설득력을 얻어가고 있다. 또한 진화심리학은 뇌과학을 비롯한 여러 과학의 성과와 더불어 발전해가고 있는 현재형의 과학이자 미래의 인문학이다.

진화의 횡설과 수설

진화심리학에 대한 논쟁은 분분하다. 사회생물학의 또 다른 이름인가부터 시작해서 페미니즘과 동성애 논쟁, 과학적 성격의 문제까지 아직 넘어야 할 산이 많아 보이는 면이 있는 것도 사실이다. 그러나 이러한 논쟁이 발생하는 근본적인 이유는 진화생물학과 심리학이라는 학문 분야의 융합에 있다. 더 자세하게는 진화론+생물학(유전학)+심리학이라는 3중의 구조 속에서 파악해야 하는 인간의 몸과 마음의 문제가 그 혼돈을 불러온다고 할 수 있겠다.

아직도 찰스 다윈(Charles Darwin)이라는 이름만 들어도 거부감을 갖는 사람부터 시작하여, 진화생물학을 이해해야만 하는 과정도 험난하고, 생물학적 성에 대한 몰이해와 인간의 본성을 내세우면 모든 것이 정당화된다는 주장에 거부감과 두려움을 느끼는 것 등이 진화심리학을 오해하게 만드는 요인들이다. 그 포괄적인 예로 리처드 도킨스(Richard Dawkins)의 《이기적 유전자》를 들 수 있다. 유전자가 '이기적(Selfish)'이라는 은유를 받아들인다고 해서 우리가 이기적으로 살아야한다는 당위가 도출되는 것이 아님에도 자신이 생각하는 선한 인간 본성에 치명타를 날릴 수 있다는 이유에서 거부감을 갖는 경우가 그것이다. 《이기적 유전자》는 진화를 유전자적 관점에서 볼 때 유효한 설명이자 은유일 뿐이다.

진화론에 대한 거부와 몰이해는 진화심리학을 바르게 이해하지 못하게 하는 첫 걸림돌이다. 진화론을 이해하는 데 혼돈이 일어날 수밖에 없는 이유는 진화론을 이해하는 두 축에 대한 몰이해에서 비롯된다. 이는 "원숭이가 인간의 조상인가?"라는 말에 함축적으로 담겨 있다. 물론 과거에도 원숭이가 살고 있었다. 하지만 원숭이라고 하면 사람들은 대부분 동물원에 사는 원숭이를 떠올린다. "동물원에 있는 원숭이가 너의 조상인가?"라는 말은 직관적으로 거부감을 갖게 하기에 충분하다.

나는 학생들에게 진화론의 이해에도 '횡설(橫說)'과 '수설(竪說)'이 있다고 말하곤 한다. '동물행동학'을 통해 이해하는 진화는 진화의 '횡설'이다. 횡설은 현재 우리와 같이 살아가고 있는 지구상의 모든 동물에 대한 이야기다. 그런 한편 '생명의 나무'로 대변되는 진화의 역사는 진화의 '수설'이다. 이는 태초의 생명으로부터 현재의 동물들이 어떻게 분기되어왔는지를 말해준다. 횡설과 수설의 교차점에서 우리는 진화를 말할 수 있을 뿐이다. "원숭이가 인간의 조상인가"라는 질문은 진화론을 잘못 이해한 횡설수설(허튼소리)에 불과하다. 진화에 대한 이해는 진화의 '횡설'과 '수설'에 대한 바른 이해로부터 출발한다.

　동물원의 원숭이가 진화를 거듭한다 해도 그들이 인간이 될 리는 없다. 오랜 시간이 지나 인간이 진화한다고 해도 다시 원숭이가 될 리도 없다. 원숭이와 우리는 이미 분기한 지 오래이며, 한번 갈라진 가지는 합쳐지기보다는 멸종하지 않는 한 그 가지 끝자락에서 진화는 계속된다. 대신 "원숭이와 인간에게 공통 조상이 있는가?"라는 질문은 여전히

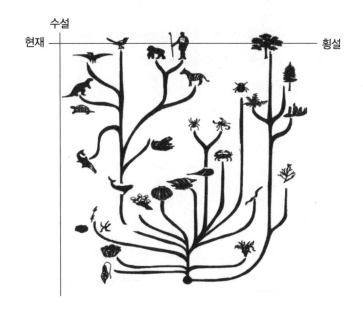

유효하고 타당하다. 뿐만 아니라 "공통 조상의 흔적이 발견되었는가?"라는 질문처럼 우리가 그들과 공통 조상을 갖는다고 결론 내릴 수 있는 이유를 묻는 것도 타당하다.

두 번째 걸림돌은 진화의 결과에 대한 혼돈이다. 진화의 결과는 '적응'과 '부산물'로 나타난다. 배꼽의 예를 들어보자. 오쇼 라즈니시(Osho Rajneesh)는 《배꼽》이라는 책에서 배꼽이 필요한 이유가 자신이 좋아하는 삶은 달걀을 소금에 찍어 먹기 위해서라고 했다. 소금 담을 공간으로 배꼽을 활용한다는 지저분하지만 참신한 아이디어가 웃음을 주기도 하지만, 정색하고 말하자면 배꼽은 진화의 산물일 뿐이다. 우리는 진화의 결과를 '적응'과 '부산물'로 나눌 수 있는데 탯줄이 생존을 위한 진화의 적응이라면 배꼽은 탯줄에 대한 부산물에 불과하다.

우리의 몸과 마음도 이런 관계에서 출발했다. 그래서 마음을 담는 뇌의 진화에 대한 이야기는 뇌 자체의 진화가 아닌 직립보행의 이야기로부터 출발한다. 우리는 어떻게 직립보행을 시작하게 되었을까? 정신과 육체의 관계에 대해 역사 속에서 우리는 항상 정신이 우위에 있다고 생각해왔고, 초기 진화론자들 또한 별반 다르지 않았다. 즉, 어느 순간 머리를 스치고 지나가는 날카로운 한마디가 네 발로 걷던 우리를 일어서서 걷게 했다는 것이다. 그러나 사실은 정반대다. 우리가 일어서서 걷기 시작한 후에 뇌가 발달하기 시작했다. 직립을 통해 뇌가 안정적 위치에 놓이게 되고, 전전두엽이 발달하면서 현재와 같은 마음을 지닐 수 있는 물리적 공간으로서의 뇌가 마련되었다. 다시 말해 뇌는 직립보행이라는 적응의 부산물로 시작했다. 그러나 부산물로 출발한 뇌는 적응의 주체가 되었으며, 우리 신체에서 가장 많은 에너지를 필요로 하는 기관으로 자리 잡았다. 그리고 부산물의 영역을 넘어 효과적인 적응을 주도하는 마음을 갖게 했다.

우리의 몸이 진화했다는 사실을 받아들일 수 있다면 다음 단계로 넘어가보자. 도대체 우리의 마음은 어디에 있는 것일까? 마음이 아프다며 가슴을 쓸어내리는 제스처는 종종 우리의 마음이 심장(Heart)에 있는 것처럼 생각하게 만든다. 하지만 안타깝게도 마음은 심장에 없다. 두통 말고는 별다른 감지 신호를 보내지 않는 뇌 대신 '두근두근'이든 '벌렁벌렁'이든 심장이 그것을 신체 언어로 표현할 뿐 마음은 뇌에 있다. 뇌도 진화의 산물이라면 그 안에서 이뤄지는 마음의 작용도 진화와 연관될 수밖에 없다. 이것이 진화심리학의 출발점이다. 마음은 진화의 산물이며 진화론을 통해 설명될 수 있다.

여기서 세 번째 걸림돌 문제를 짚고 넘어가야 한다. 이것은 철학의 문제와도 연관된다. 한때 우리는 우리의 정신이 '백지 상태(Tabula Rasa)'로 태어난다는 로크(John Locke)의 '빈 서판' 가정을 받아들였다. 빈 서판은 깨끗이 닦아낸 서판이라는 뜻의 중세 라틴어 타불라 라사(Tabula Rasa)를 의역한 말이다.

그러나 유전학을 포함한 다양한 과학적 성과는 이를 부정하도록 만든다. 인간은 최소한 어떤 프로그램이 가동되도록 입력된 상태로 태어나며, 그 최소한의 프로그램은 유전자에 의해 결정된다. 또 유전자 결정론이냐를 외치는 사람이 있을 수 있지만, 사실 진화는 유전자에 의해 결정되는 것이 아니다. 진화는 해당 유전자가 개체군 내에 널리 퍼지고 대를 이어 그 유전자를 물려줄 수 있을 때 쓰는 개념이기 때문이다. 다시 말해 유전자는 진화의 주체도 결정권자도 아니다. 예를 들어 금발 머리 유전자를 생각해보자. 어디서든 눈에 잘 띄는 금발 머리는 생존에 유리한 조건은 아니다. 그러나 금발 머리를 가진 사람이 배우자로 선택되었고, 후손을 생산할 수 있었기 때문에 금발 머리가 많아진 것이다. 유전자가 금발이 퍼지도록 노력하거나 조정한 것이 아니라는 말이다. 유전자는 적응 또는 변이를 통해 바뀔 수 있다. 그러나 그렇게 바뀐 유전자가 가진 특질이 개체군 내에서 공유되지 못하면 바뀐 유전자에 의해 결정되는 것은 아무것도 없다. 하지만 이미 우리의 유전자에는 탄생과 동시에 최소한의 신호를 전달하는 프로그램이 작동하도록 내장되어 있다. 아기의 탄생을 알리는 첫 울음은 누군가 엉덩이를 때려서 우는 것이 아니다. 당신은 태어난 직후 엄마의 젖을 어떻게 먹어야 하는지를 의사나 간호사로부터 교육받지 않았다. 이것은 탄생과 함께 자동으로 작동되는 프로그램일 뿐이고, 우리는 이것을 본능이라고 부른다. 진화를 겪은 유전자를 통해 전달되는 본능, 그리고 그 본능에 따라 행동하는 인간을 연구하는 학문이 바로 진화심리학이다.

사춘기는 진화가 남긴 흔적

이집트 로제타석(Rosetta Stone)에는 "요즘 젊은이들은 버릇이 없다"라고 쓰여 있다. 예전이나 지금이나 젊은 사람은 싹수가 없다고 생각하고 대수롭지 않게 넘어갈 수도 있지만 이렇게 질문을 던져보자. 도대체 젊은이들은 언제부터 버릇이 없었을까? 그 기원은 언제일까? 이 질문을 일반화해 진화심리학적으로 접근해보자. 우리 할아버지도, 아버지도, 나도 피해갈 수 없는 젊은 시절이 있었다.

가장 반항심이 충만하던 그 시기는 바로 '사춘기'다. 로제타석 이야기를 근거로 한다면 사춘기는 최소 고대 이집트 때부터 계속해서 반복적으로 나타난 것 같다. 왜 인간에게는 사춘기가 있을까? 사춘기는 인간에게만 있을까? 진화생물학자 헤켈(Ernst Haeckel)의 발생반복설(Recapitulation Theory)에 따르면 개체발생(Ontogeny)은 계통발생(Phylogeny)을 반복한다. 다시 말해 개체는 진화 과정을 재연한다.

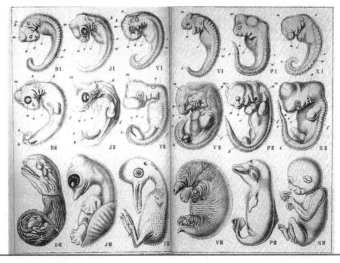

난황이 제거된 개체들의 발생 초기 단계를 비교해보자. 개체발생이 계통발생을 반복한다는 것은 이 그림과 같은 의미다.

여기서 아이디어를 얻어 진화심리학적으로 접근을 시도하면 이렇게 생각해볼 수도 있다. 우리의 마음 또한 진화의 산물이라면 시대가 달라도 사춘기가 반복적으로 나타나는 것도 진화가 남긴 흔적이다. 캘리포니아 대학교 의과대학 석좌교수 아지트 바르키(Ajit Varki)는 사춘기의 이러한 특성을 "인지적 개체발생은 인지적 계통발생을 반복한다"는 말로 표현한다.

뇌는 성숙해가면서 '시냅스 가지치기' 과정을 통해 약하거나 불필요한 신경을 덜어낸다. 이 과정은 주로 사춘기 때와 성인 초기에 일어나는데, 높은 수준의 사고, 계획, 의사 결정과 관련이 있는 뇌 부위인 전두엽에 집중된다. 사실 사춘기는 뇌의 변화에 수반되는 심리적 인지적 상태 변화를 뜻하며, 개체가 겪는 변화이자 누구도 피해갈 수 없는 진화가 남긴 반복 과정이다.

동물행동학적인 관점에서 바라보면 사춘기가 인간에게만 나타난 특수한 현상도 아니다. 제인 구달(Jane Goodall)의 관찰에 따르면 침팬지에게서도 사춘기가 나타난다. 침팬지에게도 사춘기가 나타난다는 사실이 뭐가 대수냐 반문하는 사람도 있을 수 있지만 이것은 아주 중요한 의미를 지닌다. 인간과 침팬지에게서 공통적으로 사춘기를 확인할 수 있다는 사실은 사춘기가 최소한 인간과 침팬지의 분기 시점인 600만 년보다 더 오래된 진화의 산물임을 말해주기 때문이다.

그럼 다시 처음 주제였던 '사랑' 이야기로 돌아가서 사춘기의 다른 측면을 살펴보자. 사춘기는 뇌의 변화뿐만 아니라 2차 성징이 나타나는 시기이기도 하다. 2차 성징은 생식이 가능해졌다는 또 다른 표시다.

2차 성징이 나타나면서 성적 결합을 수반한 '사랑'이 가능해진다. 자신의 반쪽을 찾기 위한 호기심과 열망이 생기고, 자신이 좋아하는 상대를 얻기 위해 미숙한 경쟁이 시작된다. 이것이 사회와 문화가 추구하는 올바른 방향으로 전개될 수도 있고 그렇지 않을 수도 있지만, 보편적이라고 할 만큼 누구에게나 나타나는 현상이다. 인류의 영원한 핫이슈 '사랑'은 생물학적 본능과 깊게 연관되어 있다.

사랑은 왜 시작되었을까? 다윈도 생존이라는 자연 선택에 불리한 성선택 과정을 제대로 이해하지 못했다. 이제 현대 과학은 그 답을 알고 있다. 세포 수준의 단위에서 성 선택 과정은 생존과 연관된다. 예를 들어 녹조류인 클라미도모나스는 영양분이 많은 상태에서는 각각의 세포가 분열을 통해 개체수를 늘리지만 영양분의 공급이 줄어들면 두 세포가 하나의 세포로 결합한다. 생존을 위한 부득이한 선택이다. 유성생식의 과정도 마찬가지로 이해할 수 있다. 후손을 남겨 생존을 지속하려는 것에서 '사랑'은 시작된다.

하지만 인간의 '사랑'은 그 양상이 복잡해졌다. 마음의 탄생이 그 시작이다. 유전자에 의한 배우자 선택이 아니라 개체에 의해 배우자가 선택된다. 개체는 유전자적 본능을 갖고 있지만 유전자를 의식할 수는 없다. 게다가 마음을 담는 그릇인 뇌는 진화 과정을 따라 만들어졌지만 학습을 통해 새로운 정보를 입력할 수 있다. 우리의 많은 행동이 문화 학습에 의해 결정된다. 하지만 학습을 통한 결정의 기초에도 진화에 의해 획득된 인지 구조가 영향을 미친다. 이것은 거부할 수 없는 과학적 사실이다. 우리가 알고 있는 '사랑'은 진화(본능)와 문화(학습)의 이중주 속에서 진행될 뿐이다.

진화심리학의 연구는 바로 이런 부분을 기초로 진행된다. 오래됐지만 설명하지 못했던 사실을 진화론적 관점에서 바라보고 재구성하면서 인간 이해의 지평을 넓혀가는 방식을 찾는 것이다. 진화심리학은 모든 인간 연구의 기초가 되는 학문으로 자리 잡기 위해 노력하고 있다.

이해를 돕기 위해 이런 질문을 던져보자. 물리적 거세, 화학적 거세, 징역, 전자발찌, 신상 공개 등의 형벌이 있음에도 성범죄는 왜 사라지지 않을까? 사형보다 약한 형벌이라 범죄가 사라지지 않는 걸까? 자본주의의 성 상품화 때문일까? 노출 심한 여성 탓인가? 도덕 교육이 약해서? 그것도 아니면 남녀 간의 심리 차이 또는 인지 방식의 차이? 도대체 누구의 탓이란 말인가? 끊임없는 질문과 대답을 할 수도 있지만 우리가 놓치고 있는 본질은 따로 있다. 진화심리학은 성의 진화 과정에서 발생한 우리의 본능을 토대로 이러한 본질에 다가가 설명하기 위해 노력한다.

인간 본성에 대한 새로운 접근

"한 남자가 지하철에 올라탄다. 그가 가방에서 책을 꺼낸다. 문이 열리지 않는 쪽에 기대서서 책을 펼치고 읽는다. 책 표지에는 빨간색 글씨로 《섹스란 무엇인가》라고 쓰여 있다. 주변 사람들이 그를 쳐다보기 시작한다. 고개를 들어 주변을 바라보니 이상한 눈으로 쳐다보는 사람이 많다."

　다른 사람이 아닌 바로 내 이야기다. 석사과정 때 숱한 논쟁과 이론으로 점철된 성 윤리를 공부하면서 본질을 회피하는 공허함을 달래기 위해 생물학 책을 보기 시작했다. 공부에 몰두하면서 아무 생각 없이 펼쳐든 책 때문에 지하철에서 남모를 곤욕을 치렀다. 린 마굴리스(Lynn Margulis)의 《섹스란 무엇인가》는 성의 기원을 밝히는 생물학 책이다. 그 이후로 다시는 공공장소에서 사람들이 선정적이라고 느낄 만한 제목의 책은 꺼내지 않지만 여전히 내 방에는 오해의 소지가 있는 제목의 책이 많다.

　진화심리학은 내가 연구하는 분야의 사촌 학문이자 필수 학문이다. 나는 진화인식론과 진화윤리학을 연구한다. 일종의 생물철학이다. 진화론이라는 공통의 토대 위에서 연구하는 학문이기 때문에 그 경계가 모호한 것도 사실이고 독자들의 눈에는 제목만 다르게 보일 수 있지만 약간의 전문적 차이는 있다. 하지만 여기서는 그 차이는 제외하고 짚고 넘어가야 할 공통의 사실만 몇 가지 더 얘기하고자 한다.

　먼저 진화론을 토대로 한 학문 분야 연구자들은 고전이나 역사 속에서 진화론적 사실을 확인하는 작업 때문에 고전을 읽는다. 그래서 전통적인 학자들의 고전 이해나 역사 이해 방식과는 접근이 좀 다르다. 진화론 관련 연구자에게 고전은 인간의 사유를 탐구할 수 있는 과학적 자료이다.

　둘째로 진화심리학을 비롯해 진화론을 토대로 인간의 마음과 행동을 연구하는 학문들은 유의미한 통계와 평균에 속하는 자료를 가지고 이야기를 진행하기 때문에 그 내용이 개별적으로 완벽하게 적용되기는 어렵다. 예를 들어 대한민국 남자의 평균키는 173센티미터라고 할 때 모든 남자가 173센티미터라고 말할 수 없는 것과 비슷하다. 통계와 평균으로 이해 얼개를 그리는 데는 유리하지만 세밀하게 접근하는 방식과는 다를 수밖에 없다.

셋째로 가장 어려운 것이 "어떤 부분이 진화론적인 사실인가?" 하는 점이다. 진화의 과정은 실시간으로 확인되지 않는다. 다양한 자료의 비교 검토를 통해 찾아나갈 수밖에 없으며, 문화적인 부분도 배제해야 하는 요소 중 하나다. 그렇기 때문에 자료를 다룸에 무척 신중해야 한다. 잘못된 진화론적 해석이 가장 많이 발생하는 부분이기도 하다.

진화심리학은 이런 기본적인 제약들로 인해 연구에 어려움이 있지만, 인간과 동물의 역사 속에서 공통적으로 발견되는 점들에 주목하는 형식으로 연구를 발전시켰다. 따라서 진화심리학이나 진화인식론과 같은 연구 분야는 과학이면서 동시에 인문학의 성격을 띤다. 결국에는 인간을 이해하려는 하나의 통합적 관점으로서, 인간 본성에 대한 새로운 접근이기 때문이다.

최근에는 인간의 뇌와 마음을 연구하는 여러 과학의 성과물을 바탕으로 그 입지를 다져가고 있다. 덧붙여 대중적으로 관심이 높은 진화심리학의 연구 주제들을 개괄적으로 열거해본다. 뇌에 각인된 근원적 공포와 관련된 연구, 성으로부터 파생하는 여러 가지 사실과 문제에 초점을 맞춘 연구, 살인으로부터 비롯되는 물음에 대한 연구 등이 바로 그것이다.

나아가 진화심리학은 아직은 조심스럽지만 인간 본능으로서의 선 (Goodness)이 무엇인지도 연구하고 논의하는 과정에 있다. 세부 내용으로 들어가면 필자의 무미건조한 이야기보다 기발하고 흥미롭고, 때로는 야한 이야기도 많다. 여러분이 미래 인문학이 될 진화심리학에 관심이 있다면 이 오래된 미래의 향연에 동참하기를 바란다.

참고한 책

《섹스란 무엇인가》(린 마굴리스, 지호)

《부정본능》(아지트 바르키·대니 브라워, 부키)

《진화심리학》(데이비드 버스, 웅진지식하우스)

《인간의 그늘에서》(제인 구달, 사이언스북스)

《종의 기원》(찰스 다윈, 한길사)

《향연》(플라톤, 이제이북스)

Evolutionary Thought in Psychology (Henry Plotkin, Blackwell)

진화론과 생물학, 심리학의 삼중주

김시천   진화심리학은 언제 등장한 학문인가요?

강경표   진화심리학자 데이비드 버스(David Buss) 교수는 《진화심리학》에서 '다윈도 진화심리학자였다'라고 주장합니다. 하지만 진화심리학은 1980년대에 싹을 틔워, 1992년에 출간된 책《적응된 마음》에서 그 이름이 공식적으로 등장했다고 보는 편이 맞습니다.

김시천   진화심리학은 언뜻 보면 심리학의 한 분과로 보입니다. 맞는 추측인가요?

강경표   어려운 질문이네요. 먼저 진화심리학 이전엔 발달심리학이 있었어요. 발달생물학을 기반으로 등장한 학문이지요. 헤켈은 발달생물학자였는데 이 사람은 흥미롭게도 진화론을 받아들였습니다. 그과정에서 진화론과 생물학, 심리학이 조우할 지점이 형성됐죠.

진화심리학이 출현했을 때 사람들은 심리학의 분과 정도로 인식했던 것이 사실입니다. 심리학은 인간 본성을 과학적으로 연구한다는 모토를 갖고 있었으나, 심리학 역시 과학으로 인정받지 못했어요. 우리나라 대학에서도 심리학과가 오랫동안 인문대학에 속해 있었잖아요. 그러다 미국이 1991년 과학규정집에 '심리학은 자연과학이다'라고 명시하기 시작했고, 이후부터 진화심리학이 심리학의 바탕이 돼야 한다는 주장이 나왔습니다.

김시천　　　그럼에도 결국 진화심리학이 다루는 대상이 인간 본성이라는 사실은 변하지 않기 때문에, 아무래도 인문학과 관련된 측면을 가질 수밖에 없지 않을까 싶습니다.

강경표　　　세 가지 측면을 말할 수 있습니다. 먼저 진화심리학이 아직은 과학으로서 심리학이지만, 이 학문이 연구하는 인간 문명사회의 이야기는 그 저자의 심리가 반영된 내용들이에요. 이 점에서 인문학과 조우가 가능합니다. 또 이 학문은 그것이 새롭든 그렇지 않든 인간의 본성과 관련해 하나의 주장을 펼칩니다. 철학과 연관성을 갖는 지점이죠.
더불어 관련 학문으로 '진화윤리학'도 있어요. 여기에서는 진화심리학 또는 진화론을 바탕으로 윤리적 언명을 논합니다. 윤리학은 전통적인 인문 범주에 들어가죠. 게다가 강간이나 다른 범죄를 진화론이나 진화 심리학으로 설명한 책이 많이 있습니다. 우리는 그 책들을 보며 여러 윤리적 문제에 의문을 가지며 과학적 설명과 윤리적 판단 중 어떤 것이 타당한지 비교하는 작업을 합니다. 이런 면에서 진화심리학은 충분히 인문학적 논쟁 가치를 지닙니다.

김시천　　진화심리학을 소개하는 많은 책이 '새로운 과학'이라는 말을 반복하고 강조합니다. 특별한 이유가 있나요?

강경표　　'새롭다'라는 말은 최근에 나온 학문임을 나타내는 표현이라 생각합니다. 과학적인 성격을 강조할 수밖에 없는 이유는 진화심리학이 미국 풍토에 기반을 두고 발전했기 때문입니다. 더불어 '심리'는 마음과 유사한 의미로 쓰여 심장과 직결된 듯해도, 신체상 '뇌'라는 물리적 공간에서 작동합니다. 뇌에 대해선 의학이나 생물학 또는 뇌과학 자체만으로도 많은 과학적 연구가 이뤄집니다.

　요컨대 진화심리학은 인간의 본성과 마음, 욕망 등 눈에 안 보이는 것들을 연구합니다. 그렇기 때문에 이것들을 유전자나 과거 진화에서 나타난 형질 등 과학적인 용어로, 즉 눈에 보이는 실체로 대체해 탐구합니다.

김시천　　학문 분야는 19세기와 20세기를 거치며 굉장한 분화를 겪었습니다. 그런데 지금까지 이야기를 돌아보면, 학문의 경우 그 명칭은 훨씬 더 세분화됐으나 내용은 융복합적 성격이 강합니다.

강경표   진화심리학 또한 융복합적인 학문으로, 이를 이해하기 위해선 진화론뿐 아니라 다른 학문에 대해 조금이라도 알아야 합니다. 하지만 우리 교육 시스템이 전문가 양성에 초점을 맞추다 보니 공부가 편중되고 왜곡되는 면이 많은 게 현실입니다.

인간의 본성과 마음도 진화의 산물이죠

김시천   이제 본격적으로 인문학과 관련된 측면을 짚어볼까요. 진화심리학은 여러 면에서 도발적인 주장으로 기존 학계에 문제를 제기하고 있습니다. 우선 "인간은 생물학 법칙의 예외일 수 없다"라는 주장이 있습니다. 어떻게 생각하나요?

강경표   사실 생명 현상은 $E=mc^2$과 같이 물리 법칙처럼 고정된 기준으로 설명할 수는 없습니다. 그러니 '생물학 법칙'이라는 말도 정확한 표현은 아닙니다. 그럼에도 어떤 법칙이 있다면 '모든 생명체는 생로병사를 거친다는 것' 정도 아닐까요. 그 과정을 생물학 법칙으로 규정할 때엔 그것을 벗어날 수 있는 생명체는 분명히 없다고 이야기할 수 있을 겁니다.

생물학 법칙이라는 주장은 통섭 과학자로 알려진 에드워드 윌슨

(Edward Wilson)의《사회생물학》이 함축하는 것 중 하나입니다. 여기에는 '생물학도 과학이기 때문에, 나중에 물리 법칙과 같은 어떤 법칙이 발견되고 생명 현상은 그것에 종속될 것이다'라는 전제가 깔려 있어요. 그러므로 조금 유연해질 필요가 있어요. 그런 생물학 법칙은 아직 발견하지 못했으니까요.

김시천　　생물학에서 생명체의 구체적 행동을 다루는 논의가 법칙을 갖췄다고 주장하기엔 무리가 있다는 말이죠. 그럼에도 그런 논의가 설득력이 있습니다.

강경표　　네. 위에서 생로병사를 예로 들었습니다. 이 과정은 수학으로는 구현하지 못하지만, 우리는 경험으로 그것을 알 수 있죠. 그렇기에 사람들이 거부할 수 없는 하나의 틀입니다. 물론 특정 종교가 주장하는 역사에 따르면 한 사람은 죽었다가 다시 살아납니다. 그렇다고 그 사례가 모든 인간의 생명 현상을 대표할 수는 없어요. 그 한 사람을 제외한 모든 생명체는 태어나서 죽는 과정을 거치기 때문입니다. 이렇게 경험이 뒷받침하기에, 생로병사가 일종의 생명 법칙이라고 한다면 사람들이 수긍할 수밖에 없습니다. 요컨대 생물학은 '결정돼 있지 않다'는 점을 기억해주기 바랍니다. 물리학은 물리 법칙으로 인과율에 따라 결정론적 세계관을 확고하게 구축했습니다. 반면 생물학에서 논의되는 일종의 법칙은 개체 단위에서 100퍼센트 반복되지 않는 등 유연성을 지니고 있습니다.

이와 관련해 재밌는 이야기를 하나 들려드릴게요. 같은 생명 계열 과학에서 꾸는 꿈이 있습니다. 인간을 중심 대상으로 한 '영원히 사는 생명의 출현'입니다. 이 분야는 생물학의 '비결정성'을 십분 활용합니다. 그리고 인간의 평균 수명은 대략 100년이라고 하는데, 이 수치가 고정된 것이 아니라 유연할 수 있다는 점을 다시 보여주고 있습니다.

김시천　　생물학 법칙으로 불리는 것의 경향성과 공통성은 수십만 년의 진화 과정에서 축적된 것이 본성으로 형성된 결과라고 이해하면 될까요?

강경표　　네. 그런데 '본성으로 형성됐다'를 '완벽한 프로그램으로 짜여 있어, 그렇게 행동하게끔 돼 있다'로 이해해선 곤란합니다. 구체적인 행동으로 나아가기 위한 기초 프로그램이 내장된 정도로 생각하면 됩니다.

김시천　　동양철학의 리(理) 개념과 유사합니다. 리는 'Law(법)'가 아니라 'Pattern(양식)'으로 영역합니다. 리 자체가 결정적 성격이 아니라, 상황에 따라 유연한 '느슨한 법칙성'이기 때문이죠. 생물학 법칙의 의미를 이해하는 데 도움을 줄 수 있을 거 같아요. 두 번째는 이른바 '빈 서판' 이론이 뒤집힌 것입니다. 앞서 말한 대로 로크는 "인간의 본성은 빈 서판과 같다"고 주장했습니다. 인간은 백지 상태로 출발한다는 내용으로 20세기 후반에 강력한 영향력을 미쳤죠.

강경표　　그 점은 자본주의의 평등과 관련된다고 생각합니다. 사회 진화론을 기반으로 강화된 자본주의는 '날 때부터 가진 것'들을 인정합니다. 이는 불평등으로 향할 수밖에 없어요. 하지만 근대 사회는 '평등'을 자유와 함께 정치 시스템을 이루는 한 축으로 세웁니다. 빈 서판 이론은 그 평등을 유지하는 데 가장 좋은 기초가 될 수 있었죠. 그 이론대로라면 가령 가진 사람이든 그렇지 못한 사람이든 교육을 통해 지적 평등(나아가 사회적 평등)을 이룰 수 있기 때문입니다. 따라서 그 이론은 교육학에서 가장 중요하게 작동하며, 많은 사람들은 그것을 받아들이는 데 주저하지 않았어요.

김시천　　그럼에도 빈 서판 이론은 깨졌습니다. 어떤 배경 때문인가요?

강경표　　진화론을 포함한 과학이 유전자가 특정 코드를 담은 물질이라는 사실을 밝히고서부터입니다. 예컨대 지금 우리는 컴퓨터를 사용할 때 대부분 윈도 운영체제를 쓰는데, 이것을 깔려면 도스란 기본 프로그램이 먼저 있어야 했어요. 그와 같이 사람이 태어났을 때 이미 유전자 코드 안에 어떤 기본 프로그램이 들어 있다는 것이 밝혀지면서, 빈 서판 이론이 깨졌습니다.

김시천　　빈 서판 이론은 "인간의 행동은 사회화의 산물이다"라는 전통 인문학과 사회과학의 전제인데요. 이 이론이 깨졌다 함은 어떤 의미일까요?

강경표　　　교육의 새로운 지평을 열었다고 할 수 있죠. 이전에 빈 서판 이론에 따랐을 때는, '사람마다 타고나는 기질 혹은 본성이 있고 그것들 각각이 다르다'는 사실을 애써 무시했어요. 예컨대 어떤 아이는 A를, 다른 아이는 B를 좋아할 수 있어요. 제 아이 둘도 성격과 선호 대상 등이 판이합니다. 하지만 빈 서판 이론에선 이런 차이를 외면하고 똑같은 방식과 내용으로 아이들을 교육했습니다. 이 이론이 틀렸다는 사실이 드러나며, 진화심리학 등의 연구를 바탕으로 아이들의 각각 다른 기질 혹은 본성은 극복해야 할 대상이 아니라 더 발휘해야 할 것이 됐습니다. 오히려 그 편이 아이들이 더 빨리 배우고 더 잘할 수 있게 만들기 때문입니다. 진화심리학 연구는 교육을 그런 방향으로 가게끔 촉진합니다.

김시천　　　아무래도 진화심리학은 생존 문제의 차원에서 인간의 본성을 이해하고자 하는 듯합니다. 이런 시각이 새로운 것을 많이 밝혀냈나요?

강경표　　　예전엔 도덕이 더 중요했기 때문에 '추접스럽게 먹고살려고 배신하느냐'라는 이야기가 주를 이뤘죠. 하지만 진화론이 알려지면서, '당신이 하는 도덕적 행동도 결국 생존과 관련된다'는 사고가 생겨나기 시작했어요.

김시천　《화성에서 온 남자 금성에서 온 여자》는 남성과 여성이 다르다는 인식에서 출발합니다. 이에 따르면 플라톤이 '인간의 완벽한 이데아가 있다'라고 한 말은 깨집니다. 이데아가 두 개가 돼버리기 때문이죠.

강경표　그리스 신화는 '하나였던 인간이 나뉘져 각각 남자와 여자가 됐다'고 설명합니다. 하지만 실제로 인간은 호모 사피엔스로 존재했을 때부터, 또 유성생식을 택하면서부터 남녀로 나뉘었어요. 이 상태에서 뇌가 발달한 동물로서 남녀가 서로 다른 심리 구조를 가지는 것은 당연합니다. 진화심리학 이전의 심리학은 이 논의를 그저 '남녀가 다르다'로 시작했다면, 진화심리학은 거기에 '양육'을 도입합니다. 이에 따르면 양육을 통해 자식이 성인 개체가 돼야만 다시금 유전자가 대물림됩니다. 그러므로 남녀 중 누구한테 양육 책임이 있느냐에 따라서 서로 다른 심리 구조가 나타납니다.

덧붙이면, 진화심리학에서 '모성애'는 암수로 나뉘지 않습니다. 양육을 담당하는 쪽이 모성애가 더 강하다고 보는 거죠. 그러므로 남성이 자녀를 직접 키우는 경우에도 '부성애'란 말을 쓰지 않고 '다른 남성보다 모성애가 강하다'라고 표현합니다.

김시천　《나쁜 아빠》의 저자 로스 파크(Ross Parke)는 남자가 자식에 대해 무책임하다는 기존의 통념에 의문을 제기하고 이와 관련해 40여 년을 연구합니다. 여러 사례 중 이혼한 남녀 가운데 어느 쪽이 아이를 키우는 사람에게 더 성실하게 양육비를 줬는지에 대한 연구 결과가 있습니다. 최종 결론은 '여성이 더 많지 않았다'입니다. 중요한 점은 남성이든 여성이든, 아이를 직접 키우지는 않아도 그 아이와 정기적으로 만나고 친밀감을 유지한 사람은 성실하게 양육비를 부담합니다. 이렇듯 모성애의 지속성은 본성만으로 설명하기엔 어렵다고 보입니다.

강경표　　본성은 지속성의 평균값과 연관돼 있지, 모든 행동에 대한 답은 아닙니다. 진화심리학은 일종의 통계과학이기에 간단한 얼개를 제시할 뿐이죠. 앞에서 예로 든 것처럼 우리나라 남자의 평균 신장이 173센티미터라고 해서, 우리나라에 키가 150센티미터나 2미터인 남자가 없는 건 아니죠. 우리나라 남자의 평균 신장은 또 미국 남자의 것과 비교할 수 있습니다. 여기서 두 나라 남자들은 서로의 신장 차이를 이해하게 됩니다.

　여자와 남자의 경우도 마찬가지입니다. 여자의 특질이 있는 것처럼 남자의 특질도 있습니다. 또 같은 여자 혹은 남자여도 평균값과는 다른 기질을 보일 수도 있어요. 따라서 어떤 것이 도덕적이고 혹은 양육에 적합한지 등은 단정할 수 없고 중요하지도 않아요. 그 특질을 이해함으로써 사람을 이해하는 차원으로 넘어가야 합니다. 진화심리학의 연구 목적은 거기에 있습니다.

인간은 이기적일까 이타적일까?

김시천　　　진화심리학은 인간의 사회성과 관련해서도 새로운 논의를 이끌었습니다. 그 가운데 이 학문을 널리 알린 주제가 이기성(이기주의)과 이타성(이타주의) 관련 논란입니다. 요즘의 논의는 어떠한가요?

강경표　　　진화심리학계의 주류는 아직도 이기성을 옹호합니다. 진화심리학의 탄생 자체가 그렇기 때문입니다. 그러나 문제는 '유전자가 이기적이다'와 '인간의 마음이 이기적이다'는 다르다는 것입니다. 사회적 동물로서 인간의 사회성은 진화를 통해 획득됐습니다. 그 안에선 이기적 전략도 또 이타적 전략도 쓸 수 있습니다. 이렇게 보면 인간은 '무도덕적' 존재가 아닐까 싶어요.

김시천　　　'이기적 유전자'라는 표현에 대한 인문학적 성찰도 필요합니다. 유럽의 학자들은 이 말에 '철저한 영미식 조어법'이라고 지적한 바 있습니다.

강경표　　　저도 같은 의견입니다. 도킨스가 '이기적'이란 단어로 유전자를 설명한 것은 애덤 스미스(Adam Smith)가 가정한 '이기적인 경제 주체', 홉스(Thomas Hobbes)가 가정한 '이기적인 사회 주체'와 같은 맥락에서 일종의 '이기주의사' 계보를 잇는 것입니다. 여기서 이기적이라는 단어는 별 의미가 없다고 보는 편이 맞습니다.

김시천   이기주의에 대해 우리는 다시 살펴볼 필요가 있어요. 프랑스나 독일 철학자 중 '사람은 이기적이다'라고 주장한 사람은 많지 않습니다. 또 우리 식으로 이야기하면, 그 나라 사람들은 전통적으로 공동체주의에 가까웠고, 사회 시스템 자체도 그랬습니다. 지금도 프랑스에 다녀온 많은 사람들이 아직도 그 나라엔 가톨릭적 사고방식과 관습이 큰 비중을 차지한다고 말합니다. 독일 또한 공동체의 관습이 여전히 존중되는 나라입니다. 이렇게 보면, '서양의 근대 철학은 이기적 개인을 전제했다'는 우리 통념도 뒤집어봐야 합니다.

강경표   진화에 방향성이 있듯, 우리 세계의 사회·경제 시스템과 유전학을 포함한 학문 등의 방향성이 영미식에 맞춰졌기에 발생하는 문제입니다. 이 때문에 영미식 학문이 정설처럼 보이지만 사실은 그렇지 않아요. 이기적 유전자를 편든 학자들도 '다시 보니 이기와 이타 자체는 의미가 없어요. 인간의 생존은 혼자 살아남는다는 뜻이 아니니, 생존 단위가 어떠냐에 따라 이기적이기도 이타적이기도 하다'라며 노선을 바꾸기도 합니다.

김시천   진화심리학의 주장도 인간의 사회성을 강조하는 것으로 보입니다. 우리는 어떤 경우에 누구한테 잘하거나 못하기도 하고, 이유 없이 누구를 좋아하거나 싫어하기도 합니다. 또 기분에 따라서 똑같은 상대에게 잘해주기도 못해주기도 하고요. 인간의 사회성을 파악하려면 다양한 행동을 보이는 개인이 아니라 그 행동들의 배경, 조건과 상황까지 감안해서 더 넓은 차원을 봐야 합니다. 이와 유사하게 최근의 진화론과 진화심리학도 진화를 개체 중심이 아니라 개체군 등 더 넓은 단위에서 파악해야 한다고 보는 것 같습니다.

강경표　　많은 사람들이 도킨스의 주장에 따라 유전자가 이기적이기 때문에, '개체와 개체군도 이기적'일 것이라 생각합니다. 하지만 이기적인 개체군이 진화의 역사에서 살아남는다는 보장은 없습니다. 그래서 다양한 전략을 구사하는 것입니다. 거듭 말하지만, 도킨스의 주장은 영미가 펼친 이기주의 역사의 한 장을 장식할 뿐입니다.

김시천　　영미 과학책에 이기주의와 이타주의란 표현이 자주 등장하는 점엔 인문학과 관계된 배경이 있다고 봅니다. 영미 학자들이 이기와 이타에 주로 관심을 두고, 대중 서적에 그 단어를 자주 활용한다는 사실은 결국 독일과 프랑스 같은 유럽 사회와는 다른 철학적 사유 때문이라는 거지요. 이런 사실에 비춰보면, 우선 과학 영역에선 과학 법칙 혹은 그 조직의 체계에 따라 연구를 진행합니다. 그런데 무엇을 연구하고, 그것을 어떤 관점에서 볼 것인지라는 출발 자체는 인문학과 상당히 연관됩니다.

강경표　　과학 연구에서 밝혀낸 사실이 우리 사회에 유의미한 화두를 던지지 않으면, 그 연구가 무슨 필요가 있겠습니까. 중요한 과학 연구는 늘 사회와 밀접한 관계를 맺을 수밖에 없습니다. 그 연구가 (현대 사회의 문제를 해결하기 위한 방법의) 선택지로 작용할 수 있고요. 또 역사가 지금까지 흘러온 방향에 과학 사실이 어떻게 연관됐느냐에 따라서 미래 사회의 방향성이 결정되기 때문에, 인문학적 관점은 대단히 중요합니다.

예를 들면, 우리나라 중·고등학생들이 《이기적 유전자》를 많이 읽는 것으로 알고 있습니다. 그런데 그 학생들이 대학생이 돼 그 책과 관점이 다른 가치중립적인 진화론을 배우면 다소 의아해합니다. 그 책이 각종 논술 시험에서 정답처럼 사용되고 있기 때문입니다. 그러다 보니 선생으로서 그 사고방식을 바꾸는 데 애로점이 많습니다. 그 책을 배척할 필요는 없지만, '과학책을 어떻게 읽히느냐'도 상당히 중요하다는 말입니다.

김시천 《진화심리학》의 저자 버스에 따르면 진화심리학은 인지, 사회, 발달, 성격, 임상, 문화 등에서 다양한 하위 분야를 개척하고 있습니다. 물론 버스의 기대만큼 확장된 건 아니지만, 일정 부분 진행되고 있는 건 사실입니다. 진화심리학이 다양한 영역에서 새로운 시각을 제안하는 일은 인문학 차원에서도 의미가 큽니다. 독자들도 진화론이나 진화심리학을 그저 과학 이론이라고만 여기지 말고, 인문학과 활발히 영향을 주고받는 학문임을 생각해봤으면 합니다.

마지막 질문입니다. 진화심리학 나아가 생물과학철학을 공부하며 느낀 특별한 소회가 있으면 말씀해주세요.

강경표　　진화심리학이 미래 사회에서 어떤 역할을 할지 그려봅니다. 버스는 윌슨의 《사회생물학》에서 생물학과 진화론, 인간의 사회성 등의 종합을 배운 사람입니다. 그는 학문 간 통섭이 일어나 진화심리학이 최후엔 제1의 인문학으로 작동할 것이라 이야기합니다.

저는 인간이 지금보다 더 오래 지구에 생존하는 생명체로 살아간다면, 진화심리학이 다른 인문학과 결합해 인문학의 틀로서 작동할 수 있을 것이라 생각합니다. 거듭 말했다시피 생물학이 규정한 것은 고정된 무엇이 아닙니다. 지금까지 진화한 상태가 이것이라는 설명일 뿐입니다. 우리의 수명이 더 길어질 가능성은 충분합니다. 이때 진화심리학은 다른 인문학과 더해져 달라진 상황에 놓인 인간에게 하나의 지표로서 도움이 될 것입니다.

김시천　　진화생물학의 관점은 제가 맹자의 성(性) 개념을 이해하는 데 큰 도움이 됐어요. 사실 이런 식의 공부법은 1980년대 말에서 1990년대 초에 이미 시도됐습니다. 도올 김용옥과 함께 공부한 학자가 주희의 성 개념을 생물학 용어를 활용해 해석했고, 도올 자신도 그 선구자 가운데 하나입니다.

이렇게 보면 과학과 인문학은 별개 영역이 아닙니다. 노벨과학상을 받은 학자가 나중에 철학 이야기를 많이 하잖아요. 철학책을 읽다가 그게 계기가 돼 새로운 과학 이론을 전개할 수도 있고요. 반대로 철학을 공부하는 사람이 과학책을 보다가 인간과 사회에 대한 새로운 인식을 도출할 수도 있습니다. 저 또한 물리학이나 생물학 등을 공부하는 사람과 만나면 재밌고, 그들의 한마디가 제게 큰 자극이 되기도 합니다. 그런 의미에서 학문은 분야를 넘어 대화를 나누는 게 중요하다고 봅니다.

강경표　　인문학 자체가 그런 방향성을 갖고 미래를 향해 흘러가고 있습니다. 진화론이나 진화심리학을 예로 들면, 다른 학문과의 조우를 통해 영미식 논리에 휘둘리지 말고 새로운 방향을 모색할 수 있습니다. 또 만약 진화론이 가치중립의 과학이라면 사회진화론 등의 논의에 흔들리지 말고, 그 가치중립성을 회복하는 게 현재 우리 사회에서 필요한 일이라고 생각합니다. ⚢

외계인과 소통하는
인문학은 가능할까?

신승철

베를린 훔볼트 대학교에서 '이미지의 생명성'을 주제로 박사학위를 받았으며, 같은 학교 연구원으로 일했다. 현재는 강릉원주대학교 미술학과 교수로 재직 중이다. 미술 이론을 강의하고 있으며, 이미지 문제를 중심으로 예술과 과학, 인문학의 경계를 넘나드는 활발한 저술 활동을 펼치고 있다. 최근 급진적인 현대미술을 다룬 저서인 《바이오 아트: 생명의 예술》을 출판했다.

생명인문학(Bio Art and Humanities)은 이 책에서 사용한 잠정적이고 도전적인 용어이다. 빅데이터인문학과 디지털인문학이 정보통신기술 (ICT)의 발전으로 등장한 인문학이라면, 생명인문학은 유전자 조작과 같은 생명기술의 발전, 이미지 기반의 표현 양식의 확산으로 등장한 인 문학의 새로운 범주이다. 나아가 디지털 기술이나 유전자 조작을 통해 실험실에서 이루어지는 창조 행위를 일컫는 예술 '바이오 아트'를 통해 생명, 인간, 삶이란 무엇인가를 성찰하는 시도를 가리킨다. 이 글에서는 '생명의 글쓰기'라는 소재를 통해 향후 인문학적 사유와 실천이 어떻게 확장될 수 있으며, 어떤 양식으로 등장하는지를 소개한다. '인간의 삶과 생명에 대한 성찰'이라는 인문학 본연의 물음이 이제 우주와 생명, 물질 의 영역에까지 확산되고 있음을 보여주려는 것이 이 글의 취지이다.

외계와의 소통을 위한 노력

1972년 3월 3일, 미국 케이프 커내버럴 공군 기지에서 파이어니어 10호(Pioneer 10)가 발사되었다. 이 우주탐사기는 소행성대를 탐사하고 이후 태양계를 벗어나 외계 행성의 정보를 지구로 전달하는 임무를 맡고 있었다. 발사는 꽤 성공적이었다. 파이어니어 10호는 계획대로 1973년 12월 3일 목성 사진을 전송했고, 1983년 6월 13일에는 해왕성의 궤도를 통과했다.

당시 파이어니어 10호는 소행성대를 통과한 유일한 우주선이었다. 소행성대는 화성과 목성 사이 2억 8천 킬로미터에 걸쳐 분포되어 있는데, 그곳을 지나려면 수 미터에서 수백 킬로미터에 달하는 크고 작은 암석을 피해가야 했다. 다행히 23만 개가 넘는 우주 부유 물질은 우주 탐사기에 해를 가하지 못했다. 파이어니어 10호는 목성에 근접해 사진을 전송하고 해왕성을 거쳐 태양계를 완전히 벗어났다. 파이어니어 10호는 지금도 시속 5만 2천 킬로미터의 속도로 항해하면서 누구도 다다르지 못한 인터스텔라의 세계를 향해 나아가고 있다. 2003년 1월 23일 아주 미약한 전파가 수신된 이래 교신은 완전히 끊겼지만 파이어니어 10호는 여전히 우주를 항해하고 있고, 약 200만 년 후에는 황소자리에 있는 알데바란 별까지 나아갈 것으로 예측되고 있다.

최근 공상과학 영화의 단골 주제가 되었듯이 우주 미아가 되는 것은 끔찍한 경험이다. 사랑하는 사람이 있는 곳으로 돌아갈 수 없다면, 최소한 낯선 곳에서 새로운 이들과 소통하며 지낼 가능성이라도 존재해야 한다. 그렇지 않다면 여행은 곧바로 재앙이 될 테니까. 나사(NASA)의 낭만적인 과학자들의 생각도 마찬가지였다. 나사 과학자들은 파이어니어 10호가 암흑 공간에서 겪을 고통을 줄일 수 있는 방법을 모색했다. 무엇보다 그들은 임무를 마치고 교신이 완전히 끊긴 우주탐사기가 희망을 갖고 우주 공간을 유영할 수 있기를 바랐다. 외계 생명체와의 만남 같은 일 말이다. 고민 끝에 나사의 과학자들은 우주탐사기에 흥미로운 물건을 실어놓았다. 외계의 비인간 생명체에게 전하는 지구의 메시지가 바로 그것이었다.

나사 연구원이었던 칼 세이건(Carl Edward Sagan)과 프랭크 드레이크(Frank Drake)는 이미지 형태로 된 메시지를 준비했다. 외계인이 지구의 수많은 언어 중 하나인 영어를 읽고 이해할 것이라고 기대할 수는 없었기 때문이다.

그들은 우선 우주의 보편적 원소인 수소를 그림 맨 위쪽에 표기했다. 외계 생명체와 소통하기 위한 가장 기본적이고 물질적인 토대가 되어주리라는 기대에서였다. 수소 기호 바로 아래에는 펄서 지도가 자리 잡았다. 펄서 전문가인 드레이크는 은하계에서 우리의 위치를 확인할 수 있도록 그 주파수를 표기해두었다. 그림 맨 아래에는 태양계에 위치한 지구의 모습과 거기서 출발한 파이어니어 10호의 경로를 표시했다. 그것은 목성과 토성 사이를 지나 자신이 발견된 장소까지 항해했을 것이다. 그림 오른편에는 우주탐사기의 모습과 두 남녀가 자리 잡았다. 그중 남성은 손을 들어 인사하는 듯한 자세를 취하고 있다. 지구에서 전하는 환영의 메시지인 셈이다.

칼 세이건과 프랭크 드레이크가 제작한 지구 메시지

칼 세이건의 아내 린다 살츠먼(Linda Salzman Sagan)의 도움으로 완성된 그림은 부식을 막기 위해 엽서 크기의 알루미늄 판에 새겨져 우주 탐사기에 실렸다.

이 우주탐사 계획에는 당시 돈으로 3억 5천만 달러가 투입되었다. 막대한 예산이 들어가는 초유의 프로젝트이니 크고 작은 간섭이 얼마나 많았겠는가. 살츠먼의 그림 역시 우려와 비판의 목소리를 피하지 못했다. 지구를 대표하게 될 그녀의 그림은 특별히 잘 그리지도 그렇다고 아름답지도 않았다. 그림 속 남녀가 인류 전체를 대변하는지도 불분명했다. 여러 인종을 혼합해 그렸다고는 하지만, 누가 봐도 백인 남녀로 보이는 두 인물은 인종차별 반대론자들의 표적이 되었다. 나체로 서 있는 모습은 또 다른 논란거리였다. 외계의 생명체에게 인간의 나체를 드러내는 것에 반대하는 사람이 예상외로 많았다. 해부학적 관점에서 여성의 성기 표현이 명확치 않다며 문제를 제기하는 이들도 있었다. 한편 페미니스트들은 여성이 취한 자세가 수동적이고 소극적이라며 몹시 못마땅해했다. 그런가 하면 천문과 과학에 이해를 가진 이들은 프랭크 드레이크가 추가한 펄서 지도에 우려를 나타냈다. 그들은 외계의 생명체가 지구의 위치를 파악하고, 혹여 지구를 공격하지는 않을지 두려워했다.

하지만 이러한 관심은 모두 기우에 지나지 않는다. 이 광대한 우주에서 엽서 크기의 알루미늄 판을 발견하기란 거의 불가능에 가까운 일이기 때문이다. 은하계 너머 어딘가에서 그 메시지가 발견되기를 기다리느니 차라리 수십 년째 지구에서 보내고 있는 전파 메시지에 대한 외계의 응답을 기다리는 게 훨씬 현명한 처사일 것이다. 칼 세이건과 프랭크 드레이크는 이 사실을 잘 알고 있었다. 그들은 2년 뒤 새로운 메시지를 준비해 푸에르토리코 아레시보의 전파 관측소에서 그것을 우주로 송신했다. 외계 존재와의 소통을 바라는 막연한 희망은 그렇게 매체를 바꾸어가며 지속되었다.

외계인이 파이어니어 10호의 메시지를 이해할까?

인간의 커뮤니케이션 방식은, 다른 생명체와 인간을 구분하는 하나의 기준이 되어준다. 인간은 파리나 개구리와는 다른 방식으로 세상을 보고, 소통한다. 언어나 이미지 같은 커뮤니케이션 도구는 우리가 '인간(Human)'이라 부르는 고유의 '존재론적 영역'을 구축해왔다. 그것들은 말 그대로 인간을 위한 것이다.

이렇게 볼 때 칼 세이건과 프랭크 드레이크가 여러 차례에 걸쳐 준비한 메시지는 모두 같은 문제를 안고 있었다. 그것은 메시지의 도달 범위 같은 단순한 문제가 아니었다. 드넓은 우주에서 엽서가 발견되기를 바라는 막연한 기대보다도, 전파가 미치는 범위의 한계를 염려하는 것보다도 더 근원적인 문제는, 인간 외에는 메시지의 이해가 쉽지 않을 것이라는 점이었다. 메시지가 전달되려면 외계에 생명체가 존재한다는 대전제 외에 두 가지 요건이 더 충족되어야 했다. 외계의 비인간 존재가 지적 능력을 갖고 있어야 했고, 무엇보다 우리와 "동일한 물리, 화학, 천문학의 법칙"을 소유해야만 했다. 칼 세이건과 프랭크 드레이크는 이러한 희망 속에서 사려 깊게 메시지를 준비했다. 하지만 수소 기호나 펄서 지도, 그리고 무엇보다 그림 속 남성의 동작은 해석이 쉽지 않을 것이 자명했다.

세계적인 미술사학자 에르빈 파노프스키(Erwin Panofsky)에 따르면 이미지 해석은 문화권에 따라 크게 달라진다. 각 사회와 문화마다 오른손을 드는 행동은 다른 의미를 가질 것이고, 따라서 그 해석 역시 달라진다. 파노프스키는 이러한 문화적·관습적 차이에 기초한 작품 감상법을 체계화하고 이를 '도상학'이라 명명했다.

도상학은 형식 분석을 통해 작품의 의미를 끌어내는 미술사의 주요한 방법론이다. 작품의 감각적 형상으로부터 숨은 의미를 이끌어내기 위해 파노프스키는 자신의 도상학을 세 단계로 구분했다. 그의 작품 분석은 시각적 관찰에서 시작된다. 우리는 파이어니어 10호에 실린 메시지에서 한 남성이 오른손을 든 것을 확인할 수 있다. 두 번째 단계부터는 그림의 내적 의미 파악이 시도된다. 이것은 관습과 문화적 경험을 바탕으로 그림의 내용을 추측하는 단계다. 일상생활에서 우리는 손을 드는 행동이 반가움과 친근감의 표현이라는 사실을 알고 있다. 그렇다면 남성의 동작은 인사의 표현으로 해석될 수 있다. 마지막 세 번째 단계에서는 관습적인 내용 확인을 넘어 더 깊이 있고 근본적인 의미 규명이 시도된다. 그림이 제작된 사회의 각종 문헌과 도상, 상징이 종합적으로 검토되고, 이를 바탕으로 작품의 내적 의미가 규명되는 것이다. 파노프스키는 이러한 체계적 과정을 통해 실제로 수많은 미술 작품의 의미를 성공적으로 밝혀냈다. 특히 그의 방법론은 르네상스 미술 해석에 크게 공헌했다.

파노프스키의 도상학에 따르면 외계인이 메시지를 제대로 이해하려면 지구의 문화와 관습, 각종 문헌과 이미지, 과학 법칙 등을 공부해야만 한다. 마치 우리가 르네상스를 연구하듯 지구의 메시지는 사전적 지식을 통해 분석된 후에야 그 내적 의미가 밝혀질 것이다. 하지만 엄격한 해석의 과정에서, 손을 든 남성이 전하는 환대의 인상은 자리 잡을 곳을 잃게 된다. 작품의 내적 의미를 추구하는 가운데 이미지가 즉각적으로 전달하는 감각적 인상은 점차 관심 밖으로 밀려나기 때문이다. 사실 이는 미술사 연구에서 일반적인 현상으로 눈에 보이지 않는 작품의 의미를 드러내기 위해 그 현상적·감각적 특질은 건너가야 할 문지방 정도로 생각되는 것이 현실이다. 작품은 의미 생산을 위한 텍스트처럼 독해되고, 이로 인해 가뜩이나 어려운 미술은 더욱 소통이 힘들어지고 있다.

이미지가 마치 텍스트처럼 분석되는 이러한 상황은 지구 메시지의 전달에도 전혀 이로울 것이 없다. 외계 생명체와의 교우를 위해 제작된 그 메시지의 핵심은 남성의 제스처가 전달하는 인상에서 나오는 것이기 때문이다. 친근함과 평화의 인상이 제대로 전달되지 못한다면, 지구의 메시지는 자칫 우주 전쟁의 불씨가 될 수도 있을 것이다. 사이버네틱스(Cybernetics: 키잡이를 뜻하는 그리스어에서 비롯되었으며 현대적 의미로 기계와 동물에 대한 통제와 그들과의 소통 방식을 뜻한다) 연구자 그레고리 베이트슨(Gregory Bateson)은 커뮤니케이션을 위한 아주 현실적인 조언을 하면서, 언제나 의미에 앞서는 감각의 중요성을 다음과 같이 설명했다.

"한 소년이 소녀에게 '사랑해'라고 말할 때, 그의 목소리 톤과 동작은 그 말을 더 분명하게 전달해줄 것이다. 그리고 소녀는 말 자체보다 그에 수반되는 그러한 신호들에 더 집중할 것이다."

여기서 베이트슨은 어쩌면 우리 인생에서 가장 중요한 문제가 될지도 모르는 매우 중대한 조언을 하고 있다. 사랑을 속삭일 때 중요한 것은 단어의 의미가 아니라 그 분위기라는 것이다. 그에 의하면 사랑 표현을 완성하는 것은 달콤한 목소리와 제스처다. 사실 문자 메시지를 일상적으로 활용하는 현대인은 이미 이러한 조언의 충실한 이행자일지도 모른다. 우리는 오늘날 이모티콘 하나로 천 마디 말을 대신하고 있지 않은가? 하지만 안타깝게도 일상과 학문의 괴리는 어제오늘의 일이 아니다. 여러 문헌과 도상을 비교하고 분석함으로써 작품의 의미를 끌어내는 파노프스키의 방법론에서 이미지의 감각적 인상은 영원한 암점으로 남아버린다. 과연 어느 미술사가가 작품의 의미 내용 대신 그것이 전달하는 분위기에 관심을 두겠는가? 이미지를 다루는 미술사학자의 태도마저 이렇다면, 다른 학문 분야의 상황은 더욱 심각할 것이다.

철학자 메를로 퐁티(Maurice Merleau-Ponty)는 이러한 경향을 '의미에의 강요'라고 불렀다. 우리는 앞에 놓인 것이 무엇이든 그것의 의미를 파악하는 데에만 온 신경을 집중한다는 것이다. 그것이 사물이든 이미지이든, 아니면 어떠한 감각이든, 이해가 어렵거나 설명되지 않는 것과 마주할 때, 연구자에게 요구되는 덕목은 언제나 그 의미를 밝혀내는 일이다. 마치 텍스트를 읽어내듯 모든 것으로부터 감춰진 의미를 이끌어내야 하는 불가능한 과제는 지금껏 우리의 학문과 문화를 지배해왔다. 하지만 '의미 문화'는 결코 완전한 미적 경험을 보증하지 않는다. 사랑의 속삭임처럼 의미는 언제나 무의미를 통해 전달되기 때문이다. 사랑을 확인하려면 우리는 다른 무엇보다 상대의 목소리와 제스처에 집중해야 한다.

살아 있는 생명 박테리아에 메시지를 담다

현상 너머의 의미에 도달하기 전에 말과 행동에서 전해지는 감각은 이미 사랑의 밀어를 완성한다. 사랑은 말뿐 아니라 느낌으로 확인된다. 아니, 더 정확히 말하자면 해석을 통해 완전한 의미에 도달하기란 사실상 불가능하다. 진정한 사랑이 말로 표현될 수 있는 것은 아니지 않은가? 그래서 데리다(Jacques Derrida)는 아예 '초월적인 기의(Transcendent Signified)'를 부정했고, 비트겐슈타인(Ludwig Wittgenstein)은 의미 추구의 시도가 결과적으로는 그것에 결코 다다를 수 없음을 보이게 되는 역설을 일찌감치 폭로했다. 심지어 현대의 철학자들은 아예 해석학(Hermeneutics)을 의미와 무의미 사이의 모호한 경계 위에 정립하기도 했다. 의미라는 것이 단순히 형이상학적 문제만은 아니라는 것, 그리고 의미 파악에만 관심을 두는 우리의 태도에 반성이 필요하다는 사실은 명확해 보였다.

그렇다면 MIT의 과학자이자 바이오 아티스트인 조 데이비스(Joe

Davis)가 지구 메시지에 실망을 느낀 것은 조금도 탓할 일이 아니다. 그 메시지는 전달 가능성뿐 아니라 의미 전달력에서도 높은 점수를 받기 힘들기 때문이다. 나사의 과학자들은 내용에만 신경을 썼을 뿐 메시지의 감각적·신체적 차원을 고려하지 못했다. 그 상대가 외계인이든 아니면 다른 누구이든, 커뮤니케이션은 기본적으로 신체를 가진 이들 사이의 물질적·감각적 교환의 문제라는 사실을 말이다.

데이비스는 나사의 여성 표현에 강한 불만을 드러냈다. 칼 세이건의 자기 검열은 인간의 생물학적 신체가 아니라 '청교도적 문화' 속에서 수용할 만한 정도의 인체 표현으로 귀결됐다. 이는 분명 대화 상대를 배려한 태도는 아니었다. 어떠한 이유에서건 위장은 외계 존재와의 열린 대화를 방해할 테니까. 조 데이비스는 두 생물학적 신체 사이의 완전하고 근본적인 커뮤니케이션을 원했고, 생명을 활용한 특별한 글쓰기를 시도했다.

우선 그는 '생명' 또는 '여성적인 대지'를 뜻하는 독일어 고문자 'ᛉ(algiz)'를 선택해 이를 디지털 코드로 변환했다. 나사가 생략한 여성 신체 표현을 선택한 것은 다분히 의도적이고 비판적인 행동이었다. 그의 문자 해석 방식 또한 나사의 과학자들과는 달랐다. 데이비스는 그 상형문자를 독해의 대상이 아니라 하나의 이미지로 다루었다. 즉, 의미 파악을 시도하는 대신, 그것을 5×7칸의 모눈종이에 옮겨 이진 코드로 변환시켰다. 이는 세이건과 드레이크가 아레시보에서 우주로 전파를 송신할 때 활용한 방법이었다. 이진 코드는 다시 DNA 시퀀스로 합성되었다. 데이비스는 DNA의 네 가지 염기인 C(cytosine), T(thymine),

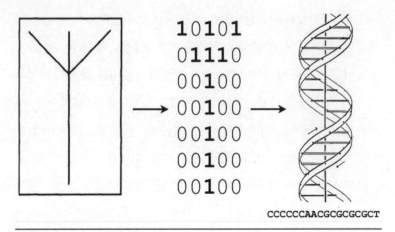

10101
01110
00100
00100
00100
00100
00100

CCCCCCAACGCGCGCGCT

조 데이비스의 〈마이크로비너스〉 (1986)

A(adenine), G(guamine)에 임의의 자릿값을 할당했고, 이에 기초해 DNA
를 합성했다. 이후 작업에는 합성생물학자 데이나 보이드(Dana Boyd)
의 도움이 필요했다. 그들은 실험실에서 합성된 DNA를 플라스미드에
주입했고, 이것을 다시 대장균(E.coli bacteria)에 이식했다. 옛 상형문자
가 박테리아에 체화된 것이다. 이제 메시지의 제작과 전달, 해석은 생
명이자 신체의 문제가 되었다.

　이렇듯 조 데이비스의 마이크로비너스(Microvenus)는 옛 상형문자의
신체적, 감각적 의미를 복원한다. 작가는 문자를 해독하고 숨은 의미를
끌어내는 대신, 그것을 이미지로 다루고 생명체와 결합시켰다. 이를 통
해 커뮤니케이션의 신체적, 감각적 차원이 부각된다. 메시지는 박테리
아의 자기 복제 과정을 따라 스스로 증식하고 확산될 것이다. 즉 상형
문자를 품은 박테리아의 생명 활동은 메시지를 영원히 존속시킨다. 박

테리아가 사실상 지구에서 가장 오래된, 가장 끈질긴, 그리고 가장 보편적인 생명체라는 점을 고려할 때 이는 의심의 여지가 없다. 데이비스의 메시지는 박테리아의 생명 활동을 따라 끊임없이 새롭게 쓰일 것이다. 그리고 언젠가 그것이 외계 공간에서 서식하게 될 때, 세이건과 드레이크의 꿈 역시 이루어질 것이다.

'생명' 또는 '대지'를 뜻하는 상형문자는 박테리아의 생명력을 통해 그 진정한 의미를 드러낸다. 이로써 데이비스는 의미와 무의미 사이의 모호한 경계를 생물학적으로 확인시켰다. 마치 사랑의 언어처럼 메시지는 신체의 물질적·감각적 현전(Presence)을 통해 효력을 발휘하게 된다. 바이오 아트는 이러한 신체적인 '현전의 효과'를 애써 간과하려 했던 우리 문화에 변화를 가져온다.

DNA 염기서열과 글쓰기의 공통점

중세와 르네상스인들은 인문학(Humanities)을 말할 때 언제나 예술을 포함시켜 생각했다. 우리가 오늘날 교양(Liberal Arts)이라 부르는 것은 사실상 그들의 현실적인 고안물이다. 미술사, 음악학, 문학사 같은 학문 영역은 오늘날에도 여전히 인문학과 예술의 강력한 연결을 지지하고 있다. 아리스토텔레스의 옛 주장처럼 감각적 지각 없이는 사고도 이해도 가능하지 않기 때문이다. 실제로 회화, 음악, 글쓰기 같은 예술은 우리의 생각과 감정을 형상화할 뿐 아니라 그것을 감각적으로 전달한다. 문자나 이미지, 소리 같은 것들로 표현되고 전달되지 않는다면 그것은 사실상 없는 것이나 마찬가지다. 그래서 아리스토텔레스는 다른 무엇보다 "학문적 갈증"과 "감각적 지각에 대한 사랑" 사이의 균형을 강조했다.

조 데이비스는 이러한 균형이 무너져간 시기에 합성생물학이라는 독특한 방식으로 그의 충고를 따랐다. 그의 예술은 '생명' 또는 '여성적인 대지'라는 의미를 신체적으로 구현해냈다. 박테리아의 놀라운 생명력은 나사의 과학자들이 해결하지 못한 여러 문제를 해결해주었다. 의미는 신체 위에서 드러나고, 박테리아가 존재하는 모든 곳에서 확인될 것이다.

합성생물학을 활용한 현대의 바이오 아트는 창조적이고 감각적인 글쓰기를 시도한다. DNA의 네 가지 염기를 상징하는 C, T, A, G라는 문자는 자유롭게 조합되고, 그로부터 새로운 생명과 형상이 탄생한다. 데리다는 이것을 '세포 내에서의 글쓰기(écriture)'라고 불렀다. 그는 완전한 의미란 존재하지 않으며 해석을 통해 의미에 다다르기 역시 불가능하다고 믿었지만, 생물학적으로 생성되는 의미마저 부인하지는 못했다. 조 데이비스의 작품이 보여주고 있듯이 바이오 아트는 의미 해석에만 관심을 두었던 우리 문화에 신체적, 감각적 효과의 중요성을 일깨운다. 그리고 이를 통해 새로운 인문학의 가능성을 드러낸다. 그것은 신체에서 신체로 이어지는 소통의 잊힌 경로를 복원한다.

신체적, 감각적 인문학으로서의 바이오 아트의 활동은 브라질 출신의 유명 예술가 에두아르도 카츠(Eduardo Kac)의 〈창세기(Genesis)〉에서도 확인된다. 카츠는 이 작품에서 창조적이고 생물학적인 경전 해석을

에두아르도 카츠의 〈창세기〉 (1999)

시도했다. 우선 그는 "그들[=인간들]로 바다의 물고기와 하늘의 새와 가축과 온 땅과 땅에 기는 모든 것을 다스리게 하자"(창세기 1장 26절) 라는 성경 구절을 모스 부호로 변환했다. 그리고 그것을 다시 DNA 시 퀀스로 합성했다. 조 데이비스의 작품에서와 마찬가지로 합성된 DNA 는 플라스미드에 주입되어 곧바로 대장균에 이식되었다. 카츠는 그 박 테리아를 전시장의 UV 조명 아래에서 배양했다. 그리고 일정 기간이 지난 후 배양된 박테리아에서 DNA를 추출했다. 그는 코딩 작업을 역 순으로 진행했다. 박테리아의 DNA는 모스 부호로, 그리고 그 기호는 다시 알파벳으로 변환되었다. 작가는 그렇게 얻어낸 문장을 스크린에 투영했다. 그 내용은 다음과 같다.

"Let aan have dominion over the fish of the sea and over the fowl

© Eduardo kac

〈창세기〉의 DNA 시퀀스 제작 및 변환 과정

---

of the air and over every living thing that ioves ua eon the earth."

　전시 기간 동안 박테리아의 DNA에 변화가 발생했고, 이는 읽을 수 없는 문장이 되어 나타났다. 우리에게 친숙한 미디어인 알파벳과 모스 부호가 번갈아 투입되었지만 의미 전달은 여전히 요원했다. 하지만 카 츠는 이를 소통의 실패로 보지 않았다. 오히려 그는 문장을 변화시키는 능력, 즉 새로운 의미를 만들어내는 생명의 활동을 칭송했다. 그것은 "성경의 의미를 받은 그대로만 해석하는 것이 아니라 그것을 변화 시켜 새로운 의미를 만들어낸다"는 것이다. 다른 무엇보다도 엄격하게 해석되어야 할 경전을 대하는 예술가의 이러한 태도는 새로운 인문학 의 지향점을 보여준다.

바이오 아트는 더 이상 '의미 문화'에 경도되지 않는다. 그것은 형이상학이 아니라 신체에 기반한 소통을 시도한다. 카츠의 박테리아는 사실상 유기체 고유의 글쓰기를 수행했다. DNA의 네 염기를 나타내는 문자들은 형이상학적 의미 규명을 위한 것이 아니다. 그것들은 고전적인 언어 시스템에서 탈피해 생명체 위에서 물적으로 나타난다. 의미는 생명 속에서 구현되고, 신체를 통해 전달된다. 그래서 몸을 갖고 있는 존재라면 외계의 생명체뿐 아니라 어느 누구라도 그것을 직접 경험하게 될 것이다. 현대의 인문학은 그동안 간과된 신체적, 물질적 효과를 발굴하고 지나치게 경도된 '의미 문화'의 균형을 맞춘다. 그것은 숨은 의미를 찾아 헤매는 대신 '감각적 지각에 대한 사랑'을 강조한 중세의 교훈을 따른다. 과학과 예술의 결합마저도 꺼리지 않는 그 과감함은 신체적 소통을 지향하는 생명인문학의 밑거름이 된다.

더 읽을거리

《바이오 아트: 생명의 예술》(신승철, 미진사)

《지구의 속삭임》(칼 세이건 외, 사이언스북스)

《몸의 철학: 신체화된 마음의 서구 사상에 대한 도전》(G. 레이코프·M. 존슨, 박이정)

《그라마톨로지》(자크 데리다, 민음사)

《그림은 무엇을 원하는가: 이미지의 삶과 사랑》(W. J. T. 미첼, 그린비)

《도상해석학 연구》(에르빈 파노프스키, 시공사)

바이오 아트에서 발견한
새로운 인문학의 가능성

김시천　　오늘 우리가 같이 나눌 대화의 주제는 생명인문학입니다. 생명인문학이 생소한 학문 영역이라 그런지 선생님의 이력 또한 남다르게 느껴집니다. 대학에서 건축학을 전공하고 지금은 미술학과에서 강의와 연구를 병행하고 계시죠. 건축학에서 다른 분야로 왜 전공을 바꿨는지 여쭤도 될까요?

신승철　　맞아요. 학부에서 건축을 공부하고 대학원에서는 미학을 공부했습니다. 이후 독일에서 미술사로 박사학위를 했고요. 관심 있는 연구 주제를 따라 자연스럽게 전공을 바꾸었는데, 건축이 예술의 한 장르라는 점에서 그렇게 큰 변화는 아니었던 것 같습니다.

김시천   베를린 홈볼트 대학교에서 철학 박사학위를 받았고, 또 같은 학교 '이미지 행위 및 체현 연구소'에서 연구원으로 일한 것으로 알고 있습니다. 지금도 이미지학(Image Acience)과 관련된 연구를 진행하고 있는 것으로 알고 있습니다. 생명인문학을 이야기하기 전에 이미지학에 대해 설명해주세요.

신승철   이미지학은 말 그대로 이미지를 연구하는 학문입니다. 기본적으로 인문학은 언어와 텍스트가 그 중심을 이룹니다. 소쉬르(Ferdinand de Saussure), 레비 스트로스(Claude Levi Strauss)는 언어의 구조를 통해 세계를 이해했고, 라캉(Jacques Lacan)은 심지어 무의식조차 언어처럼 구조화되어 있다고 믿었죠. 이렇듯 언어나 텍스트를 통해 세계를 이해하려는 시도는 가장 일반적인 인문학의 방법론이라 할 수 있을 것입니다. 하지만 여기에는 한계가 있어요. 텍스트만으로 세계를 이해하는 건 불가능하다는 의미입니다.

예를 들어 그림을 보거나 음악을 듣다가 자신도 모르게 갑자기 눈물을 흘리는 경우가 있거든요. 이것을 언어나 논리로 설명하기는 어렵죠. 이미지 문제를 중심으로, 언어가 포착하지 못하는 영역을 연구하는 학문이 이미지학입니다.

김시천   학문이 주로 문자 중심으로 이루어지는데, 문자가 모든 것을 담고 있지는 않습니다. 우리는 오히려 이미지를 통해 사물과 감응하고 사물을 느끼며 살죠. 이미지를 통한다면 학문의 외연이나 인문학적 사유도 더욱 확장될 수 있다는 의미인가요?

신승철　　세상 모든 것이 말로 설명될 수는 없어요. 어떤 것은 언어로 표현되거나 분석되면서 오히려 사라져버리기도 하고요. 이미지학은 언어로 포착되기 힘든, 또는 언어의 형태로 구조화되면서 오히려 우리 시야 밖에 놓이게 된 영역을 포착하려는 시도입니다. 그렇다면 이미지에 대한 연구가 인문학의 외연을 확장시킨다고 볼 수 있겠지요. 게다가 이미지를 뜻하는 독일어 '빌트(Bild)'는 그림, 영상뿐 아니라 환상이나 시각적인 것 모두를 포괄하는 폭넓은 개념이기도 합니다.

인문학의 경계에 대해 생각해볼까요?

김시천　　'외계인과 소통하는 인문학은 가능할까?'라는 특이한 물음으로 원고의 첫머리를 시작했습니다. 이런 질문으로 생명인문학을 접근한 이유가 있나요?

신승철　　사실 처음에 붙인 제목은 '생명의 글쓰기'였어요. 오늘날 예술가(바이오 아티스트)들이 DNA의 네 가지 염기를 배열해 생명 현상을 조작하고 있는데요. 이는 글쓰기와 유사한 측면이 꽤 있습니다. 데리다는 '쓰기(écriture)가 세포 차원으로까지 확장된 시대를 살아가고 있다'고 말하는데요. 언어가 생명의 차원에서 쓰인다면, 그것의 의미는 생명체의 활동에서 자연스럽게 나타날 것이기 때문에 '생명(의)인문학'이라고 붙이게 되었습니다.

김시천   시인이 단어를 고르고 골라 배치하는 과정이 결국 시 창작 과정이고, 시 창작을 통해 완결된 시 작품이 우리에게 감동을 주듯이 자연이 DNA를 통해 염기서열을 배치하는 것도 일종의 글쓰기이고, 이와 같은 방식으로 생명의 파노라마를 창조하고 표현해내는 것이 생명 현상의 글쓰기, 더 정확하게는 바이오 아트(bio-art)라고 이해하면 될까요?

신승철   시인은 단어를 조합해 시를 짓지만 바이오 아티스트는 염기배열, 즉 '생명의 글쓰기'를 통해 실제 생명체를 만들어냅니다. 예술 창작과 전달 방식에 변화가 생긴 것이죠. 작품의 의미 역시 단순히 읽고 해석하는 것이 아니라, 생명의 형태로 나타나게 될 것입니다. 바이오 아트라는 인간의 창조적 활동이 자연과 현실에 직접적인 영향을 미치는 것이죠.

김시천   인문학이라고 하면 '언어, 문학, 역사, 철학 따위를 연구하는 학문'이라는 사전적 정의가 먼저 떠오릅니다. 그래서 이른바 문사철(文史哲)이라는 말을 쓰기도 하는데, 이는 매우 협소한 정의가 되겠군요. 이에 대해 어떻게 생각하세요?

신승철　'자유학예(Liberal Arts)'라는 옛 용어를 생각해보면 예전에는 인문학이 '문사철'만이 아니라 신체적, 감각적 차원과 관련된 더 넓은 개념이었을 거라는 추측을 하게 됩니다. 문자나 이미지, 소리가 없었다면 사유는 아예 생성될 수도 전달될 수도 없었겠지요. 인간과 세계에 대해 사유할 수 있는 수단과 방법은 다양할 수 있다는 점을 강조하고 싶습니다.

김시천　널리 알려진 이야기지만 인문학 혹은 교양을 가리키는 자유학예는 삼학(Trivium)과 사과(Quadrivium)로 나뉩니다. 삼학은 문법과 수사학 그리고 변증학(논리학)을 포함하고, 사과는 산술, 기하학, 점성술, 음악을 가리키죠. 오늘날의 인문학과는 상당히 다릅니다.

신승철　흥미로운 점은 리버럴 아트(Liberal Arts)의 경계가 시대에 따라 변해왔다는 것입니다. 르네상스 시대에는 심지어 회화마저 여기에 포함되기도 하거든요. 르네상스인들은 감각적 지각 없이는 사유도 이해도 가능하지 않다는 아리스토텔레스의 격언을 분명히 염두에 두고 있었을 겁니다.

김시천　그렇다면 이성학으로서의 인문학, 감성학으로서의 미학과 예술을 구분하는 자체가 대단히 근대적 판단이라 할 수 있겠네요. 중세까지만 해도 예술과 인문학의 구분이 없었나요?

신승철　　　중세에는 예술(Fine Arts)이라는 개념이 아예 없었습니다. 학문이나 학과 사이의 경계는 당연히 근대의 산물이고요. 중세 성당에는 라틴어를 모르는 사람을 위해 성서의 장면이 그려져 있지 않았습니까? 이렇게 보자면 예술은 당연히 인문학, 더 정확히는 당시 신학의 일부였을 테고요. 하지만 다른 한편에서 '우리는 창세기를 책으로 읽지 벽에서 보지 않는다'라는 수도사들의 기록도 확인되고 있습니다. 이러한 양극 사이의 갈등은 오늘날에도 계속되고 있는 것 같습니다.

김시천　　　서양의 중세를 지배한 기독교는 문자뿐 아니라 벽화, 조각, 음악 등 다양한 매개체를 통해 신적인 세계를 표현했습니다. 이렇게 소리와 이미지 등 다양한 방식으로 신의 세계를 표현하면서 기독교 문화를 형성해왔다면, 이 모두를 포함해서 기독교 문화와 역사를 이해해야 합니다. 인문학도 마찬가지라는 말인가요?

이미지는 예술이고 문자는 인문학이다?

신승철　　　논지에서 조금 벗어나는 것 같지만, 기독교는 기본적으로 우상 숭배라는 명목으로 신의 형상 제작을 금지했어요. 하지만 성화나 성상은 계속 제작되었습니다. 이미지의 전달력은 때때로 문자를 훨씬 능가하기도 합니다. 하지만 비잔틴 시대에 대대적인 도상 파괴 운동이 일어나요. 이를테면 교회나 수도원 등지에 그려진 성화를 지우고 그 자리에 십자가를 그려 넣었어요. 이런 일이 비잔틴 시대에 수없이 반복되었고, 오늘날도 마찬가지죠. 기독교와 이슬람 사이의 충돌도 이미지와 기호 사이의 갈등의 측면에서 볼 수 있는 부분이 있고요. 어쨌든 문자가 유일한 의미 전달 수단이 아니라는 사실은 오늘날 지나치게 언어에 의존하고 있는 인문학에 시사하는 바가 크다고 생각합니다.

김시천　그런 의미에서 이미지는 예술, 문자는 인문학으로 구분하는 것은 자의적일 수 있다, 이런 뜻인가요?

신승철　요즘의 문자와 텍스트 활용 방식이 절대적인 것은 아니라는 겁니다. 그림 앞에서 갑자기 눈물을 흘리거나, 어떤 강렬한 느낌을 받는 것은 말로 설명하기 힘든 현상이거든요. 이미지에는 이미지만의 무언가가 있다는 것이지요. 이미지학은 이미지의 논리에 기초해 문화와 예술, 그리고 과학 같은 현상에 접근해 들어가는 학문입니다.

김시천　한 가지 재미난 예가 떠오르네요. 근대에 들어서면서 의학의 한 분야인 해부학의 시각적 표현에 근본적인 변화가 일어났다고 하더군요. 르네상스 시기 안드레아스 베살리우스(Andreas Vesalius)가 그린 인체 그림은 대단히 예술적이었다고 해요. 마치 살아 움직이는 사람처럼 묘사했다고나 할까요? 하지만 그 이후로는 인간의 전신 그림은 사라지고 신체의 부분을 그린 그림으로 대체되는 현상이 나타났다는 것입니다. 아마도 기계적 인간관의 출현과 관계가 있을 듯한데, 이미지학이 이런 문제의식과 맞닿아 있나요?

신승철   맞아요. 똑같은 인체 그림을 그려도 시대마다 그리는 방식이 변화하는데, 미술사에서는 이것을 '양식'이라고 말합니다. 양식 변화는 당연히 시대 변화와 괘를 같이하지요. 하지만 반대로 설명할 수도 있는데요. 제 연구 과제 중 하나가 뇌 이미지에 관한 것입니다. 그림을 보다 보면 흥미로운 사실과 마주하게 되는데요. 그림을 그리는 방식에 따라 뇌에 대한 지식이 새롭게 만들어지고, 그에 따른 새로운 담론이 형성되는 것을 확인할 수 있어요. 이미지가 지식의 생산과 배치에 영향을 준다는 것입니다.

김시천   그러니까 콩팥이나 심장을 떼어내어 별도로 그린 것을 당시의 기계적 인간관이 예술적으로 표현된 것으로 볼 수도 있지만 다른 한편, 그림을 통해 인체를 부분적으로 기계적으로 모듈처럼 나누어 표현하는 것 자체가 인간이 인간을 이해하는 방식에 영향을 줄 수도 있다는 의미죠?

신승철   그렇습니다. 이미지의 양식 변화를 통해 문화와 예술, 그리고 과학 담론 변화를 파악하는 것은 이미지학의 중요한 과제 중 하나입니다.

이미지도 능동적 행위자가 될 수 있어요

김시천　　본문에서 "의미는 무의미를 통해 전달된다"는 역설적인 표현을 했던데, 지금 논의하는 주제와 관련이 있나요?

신승철　　그 문장은 프랑스 철학자 메를로 퐁티를 인용한 것입니다. 메를로 퐁티는 우리가 의미를 강요하는 문화를 갖고 있다고 말합니다. 그것이 작품이든 어떤 대상이든, 우리는 앞에 놓인 것은 무엇이든 분석해서 의미를 끌어내려 한다는 것이지요. 미국 스탠퍼드 대학교의 한스 울리히 굼브레히트(Hans Ulrich Gumbrecht)는 이것을 '의미 문화'라고 말하는데요. 그 반대편에 대상의 신체적, 감각적 특질에 주목하는 '현전의 문화'를 위치시킵니다.

예를 들어 지금 우리 앞에 놓인 질문지가 같은 내용을 담고 있지만 느낌이 서로 다르잖아요? 다른 글자체와 크기로 출력되었기 때문이죠. 그렇다면 문자도 일종의 이미지라는 것입니다. 이것을 문자형상성(Schriftbildlichkeit)이라 부르는데, 문자가 주는 감각적 인상은 의미 전달에도 영향을 주기 마련입니다. 의미는 언제나 무의미를 통해 전달된다고 할 수 있겠지요.

김시천　　그것이 문자 논리와 이미지 논리의 차이와 연결될까요? 문자에 포착되지 않는 영역이 무의미의 영역이다, 이렇게 볼 수 있는지 궁금합니다.

신승철   문자의 의미 전달에 있어서도 감각적이고 신체적인 차원이 고려되어야 한다는 것입니다. 커뮤니케이션에서 의미의 그물망에 걸리는 것은 사실 극히 일부일 뿐입니다. 이는 사실 우리의 인문학이 반성해야 할 점이지요. 기존의 '의미 문화'로는 그물에 걸리지 않는 나머지 부분을 포착하기 힘든 것이 사실입니다. 본문의 사랑 고백처럼 우리는 단어의 의미만이 아니라 분위기와 태도, 음성 같은 것에 신경을 써야 합니다. 이미지학은 이러한 감각적이고 신체적인 차원에 주목하는 학문이에요.

김시천   본문에 '메시지의 감각적, 신체적 차원' 혹은 '커뮤니케이션은 기본적으로 신체를 가진 이들 사이의 물질적, 감각적 교환의 문제'라는 표현이 있습니다. 이 말을 어떻게 이해하면 좋을까요?

신승철   말 그대로 커뮤니케이션을 두 신체 사이의 교환 관계로 설명한 것입니다. 이때 의미 해석은 부차적인 문제일 수 있는데요. 컴퓨터나 인공지능 같은 경우 의미 고민 없이 메시지를 주고받거나 명령을 수행하는 것을 확인할 수 있습니다.

김시천   커뮤니케이션이 꼭 의미 전달이라는 차원만 갖는 것은 아니라는 말씀이죠?

신승철   네, 그렇습니다. 우리가 의미에 강박을 갖고 있다는 것입니다. 만약 앞에 놓인 대상에게서 의미를 이끌어내야 한다는 강박에서 벗어난다면 커뮤니케이션의 상대와 소통하는 방식이 대단히 확장될 수 있을 것입니다. 예를 들어 빨간 그림 앞에서 강한 인상을 받게 되는 경우, 이미지는 일종의 능동적 행위자로 나에게 영향을 미치는 것입니다. 주체-대상이라는 도식에서 벗어나 나와 동등하게 소통할 수 있는 대상이 되는 것이지요.

김시천　동양철학에서도 그렇습니다. 일방적인 영향이라는 것은 없고, 서로가 영향을 주고받는 상호적 성격을 갖죠. 이를 감응이라고 하고요.

신승철　주체-대상의 도식에서 벗어나기 위해, 동양철학에 귀 기울이는 태도는 매우 중요한 것 같아요. 개인적으로는 이미지가 인간 못지않은 힘을 갖고 있다고 생각하는데요. 과학철학자인 브뤼노 라투르(Bruno Latour)의 표현에 따르면 그것을 일종의 '비인간 행위자(actant)'로 이해할 수 있어요. 축구의 예를 들어보죠. 축구를 할 때 우리는 인간이 공을 차고 있다고 생각하지만 축구는 공이 22명의 선수를 움직이게 만드는 게임이기도 합니다.

김시천　카뮈의 〈이방인〉에서 태양 때문에 총의 방아쇠를 당기는 것도 일종의 태양 이미지와 인간의 소통에 해당하는 것이고, 영향을 받은 것이라고 말할 수 있을까요?

신승철　흥미로운 비유네요. 브뤼노 라투르가 부조리 문제와 연결될 수 있을지는 몰랐는데요. 의미 추구는 우리 문화의 대단히 중요한 부분이지만 이로 인해 다른 것을 놓치고 있지 않은지 돌아봐야 합니다. 이미지 연구는 이러한 맥락에서 의미를 가질 수 있을 것입니다. 그것은 의미를 추구하면서도 감각적, 신체적 차원을 간과하지 않습니다.

생명인문학의 핵심 바이오 아트

김시천　바로 그러한 몸과 몸 사이의 소통 과정에서 "마치 사랑의 언어처럼, 메시지는 신체의 물질적, 감각적 '현전(presence)'을 통해 효력을 발휘하게 된다"고 했는데, 같은 의미로 이해하면 될까요?

신승철　굼브레히트가 말한 '현전의 효과'가 바로 그것입니다. 같은 텍스트라고 해도 글자체와 크기에 따라 그 인상이 달라지는 것처럼 사랑 고백도 그럴 것입니다. 우리가 몸을 가진 존재인 한 커뮤니케이션의 신체적, 감각적 측면은 간과되어서는 안 됩니다. 그래서 굼브레히트는 '의미 문화'와 '현전의 문화'의 공존을 강조합니다.

김시천　몸과 몸의 소통이라는 차원에서, 달리 말하면 신체적인 '현전의 효과'를 통해 우리 문화에 변화를 가져오려는 것이 혹시 바이오 아트라고 생각이 되는데, 맞나요? 도대체 바이오 아트란 무엇을 말하는 건가요? 2016년 4월에 펴낸《바이오 아트-생명의 예술》을 소개하면서 설명해주시죠.

신승철 바이오 아트는 생명을 다루는 예술입니다. 세포 배양이나 유전자 조작 등을 이용한 예술 활동이고요.《바이오 아트-생명의 예술》은 아직 국내에 바이오 아트 작가가 거의 없는 상황이라 의무감을 갖고 출판했습니다. 바이오 아트의 역사와 문화적 의미를 쉽게 설명한 책이고요. 바이오 아트는 미적 가상뿐 아니라 우리의 구체적이고 감각적인 현실과 맞닿아 있는 장르입니다. 예전에는 초록색 토끼를 상상해 캔버스에 그렸다면, 바이오 아티스트는 유전자 조작을 통해 실제 초록색 토끼를 제작합니다. 물론 작품의 의미 역시 신체적, 감각적으로 구현되겠지요. 이것을 제 2의 창조라고 말할 수 있을 텐데요. 신화나 상상 속 키메라(사자의 머리와 양의 몸통에 뱀의 꼬리를 한 괴물)가 현실에 등장하게 되는 것입니다.

김시천 좀 무서운 이야기네요.

신승철 그래서 장르에 대한 윤리적 우려가 많이 있습니다. 그런데 바이오 아트는 기본적으로 윤리적 기반 위에서 수행됩니다. 바이오 테크놀로지로 인해 발생하게 될 문제나 사건을 미리 고민하고, 그에 대한 담론을 형성하는 윤리적 기능을 수행하는 것입니다. 사실 이러한 문화 비판적 기능은 모든 예술에 내재된 것이기도 합니다.

모든 생명체는 이미지이며 인문학의 대상이에요

김시천   바이오 테크놀로지를 이용해 기업은 이윤을 추구하고, 과학자는 지식의 확장을 위해 실험한다면, 바이오 아티스트는 이와 같은 기술이나 행위가 인간에게 어떤 의미일까라는 비판적 기능을 수행하기 위해 창작하는 것이라고 이해하면 될까요?

신승철   바이오 아트는 바이오테크의 창조적, 비판적 활용을 시도합니다. 하지만 더 중요한 것은 생명의 의미를 묻고 고민하는 것입니다. 오늘날 신체 조직이나 유전자 같은 것들이 실험 도구나 의료 목적을 위한 상품이 되고 있지 않습니까? 바이오 아트는 이러한 상품화, 물신화에 맞서 인간과 생명에 대한 비판적 고민을 할 수 있게 합니다.

김시천   지금까지의 이야기를 들어보면 기존의 예술이나 인문학에 대해 다시 생각하게 만드는 점이 매우 많습니다. 그간 다른 분야로 여겨지던 음악사, 미술사 등은 물론이고 인간이란 무엇인가, 인간이라는 존재를 낳아준 이 거대한 생명 세계 자체가 인문학적 물음의 대상임을 충분히 공감하게 만드는 것 같아요. 생명인문학은 바이오 아트가 생명을 다루는 기술과 관련되기 때문에 제기된 문제라고 보아도 좋을 것 같고요. 그렇다면 여기서 다시 처음의 논의로 돌아가볼까요. 왜 외계인과 소통할 수 있는 인문학이라는 물음에서 출발했을까요?

신승철　　나사의 우주 메시지의 가장 큰 문제는 바로 의미 전달의 문제였습니다. 이미지 형태로 메시지가 제작되었지만, 외계인이 그림을 제대로 해석해내리라는 보장은 어디에도 없는 것이지요. 그들은 우리와 다른 문화, 다른 과학 법칙을 갖고 있을 테니 말입니다. 반면 조 데이비스는 독일어 고문자를 DNA로 합성해 '대지' 또는 '생명'이라는 의미를 구현해냅니다. 박테리아의 생명 활동을 따라 메시지는 영원히 지속될 테니까요. 인문학자가 독일어 고문자 앞에 서게 되면, 그 단어를 읽고 해석하기 위해 온갖 노력을 기울일 것입니다. 하지만 바이오 아트는 박테리아의 생명력을 통해 문자의 의미를 신체적, 감각적으로 구현합니다. 이미지와 바이오 아트는 이러한 측면에서 인문학 전반의 문제와 연결될 것입니다. 우리가 살아 있는 존재인 한 인문학은 언제나 신체와 감각, 그리고 생명의 문제와 연결되기 마련입니다.

김시천　　그렇다면 생명의 전개 자체가 인문학이라는 뜻인가요?

신승철　　학문적 사유는 생명이라는 우리의 근본적 토대 위에서 진행되어야 한다는 것입니다. 우리의 신체적, 감각적 현실에 대한 고민 없이는 어떠한 학문도 가능하지 않을 것이기 때문입니다. 바이오 아트는 대단히 노골적으로 생명의 글쓰기를 시도한다는 점에서, '의미 문화'에 치중한 지금의 인문학에 반성의 계기를 제공할 것이라 기대했습니다. 다만 아쉬운 점은 이미지 자료 없이 인터뷰에 응하다 보니, 의미 전달이 쉽지 않았어요. '의미는 무의미를 통해 전달된다'는 메를로 퐁

티의 말을 다시 한 번 떠올리게 됩니다.

김시천　　　그런 아쉬움이 《바이오 아트》라는 책과 관련 분야의 지식에 독자들이 접근하는 데에 조그마한 자극이 되지 않을까 싶습니다. 오늘 어려운 시간 내주셔서 감사합니다.

신승철　　　네, 저도 즐거운 시간이었습니다. ♯

뇌과학의 관점에서 인간을 탐구하다

강명신

연세대학교 치과대학을 졸업하고 1999년에 보건학 박사학위를 받았다. 같은 학교 철학과 박사과정에서 윤리학을 공부했다. 박사과정 수료 후 철학과 강사로 윤리학개론과 의료윤리 등을 가르쳤으며, 연세대학교 보건대학원과 서울대학교 치의학대학원에서 연구교수를 지냈다. 현재 강릉원주대학교 치과대학 교수로 재직 중이다. 의료윤리와 생명윤리, 의철학 등을 강의하고 있으며 의료윤리학회와 의철학회에서 활동하고 있다. 철학은 과학의 전제를 검토하는 일을 과제로 한다는 어느 철학자의 말대로 뇌과학에 대해서 철학적으로, 메타적으로 접근하는 일이 반드시 필요하다고 생각한다.

뇌신경과학(이하 뇌과학)은 뇌를 위시한 신경계에 대한 과학이다. 근래에 인문사회과학의 학문 분과와 '신경'이라는 단어가 만나 신경인문학, 신경인류학, 신경역사학, 신경미학 등이 생겨나며 학문 연구의 풍경이 바뀌고 있다. 신경인문학이라는 말은 'Neuro-Humanities'의 우리말에 해당한다. 뇌과학과 인문사회과학의 대화에 붙이는 학문의 명칭이라고 생각하면 크게 벗어나지 않을 것이다. 우리나라에서는 2009년에 신경인문학연구회가 발족하며 뇌과학과 인문학의 만남과 대화를 모색하고 있다.

뇌 활동으로 바라본 인간은 어떤 모습일까?

지금 이 순간 살아 있음을 느끼는가? 살아 있다는 느낌은 말 그대로 '살아 있음'을 전제로 한다. 여기에 가치나 의미에 대한 생각 같은 고차원적인 의식이 포함되면 '진정 살아 있음'을 느끼게 된다. 이 말의 의미를 잠시 생각해본 뒤 다음의 글을 읽기 바란다.

누구에게나 진정 살아 있다는 느낌이 들 때가 있을 것이다. 또는 그렇게 느낀 순간을 회상해본 적이 있을 것이다. 숨을 쉬고 심장이 뛰고 심장 박동에 따라 뇌 덩어리가 뛰고 있어야 살아 있다고 하겠다. 그리고 뇌의 일부가 살아 있어서 타인의 존재를 의식함으로써 나의 존재도 의식할 수 있어야 할 것이다. 이것은 의학적인 살아 있음의 객관적 기준에 대한 하나의 의견이다.

그런데 이 의식이라는 것이 무엇일까? 의식을 기준으로 살아 있음을 느낀다는 것은 어떤 것일까? 사람의 의식 상태를 구성하는 다양한 층위가 있다고 가정한다면 우선 생명의 층위에 감각과 기분이 있으며, 또 그에 대한 평가가 담긴 정서와 느낌이 있다. 그리고 그 위에 자의식이 자리한다. 그러므로 우리가 진정 살아 있다고 느끼는 경우는 고차원적 의식이 활성화된 상황이라고 할 수 있다.

뇌는 뇌간과 변연계와 대뇌피질 등이 마치 지층처럼 쌓여 있는 구조다. 뇌간(腦幹, 뇌줄기, BrainStem)은 크기는 작지만 체온 조절이나 호흡 등 가장 기본적인 생명 기능뿐 아니라 의식을 점화하는 기능을 담당한다. 뇌줄기라는 뜻으로 꽃의 구조 중 꽃받침에 해당한다고 할 수 있다.

뇌간 옆으로 변연계(邊緣系, Limbic System)가 위치하는데, 변연계는 해마와 편도체, 시상하부 이 세 가지 구조의 총칭이다. 해마는 낮 동안 입수한 (우리가 입수했다고 의식하지 못한 정보까지) 정보를 처리하여 저장한다. 곧바로 인출할 정보는 가까운 곳에, 인출하지 않을 정보는 깊숙이 저장한다. 편도체는 정서와 정서 기억을 담당한다. 예를 들어 누가 성미를 건드리면 욱하는 기분이 드는 것, 그 순간의 정서를 기억하는 것은 편도체가 있어서 가능하다.

시상하부는 신체의 항상성을 유지하는 기능을 한다. 배고프면 음식을 먹고 목마르면 물을 찾는 건 시상하부가 담당하는 일이다. 이 변연계 위로 대뇌가 있고 대뇌의 표층에 해당하는 대뇌피질이 있다. 이렇게 뇌간과 변연계와 대뇌피질이 마치 지층처럼 켜켜이 쌓여 있는 것이 뇌다. 대뇌 아래쪽에 야구공만 한 크기의 소뇌가 있다. 소뇌는 신체의 균형과 비언어적 학습과 비언어적 기억에 관여한다. 특히 정교한 몸동작을 배우는 데에는 소뇌와 몸의 협응이 필수적이다. 그게 잘 안되면 훈련을 해야 하는데, 훈련조차 하지 않으면 이른바 몸치가 되는 것이다.

여기서 중요한 사실은 시상과 피질 사이에, 그리고 피질과 피질 사이에 서로 정보를 주고받는다는 것이다! 뇌간이 없이 변연계 혼자서는 정서 반응이 가능하지 않으며, 뇌간이나 변연계 없이 고차원적 사유가 가능하지 않다. 이 뉴런끼리의 연결성과 그 연결성이 늘 변화 과정에 있다는 것이 바로 뇌의 신비이자 인간이라는 종의 특별함이다.

사람은 특별하다. 그러나 그다지 특별하지는 않다?

아리스토텔레스는 《동물의 역사》에서 '스칼라 나투라이(Scala Naturae)', 즉 '자연의 사다리'라는 개념을 창안했다. 우주에 존재하는 만물은 그 중요성에 따라 정해진 위치가 있다는 이론이다. 신들은 인간의 상위에 존재하고 인간은 다른 동물이나 무생물 위에서 군림한다는 게 골자다. 그에 따라 사람은 식물이나 동물보다 의식 수준이 높은 것으로 인식된다. 만약 사람이 그다지 특별하지 않다고 하면 이상하게 보거나 화를 내는 이도 있을 것이다. 진화론이 대두한 시절에 유럽에서는 무대 위에 원숭이를 올려놓고, "저 피조물의 조상이 사람의 조상과 같단 말인가?!"라고 웅성거리면서 원숭이를 감상하는 퍼포먼스를 벌이기도 했다. 그런데 학자들의 연구를 통해서 사람이 그다지 특별한 피조물이 아니라는 사실이 점차 밝혀졌다. 사람 이외에 대다수 포유류가 원시적이기는 하나 도구를 사용할 줄 알고 타자를 타자로 인식할 수 있으며, 거울에 나타난 상이 자신임을 인식한다는 사실이 과학적으로 입증됐다.

영장류학자이자 심리학자인 에모리 대학교 교수 프란스 드 발(Frans de Waal)은 아리스토텔레스의 사다리가 애당초 불가능한 일라고 말한다. 사다리 위계로 동식물의 세계를 조감하는 대신에 인지 기능의 다양성을 인정하고 특성화된 '꼭대기'가 있음을 인정하자고 주장한다. 생물 다양성은 퍼 올릴수록 물이 풍부해지는 '마법의 우물'과도 같기 때문이다. 즉 어떤 동물종을 자세히 연구하면 할수록 그 신비한 세계가 무한으로 펼쳐진다는 얘기다.

앞에서 이야기했지만 사람의 공포증 치료를 위해 쥐의 편도체를 연구할 만큼 동물과 사람의 뇌 구조는 유사하다. 드 발 교수는 오랑우탄이 세우는 계획이 교수가 학생들에게 시험을 공지하고 학생이 시험을 준비하는 것과 동일한 수준은 아니지만, 모종의 연계성이 있다고 강조한다.

침팬지의 조상과 인류의 조상이 어디서 갈라졌는지 모르지만 가장 커다란 차이는 직립보행과 대뇌화를 들 수 있다. 직립보행으로 두 손이 자유로워지면서 인류의 조상은 도구를 만들게 되었고, 도구를 만들면서 뇌가 커졌다고 설명한다. 뇌는 인체가 보유한 에너지의 20퍼센트 정도를 소모한다. 뇌의 활성 부위를 찍는 영상 기술이 바로 그 점을 이용한다. 뇌의 어느 부위가 활성화하면 혈류가 그곳으로 쏠리고 포도당의 소모량이 늘어나는 것을 이용해서 뇌 영상을 찍어 뇌의 메커니즘을 연구한다. 에너지 소모가 많다는 것은 사용할 에너지를 확보할 수 있어야 함을 의미한다. 크기도 중요하지만 뇌기능 자체가 분화한 점도 염두에 둘 필요가 있다. 침팬지와 인류의 유전자가 98퍼센트 동일하다는 것을 어떻게 받아들이는가가 중요하다. 인류의 뇌는 고기를 먹으면서 점점 커졌다. 사냥한 고기를 다른 포식자로부터 안전하게 지키고, 고기를 다른 사람들과 적당히 나눠야 할 때 필요한 지능은 사회적 지능이고 정치적 지능이다. 즉 뇌의 활용성이 대단히 커진 것이다. 이처럼 사람이 사람으로서의 의식을 가지려면 사회적 생활이 전제되어야 한다는 점도 짚고 넘어가자.

인간의 정신을 뇌와 몸의 관계로 연구하는 시대

대뇌피질 덕분에 고차원적인 의식의 기능, 언어와 추상적 사고와 상상을 할 수 있다. 변연계가 반사적으로 내린 결정이나 반응을 뒤집을 수도 있다. 1인칭적 사고, 주관성과 의도와 의견 등등은 굉장히 질적인 정교한 차이를 내포한 영역이고, 이는 3인칭 작업인 과학적 관찰이나 실험의 대상이기를 거부하는 또 하나의 자연이다. 일목요연한 의식 이론을 정초한 뇌과학자인 제럴드 에델만(Gerald Edelman)은 자연과 제2의 자연이 있다고 일갈한다. 데카르트는 정신을 자연으로부터 제거했다. 데카르트에게서 인간의 본질적 실체는 몸에서 분리된 정신에 있었다. 그리하여 정신은 오랫동안 철학의 영역에 국한되어 있었다. 데카르트가 말하는 두 개의 실체 중에서 '사유하는' 실체, 즉 인간의 본질적 실체인 정신은 철학에서, 그리고 그와 별개로서의 실체, 즉 신체는 물질적 실체로 과학과 의학의 영역에서 다뤘다. 그런데 이제 우리는 신체의 일부인 뇌가 정신과 의식에서 중요한 부분이고, 뇌 또한 신체 속에 묻혀 있기만 한 것이 아니라 신체와 환경 사이의 상호작용에 좌우된다는 것을 알고 있다. 평균 1400그램의 무게인 뇌, 단단한 두개골에 잘 싸인 채 꽃처럼 몸 위에 얹혀서 매달려 있는 뇌는 신체와 환경 사이의 상호작용으로 발달했고 뇌 자체의 필요성으로 더 발달했다. 다시 말해 정신의 물질적 실체가 뇌라고 볼 수 있다. 계몽주의 철학의 전통에서는 과학만이 진리를 정립하는 유일한 방법이라고 봤고, 해석학적 전통은 반대로 인간의 의식으로부터 지식이 유래한다고 주장하며 맞섰는

데, 이제는 인간의 정신을 뇌와 몸과 세계의 관계 속에서 연구하는 시대가 되었다.

뇌는 단단한 두개골 안에 들어 있는데 두개골은 세 겹의 보호 조직인 뇌막이 감싸고 있고 뇌막 사이에는 뇌 척수액이 있다. 이 뇌 척수액이 감염된 상태가 바로 뇌수막염이다. 여하튼 뇌를 구성하는 뉴런(신경의 단위 세포)은 1000억 개가 넘는다. 뉴런은 신경계를 이루는 구조적이고 기능적인 기본 단위다. 전기적·화학적 신호가 서로 연결된 신경세포를 통해 전달되고, 이러한 연결의 집합적 활동을 통해 감각, 운동, 사고 등의 복잡한 생명 활동이 이루어진다. 기능에 따라 분류하자면 감각을 중추신경계로 전달하는 감각 뉴런, 뇌에서 근육, 내장근육, 심장 등으로 운동조절 신호를 전달하는 운동 뉴런, 뉴런과 뉴런을 연결하는 연합 뉴런으로 나눌 수 있다.

뉴런은 핵이 들어 있는 세포체가 있고 축색이라는 끈으로 통로가 이어지며 축색의 종말이 다른 세포체의 수상돌기에 연접한다. 뉴런에는 손가락같이 생긴 돌기인 수상돌기가 1만 개가 넘게 달려 있기 때문에 1000조 개에 가까운 뉴런 결합이 있는 셈이다.

어느 뉴런 다발에 어떤 기억이 저장되어 있다고 확인할 방법은 없지만 우리가 '아는' 것은 뇌의 연결 패턴에 입력된다. 이렇게 입력되어 있어 이미 알고 있는 것에 연결해가는 방법으로 학습을 한다. 뇌에서 학습이 이루어지는 결정적 과정 두 가지는 이미 아는 것에 새로운 것을 연결하기, 반복 연결하기로 알려져 있다. 뇌의 전체 수상돌기들 사이에 우리가 이미 아는 것이 연결되어 있기 때문에 그 연결이 강화되면 영구적 연결로 기억에 남게 되고, 이런 식으로 기억이 쌓인다. 뉴런 사이의 연결 네트워크는 어떤 연결이 강화되기도 하고 새로운 연결이 생기기도 하고 또 어떤 연결은 끊기기도 한다. 인공지능을 연구하는 마빈 민스키(Marvin Minsky)가 "뇌가 주로 하는 일은 뇌를 바꾸는 일"이라고 말했는데, 그게 바로 이 말이다. 그런데 사실 이 말은 뇌와 몸과 세계의 연결 사이에서 뇌는 계속해서 몸이 경험한 세계에 대한 기억을 뇌에 새긴다는 말에 다름 아니다. 새로운 기술을 습득하는 것이나 운동 동작을 익히는 것도 머리를 쓰는 일인데, 민스키의 말에 의하면 이것은 뇌를 바꾸는 일이다. 그렇게 해서 하드웨어에 오롯이 저장되면 어느 순간 신경을 덜 쓰고 힘을 빼고서도 그 동작을 하게 되는 것이다. 몸에 뭔가를 익힌다는 건 이렇게 뇌를 바꾸는 것이다.

뇌의 신비, 뇌는 늘 자신을 뛰어넘는다

그와 같이 뉴런의 연결이 강화되거나 약화되는 과정이라든지 새로운 연결을 생성하는 과정을 뇌가소성이라고 한다. 알파고 때문에 인공지능에 대한 관심이 커졌다. 일종의 게임 프로그램인 알파고는 사람이 입력한 여러 수를 익히고 수없이 많은 시행착오를 거쳐 학습한다. 기계가 인간의 학습을 모방하는 것이다. 그런데 인간의 뇌는 기계가 아니다. 뇌는 직접 자신의 프로그램을 짠다. 뇌는 늘 자신을 뛰어넘는다. 시각과 청각과 피부 감각 등을 통해서 몸이 세계를 경험하는 바에 따라 매번 새로운 입력이 진행되는 것이다. 뇌가소성은 새로운 경험으로 뇌의 뉴런 연결을 다시 깔아 새로운 프로그램을 만드는 것이기에 뇌가소성을 떼어내면 진화와 적응을 이해할 수 없다. 유전자가 환경과의 상호작용으로 변하거나 조절 유전자가 스위치처럼 켜지고 꺼지고 하는 과정을 유전학이 설명하고, 진화론이 자연 선택이라는 것으로 변화와 적응을 설명하듯이, 뇌과학에서 뇌가소성은 뇌의 가능성이요, 복잡한 뇌의 신비이기도 하다. 어느 순간의 뇌는 과거와 현재의 산물이며 위험에 경계하면서 미래를 선취하며 나아간다. 뇌는 뇌를 다 알 수가 없다.

도덕적 판단에서 감정의 역할

윤리학과 뇌과학의 상호 관계는 두 가지로 나뉜다. 하나는 뇌신경과학 연구과정에 윤리적 관점을 적용하려는 것이다. 실험의 설계나 실험의 참여자와 관련된 윤리적 문제나, 뇌신경과학 연구결과로 나오는 기술을 인간과 사회에 적용할 때 생기는 윤리적 문제를 다루는 것인데, '신경과학의 윤리학'이 그러하다. 인간의 정신질환을 치료하기 위해 약물을 사용하는 것과 정신능력을 강화하기 위해 약물을 사용하는 것은 전혀 다른 문제일 수 있다. 이처럼 정신질환 치료를 위한 약물 사용은 정당하고 정신능력 강화를 위한 약물 사용은 윤리적으로 옳지 않은 것인지에 대한 연구가 이에 해당한다.

다른 하나는 윤리 자체를 뇌과학적 지식을 통해 연구하려는 것이다. '윤리학의 신경과학'은 도덕적 행동의 핵심 요소라 할 수 있는 자유와 선택 같은 개념을 뇌과학이나 신경과학을 통해 새롭게 이해하려는 시도이다. 예를 들어 몽유병 환자가 무의식적 상태에서 비윤리적 행동을 했을 때 그는 정상인과 동일하게 책임이나 처벌을 받아야 하느냐는 물음에 직면할 수 있다.

신경인문학은 위 두 가지를 모두 포함한다. 그런데 그보다 더 근본적인 논쟁도 있다. 즉 윤리학과 뇌과학의 관계를 어떻게 볼 것인가에 대한 근본적인 입장 차이에 해당한다. 앞에서 서술한 신경과학의 윤리학이나 윤리학의 신경과학은 과학적 연구가 윤리와 인간의 본성에 대해 중요한 의미를 갖는다는 입장에 서 있다. 즉 과학적 탐구를 통해 인간과 윤리의 본성을 해명할 수 있다는 데에 찬성하는 입장인 것이다.

이와 달리 과학과 윤리학은 근본적으로 성격이 다르다는 입장도 있다. 윤리학은 본질적으로 규범적이고 당위적이다. 그런데 과학은 사실을 다룬다. 뇌과학은 뇌신경의 현상과 구조와 기능에 대한 설명이자 기술이다. 신경계의 현상과 구조와 기능을 가지고 사람의 심리현상과 행동을 설명한다. 뇌과학과 신경과학은 인간이 어떻게 행위한다는 것을 설명하는 과학의 영역이지만, 윤리학은 우리가 도덕적 행위 주체로서 어떻게 행위해야 하는가를 다루기에 양자는 다를 수밖에 없다는 입장이다. 즉, 가치와 당위는 뇌과학의 발견으로부터 도출되지 않는다는 말이다. 사실 이러한 논쟁은 무척 오래된 것이다. 우리는 유사한 대립을 공리주의 윤리와 의무론 윤리의 논쟁에서도 확인할 수 있다.

사람은 아픔을 싫어하고 기쁨을 좋아한다는 사실과 더 많은 사람이 아픔을 덜 느끼고 더 많은 사람이 더 많은 기쁨을 누리는 사회가 더 좋은 사회라는 판단에 기초하는 윤리 이론이 있다. 바로 공리주의 윤리 이론이다. 쾌와 불쾌를 통증과 기쁨으로 보는, 자동화된 생명 조절 현상의 2단계와 맞물리는 자연주의적 윤리 이론이라고 할 수 있다.

한편 칸트의 의무론에서는 사건을 인식한 다음에 이성적 추론을 통해서 판단을 정당화하는 것을 도덕 현상이라고 본다. 이 이론에서 감정은 판단 이후에 발현할 뿐이다. 추론에서 중요한 것은 이유가 행동을 정당화할 수 있는가 아닌가 여부다. 이성이 중요한 칸트의 윤리론의 편에 선 윤리학자 중에는 행동을 정당화하고자 하는 욕구나 의지 같은 것을 인정하는 경우도 있다. 그렇지만 이 경우 역시 행동을 정당화하고자 하는 욕구를 충족하기 위해 합당한 이유를 찾는 것을 도덕 현상의 중요한 요소로 보고 있다. 행동을 정당화하고자 하는 욕구는 사후 합리화를 위한 것일 수 있다. 그러나 이는 배고픔이나 갈증이나 성욕을 해결하고자 하는, 즉 항상성 유지를 위한 생리적 욕구와는 구별되는 욕구로 굳이 대별하자면 사회적 인정에 대한 욕구라고 할 수 있다.

그런가 하면 행동심리학자이자 뇌과학자인 안토니우 다마지우 (Antonio Damasio)의 이론에 따르면 윤리적 판단은 감정과 이성적 추론이 동시에 일어난 후에 귀결되는 것이다. 소시오패스를 연구한 결과 복내측 전전두엽피질이 손상됐을 때 도덕적 문제가 나타났는데, 손상을 입은 부위가 바로 고등한 인지와 정서를 통합하는 부위이기 때문에 그런 것이라고 주장한다. 정서가 도덕 추론에서 필수적이라는 주장이다.

하버드 대학의 심리학자 조슈아 그린(Joshua Greene)도 꽤 재미있는 실험을 진행해 이 문제를 설명한다. 이른바 '트롤리 딜레마'라는 유명한 실험이다.

"당신은 전차 기관사이고 지금 전차는 시속 100킬로미터가 넘는 속력으로 질주하고 있습니다. 그런데 저 앞에 인부 다섯 명이 철로에 서 있습니다. 속도가 빨라 브레이크를 잡아도 멈출 수 없는 상황입니다. 대신 오른쪽으로 비상철로가 눈에 보입니다만, 그곳에도 인부가 한 명 작업하고 있습니다. 당신은 불과 몇 분의 일 초 안에 철로를 바꿀지 말지를 결정해야 합니다."

"이번에 당신은 폭주하는 전차를 다리 위에서 내려다보고 있습니다. 전차가 인부 다섯 명을 향해 전속력으로 질주하고 있습니다. 그런데 당신 옆에 엄청나게 뚱뚱한 한 사람이 역시 이 광경을 지켜보고 있습니다. 만약 당신이 그 사람을 밀쳐 전차가 들어오는 철로로 추락시키면 다섯 인부의 목숨을 구할 수 있습니다."

조슈아 그린은 이 두 가지 상황을 제시받은 피험자들의 뇌 활동도를 기능성 자기공명영상을 이용해 조사 비교했다. 결과를 요약하면, 첫 번째 상황처럼 스위치만 조작해서 결정을 내리는 경우에는 전전엽두피질에 활성이 상승한 반면, 두 번째 상황처럼 무언가 적극적 행동이 필요한 경우에는 편도체를 비롯해 정서와 관계된 부위의 활성이 상승했다.

그의 주장에 따르면 무엇이 옳고 무엇이 그르냐는 철학적 원칙과는 별개로, 실제로 인간이 긴박한 상황에서 윤리적 결단을 내려야 할 때는 이성적 판단과 정서적 판단의 갈등 속에서 우세한 쪽을 선택한다는 것이다. 그런데 여기서 중요한 것은 그게 아니다. 어느 쪽이 옳은가는 이 관찰로 결판나지 않는다는 사실에 주목해야 한다. 결국 각 행위자가 판단하고 다른 이에게 정당화를 해야 한다. 한때 이런 유형의 연구는 실험윤리학이라는 이름으로 선전되기도 했다.

도덕 현상의 적당한 설명을 찾았다고 해서 윤리 이론이 정초되는 것은 아니다. 그리고 뇌를 컴퓨터로 들여다보고 거기에 정답이 있을 것으로 보는 태도도 잘못이다.

사실 기능성 자기공명영상장치의 개발로 뇌 부위의 활성화 과정을 직접 볼 수 있게 되면서 뇌 기능마저 과학적 관찰과 실험의 대상이 되기에 이르렀다. 그런데 뇌는 컴퓨터가 아니다. 뇌는 유기체인 몸이 환경과 상호작용에 관여하는 바에 따라 반응할 뿐만 아니라 몸의 일부로서 끊임없이 변화의 노정에 놓인다. 그리고 뇌의 작업 방식이 외부 세계를 표상하는 것만도 아니다. 뇌와 신경계의 변화를 단순한 입출력으로 보는 것은 곤란하다는 말이다. 신경계는 관찰자의 입장에서 학습과 기억이라는 말을 써서 표현을 했지만 계속 표류하고 있는 체계라고 봐야 한다. 그만큼 탄력적이고 변화무쌍하다.

따라서 어떤 조건을 주고 도덕 감정의 발현이나 도덕적 판단의 귀결 같은 것을 살피고, 이러한 도덕 현상을 뇌와 연동시켜 관찰하는 것은 어디까지나 특정 조건과 국한된 대상이 보여주는 제한적인 경험 현상일 뿐이다. 도덕적인 정답을 어떻게든 뇌가 말해줄 거라고 생각한다면 오산이다. 적절한 행동거지를 배워서 타고난 행동을 억제할 수도 있고 뇌의 어떤 부위가 후천적으로 사고를 입어서 제대로 작동하지 않을 수도 있다. 어찌 되었든지 우리는 도덕적으로 옳은 무엇인가가 있다는 사실을 전제하고 있다. 결국 모든 '도덕적' 현상의 관찰이 보여주는 사실에도 불구하고, 과연 그것이 옳은가, 옳다면 왜 옳은가라는 문제는 여전히 남는다.

정리하자면 도덕의 문제에 뇌과학이 기여하고 있는 것은 사실이다. 도덕 판단과 같은 정신기능에 관여하는 뇌의 구조라든지, 신경전달물질과 정서 또는 심리의 관계 등을 통해서 도덕적 현상을 기술하는 것은 뇌과학이 할 수 있는 일 가운데 하나다. 실험과 관찰을 통해서 '사람의 행동과 심리가 이렇게 연관되는구나', '도덕적 행동이나 판단에도 뇌의 구조와 기능이 관여하는구나'라고 현상을 설명하고 기술할 수는 있다. 그러나 바로 그 행동과 심리와 판단이 도덕적으로 옳은지 여부에 대해서는 뇌과학이 알려주지 않는다. 상황에 따라 다른 사람과의 관계 속에서 판단할 수 있을 뿐이다.

나의 의지일까 뇌의 의지일까?

윤리학과 뇌과학의 관계에서 또 하나 논란이 되는 주제가 자유의지란 허상인가 실재인가의 문제다. 도덕적 책임을 이야기할 때면 자연스럽게 자유나 자발성 개념에 대한 논의가 따르고, 늘 자유의지라는 주제가 논란이 되곤 했다. 이 또한 도덕을 위협하는 개념으로 받아들여서 문제가 된다. 첫째 결정론이 위협이 된다. 결정론이란 거칠게 말하면, 어느 시점에서 그 세계에 대한 완전한 기술이 주어진다고 가정하면 그 이후의 시점에서는 세계가 정확히 어떤 상태에 놓이는지 자연법칙상 알 수 있다는 주장이다. 개인의 자유나 의지가 개입할 여지가 없다는 논변이다. 이보다는 좀 약하지만 인과론도 있다. 모든 행위에는 선행 원인이 있는데, 이 원인은 우주의 다른 사건들을 통제하는 인과 법칙 아래에서 작동한다는 논리다.

책임 개념을 옹호하려면 다양한 도전에 응답해야 한다. 게다가 뇌과학의 발전으로 이의를 제기할 가능성도 높아졌다. 예를 들어 어떤 사람의 정신 상태와 의도와 행위 모두가 그 사람의 신경계의 전기 자극과 같은 힘 때문에 발생했다고 가정해보자. 그렇다면 그 사람이 한 부도덕한 행위를 비난하거나 책임을 묻기가 곤란해진다. 인과율이 참이라면 우리는 인간의 모든 행위를 다 그렇게 바라보아야 한다. 그런데 도덕적 책임을 옹호하고자 하는 쪽에서 볼 때 여기서 문제가 끝나지는 않는다. '선택의 가치'를 중요시하는 입장에 속한다면 그렇다. 선택을 직접 해야 만족스러운 결정을 할 수 있고(도구적 가치), 결정을 하면서 자신의 취향이나 감정도 더 잘 표현할 수 있고(표현적 가치), 또한 능력 있고 독립적인 성인이라는 표시도 할 수 있다(상징적 가치). 물론 선택의 가치가 선택의 이유를 다 설명할 수는 없다. 그러나 어쨌든 우리는 결과가 선택에 의해 도출된 것이기를 바란다. 그리고 이러한 선택은 우리 자신이 스스로에게 던지는 의미와도 연관된다.

뇌과학에서 뇌가소성을 강조하는 입장도 이와 관련된다. 인간이 어떤 선택을 했을 때 그 선택이 외부 요인에 의해 일어난 것이라 해도, 선택의 과정이 '우리를 통해서' 작동한 것이라면 그 선택의 가치는 부정될 수 없다. 마치 우리의 뇌가 경험에 따라 늘 새로운 네트워크를 통해 스스로를 변화시키는 것처럼 말이다. 비록 인간의 선택이 윤리와 행동의 유일하고 절대적 기준이 되는 것은 아니지만, 그렇다고 인과율에 지배되거나 결정되는 것도 아니라는 점을 우리는 기억해야 한다.

참고한 책

《신경과학과 마음의 세계》(제럴드 에델만 지음, 범양사)

《너는 하늘보다 넓다》(제럴드 에델만 지음, 해나무)

《뇌 속의 인간, 인간 속의 뇌》(홍성욱·장대익 편, 바다출판사)

《앎의 나무》(움베르또 마뚜라나·프란시스코 바렐라 지음, 갈무리)

《우리가 서로에게 지는 의무》(팀 스캔론 지음, 한울아카데미) : 선택의 가치, 인과론과 윤리학에 대한 입장을 이 책의 본문에서 인용했다.

《뇌로부터의 자유》(마이클 가자니가 지음, 추수밭)

《뇌는 윤리적인가》(마이클 가자니가 지음, 바다출판사)

Brain, Body, and Mind: neuroethics with a human face, New York: Oxford University Press, GlannonWalter : 과학의 윤리에 대한 선구적 현대 철학자 월터 글래논이 윤리학의 뇌과학과 뇌과학의 윤리학을 함께 집필한 책으로 신경윤리학의 교과서라 할 수 있다.

Second Nature: brain science and human knowledge, New Haven: Yale University Press, Edelman Gerald(2006) : 올리버 삭스나 셔윈 눌랜드가 애호하는 뇌과학자 에델만이 지식의 역사에서 과학과 인문학이 분리된 것에 대해 문제제기한 책이다.

The Neuroscientific Turn:transdisciplinarity in the age of the brain, University of Michigan Press, Melissa M. Littlefield & Jenell Johnson eds(2012)

뇌과학의 성과는 자아에 대해
심층적인 물음을 던지죠

김시천　　신경인문학은 다분히 생소한 개념입니다. 신경인문학은 어떤 학문인지 설명해주세요.

강명신　　이해를 돕기 위해 신경인문학의 한 분야인 신경윤리학에 대해 이야기해볼게요. 신경윤리학은 뇌과학의 발견이 기존의 윤리학 개념, 즉 자유의지, 자아정체성, 책임 등과 같은 개념에 어떤 영향을 미치는지를 다루는 학문입니다. 또 신경과학 기술 자체나 그 기술의 활용이 초래할 윤리적 측면을 다루죠. 예를 들어 신경과학 기술을 치료가 아니라 인지 능력을 향상시키는 데 활용한다거나 뇌신경을 직접 자극하는 것이 가진 문제 등을 탐구합니다. 신경인문학은 바로 이런 문제들에 대해 탐구하는 학문입니다.

김시천   신경인문학을 설명하는 데 '뇌과학'이 비중 있게 다뤄집니다. 신경인문학의 핵심이 뇌과학인가요?

강명신   네, 그렇습니다. 신경은 팔·다리와 내장 등 모든 인체 기관을 지납니다. 그리고 신경은 뇌와 연결돼 있습니다. 사실 뇌도 신경이며, 인체에서 신경세포가 가장 많이 모여 있는 곳이 뇌입니다. 뇌 안에서 신경세포의 연접(Synapse)은 무수히 많고 변화무쌍해요. 뇌과학은 뇌신경과학이고, 이것의 발전이 인문학과 융합하면서 신경인문학 논의가 활발해졌습니다. 더불어 '뇌' 하면 '인지(Cognition)'를 빼놓을 수 없어요. 심리철학(Philosophy of Mind)이 등장한 지 꽤 시간이 흘렀습니다. 심리철학은 사고 실험을 바탕으로 인지를 주로 연구합니다. 예컨대 토머스 네이글(Thomas Nagel)은 〈박쥐가 된다는 것은 어떤 느낌일까?(What is it like to be a bat?)〉라는 논문을 쓰기도 했습니다. 기능성 자기공명영상장치의 개발로 눈부시게 발전한 뇌과학이 인지심리학과 융합해 '인지과학'이 나왔어요.

　서양 근대철학이 인식론을 중시했다면 20세기 후반에 들어서 이른바 인지 혁명이 일어나요. 인간의 정신 또는 마음을 이해하는 방법을 인식이 아니라 인지에서 찾기 시작한 거죠. 즉 사유 능력이 영혼으로부터 왔다고 여기다가 그 능력을 발휘하는 것이 뇌라고 간주하게 된 것입니다. 뇌과학과 인지과학의 성과가 철학을 위시한 인문학적 사유에 이의를 제기하고 있는 셈인데, 바로 이 부분에 대한 성찰이나 대응도 신경인문학의 인문학적 요소라 할 수 있습니다.

뇌는 진화의 산물이지만 사람의 뇌는 특별해요

김시천　　　뇌는 진화의 산물입니다. 진화론상에서 앞 단계에 있는 생물체는 뇌가 작고 수행하는 기능도 제한적이었어요. 그러나 이후에 나타난 유인원, 특히 사람의 경우엔 뇌가 아주 복잡합니다. 본문에서 뇌의 진화와 관련해 '사람은 특별하다. 그러나 그다지 특별하지 않다?'는 물음을 던졌는데, 어떤 의미인가요?

강명신　　　사람의 뇌가 다른 동물의 뇌와 연속선상에 있기는 하지만, 다른 종에서는 볼 수 없는 특별한 점이 있다는 사실을 강조하고 싶었어요. 고등한 종일수록 내부 연접의 증가로 대뇌피질이 아주 복잡해집니다. 이것은 기능에 따라 감각 피질과 운동 피질, 연합 피질로 나뉘는데요. 감각 피질은 머리부터 발끝까지 모든 신체기관이 외부 환경을 감각하는 것과 연관됩니다. 운동 피질은 신체기관이 움직이는 것과 연결돼 있고요. 연합 피질은 감각·운동과 관련된 내용을 처리하거나 명령하는 컴퓨터의 중앙처리장치 같은 것입니다. 그런데 사람의 연합 피질은 침팬지의 것보다 훨씬 넓어요. 여기에 고차원적 사고를 가능케 하는 무엇이 있다고 생각합니다. 그래서 사람은 반성하고 자신을 미워하기도 하며, 욕구나 행동을 계획적으로 조절하고, 가령 복수극을 기획하기도 합니다.

김시천　　　그런데 프란스 드 발의 저서《침팬지 폴리틱스》에서 침팬지들이 협동과 음모를 통해 최고 권력자를 몰아내는 등 사람과 같은 모습을 보인다고 이야기합니다.

강명신 그와 같은 시각은 프란스 드 발도 경계하라고 조언합니다. 동물을 관찰한 결과를 지나치게 의인화한 것이라 할 수 있기 때문인데요. 예컨대 동물들의 짝짓기와 사람의 성교가 다를 게 뭐가 있느냐고 주장하는 이들이 있습니다. 이에 대해 드 발 교수는 사람이 성행위를 할 때 느끼는 성정(性情)을 동물이 느끼는지 고민할 필요가 있다고 제안합니다. 저도 드 발 교수의 의견에 동의합니다. 가령 침팬지와 인간 모두 도구를 사용하지만, 도구를 사용하는 데에 사람만이 가진 특별한 무엇이 있다고 생각합니다.

김시천 뇌과학이나 인지과학과 같은 학문의 발전으로 인간의 영혼 혹은 정신의 지위가 흔들리고 있는 것 같습니다. 영혼이 꼭 종교 개념만은 아니잖아요. 위에서 말한 대로 전통사회에서 영혼은 사람이 사유하게 만드는 실체였습니다. 예를 들어 플라톤과 아리스토텔레스가 말하는 영혼(Psyche)에는 이성적 사유 능력, 윤리적 옳고 그름을 가릴 줄 아는 도덕적 판단 능력, 욕구하는 능력, 생명체로서 가진 기본적 생장 능력 등이 있습니다. 즉 당시엔 사람이 살아 움직인다는 사실에 오늘날보다 대단히 고차원적인 의미를 부여했어요.

하지만 뇌과학과 인지과학은 정신이 자연의 산물임을 밝혀냈습니다. 적어도 21세기 과학의 세기에 그 사실을 부정할 수 없어요. 그럼에도 과학계 내외부에선 정신이 자연을 넘어서는 독특한 의미를 갖지 않느냐는 이야기를 합니다. 이에 대해 어떻게 생각하나요?

강명신　　동의합니다. 과학기술이 아무리 발달해도 인문학이 가진 자양분이 없으면 사람이라는 존재의 근거가 허물어져버려요. 과학기술의 발전으로 사람의 모든 활동을 기계가 대신한다는 차원이 아닙니다. 어떤 상황에서든 인문학적 사유가 남아 있지 않으면 사람은 기계가 될 수밖에 없습니다.

　그 이유는 사람이 아픔을 느끼는 것으로 설명할 수 있어요. '아프다'는 상황은 사람이 자신의 몸의 실체를 가장 뚜렷하게 느끼는 때입니다. 나아가 사람은 아플수록 자신의 몸을 벗어나고자 하는 욕망을 갖게 됩니다. 저는 이런 기본 추동이 종교를 낳았다고 생각해요. 그런 욕망은 어디 따로 있는 게 아니라, 정신활동 가운데 사람을 사람답게 하는 것에 속한다고 봅니다. 뇌과학 등의 과학은 이를 물질로 보고 설명하거나 통제하고 싶어 하는데, 그렇지 되지는 않을 거예요.

'뇌'가 곧 '나'는 아니에요

김시천　　뇌는 분명 몸의 일부이지만, 몸의 일부가 또 아닌 것 같기도 합니다. 무엇보다 가장 중요한 신경이 밀집돼 있다는 사실에서 '뇌가 바로 나다'라는 생각이 움트고 있어요. 맞는 말인가요?

강명신　　글에서 언급한 대로 우리 몸과 뇌와 환경은 언제 어디서든 상호작용합니다. 뇌는 몸의 눈·코·귀·혀·살갗으로 느낀 것을 느끼고, 심지어 몸이 느낀다고 알아채지 못한 것도 느낍니다. 후자가 가능한 까닭은 몸과 연결되지 않고 뇌 안에서만 돌아다니는 회로가 있기 때문이에요. 이에 생각에 대한 생각, 느낌에 대한 느낌이 가능한 것이죠. 곧 뇌를 몸과 따로 떼어볼 여지가 생깁니다.

　뇌과학은 이렇게 '의식하는 나'와 '의식하지는 않지만 존재하는 나'를 발견했어요. 전통 학문에선 '생각하는 나'만을 '나'로 삼아왔음을 감안하면, 뇌과학의 성과는 자아에 대한 물음을 한층 더 복잡하고 심층적으로 제기했다고 할 수 있습니다. 하지만 주체(Subject)나 자아(Self)는 결국 '살아 있는 몸' 안에서 구현됩니다. 그리고 그 살아 있는 몸은 물리적·사회적 환경에 둘러싸여 있고요. 뇌 속의 뉴런 패키지가 곧 '나'라고 이야기할 수는 없다는 말입니다.

김시천　　합리성을 엄정하게 추구하는 과학이 뇌와 인간을 연구하며 오히려 전통사회에서 비합리적이라 천대받았던 '감정'과 '감성'을 강조합니다. 이성보다 감정과 감성이 사람의 본래 모습을 나타내는 데더 적합하지 않느냐며, 이것들을 과학적인 방식으로 이해할 수 있다는 주장이 나옵니다.

강명신　　마음 또는 정신의 작용을 인지와 정서 또는 감정(Emotion), 의욕(Willingness)으로 나눕니다. 뇌과학 연구가 이 중에서 정서를 부각하며 발달한 이유에 대해 말씀드릴게요.

1848년 미국의 한 철도 노동자가 쇠막대기에 두개골을 다치는 사고를 겪습니다. 다정다감한 성격이었던 이 노동자는 사고 후에 폭력적으로 돌변해 사람들을 힘들게 하고 괴롭히게 되죠. 이에 뇌과학 연구자들은 그가 다친 전두엽에 감정을 억제하는 무엇이 있다고 추정하고 감정에 방점을 두고 연구를 시작했어요. 때마침 기능성 자기공명영상장치가 개발돼 자극을 받으면 감정과 관련한 뇌 부분이 활성화되는 것을 직접 관찰할 수 있었죠. 뇌과학은 과거엔 설명이 불가능한 영역에 속했던 감정을 관찰과 실험, 검증으로 설명하기 위해 노력했어요. 그러다 보니 뇌과학에서 감정의 위상은 더욱 높아졌죠. 연구가 깊어지고 연구를 많이 하다 보면 그 연구 대상이 강조되는 면이 있습니다.

김시천　　　뇌를 연구하면 폭력성 등 사회에서 물의를 일으키는 사람의 문제를 해결할 수 있다는 주장이 제기됩니다. 이런 맥락에서 어떤 사람의 뇌를 이해하면 그를 이해할 수 있다는 말도 나오고요.

강명신　　　사람의 뇌 연구가 사회적으로 문제가 되는 행동에 초점을 맞추고 있는 것이 사실입니다. 그런데 이 때문에 '유전자 결정론' 같은 '뇌 결정론'이 나오기도 합니다. 유전자 결정론에 따르면, 어떤 유전자가 폭력성을 유발한다면 그 유전자를 가진 사람은 폭력 범죄를 일으킬 확률이 다분히 높습니다. 하지만 실제에선 그 유전자를 지녔더라도 끝내 폭력성을 보이지 않는 경우가 많아요. 이와 관련해 영화 〈가타카

(Gattaca)〉(1997)는 유전자가 사람의 인생을 결정한다는 가상 사회를 보여주며 유전자 결정론의 문제점을 잘 짚어줍니다. 이처럼 영화뿐 아니라 여러 학술 연구에서 유전자 결정론의 위험성은 상당히 밝혀진 상태입니다. 최근엔 뇌과학의 발전에 매료돼 뇌 결정론으로 빠지고 있는 사람이 많습니다. 이는 가령 폭행범의 뇌에서 어떤 병변을 발견하고, 그 병변을 똑같이 겪는 사람을 '아직 폭력성을 보여주진 않았어도 폭력적일 것'이라고 단정하는 이론입니다. 이를 믿는 이들은 금방이라도 정밀한 뇌과학이 나타나 뇌를 남김없이 파헤쳐줄 것이라 기대합니다.

그런데 과학은 어떤 대상을 정지해 있다고 가정하고 연구하는 학문이에요. 하지만 뇌는 살아 있는 몸 안에 있으며, 그 활동은 계속 흐르고 있어요. 이것이 글에서도 언급한 '뇌가소성'입니다. 이런 뇌의 성질 때문에 뇌를 완전히 이해하는 뇌과학은 절대로 나올 수 없어요. 그러므로 뇌가 사람을 이해하고 그가 사회에 일으킬 문제를 방지하기 위한 절대적 기준이 되어서는 안 됩니다. 사람의 행동양식을 이해하는 하나의 유효한 틀로 보는 편이 맞습니다.

김시천　　한편 마케팅으로 옮겨오면 뇌과학을 과도하게 활용해 대중이 과학 지식을 오해하게 하는 여지를 주고 있습니다. 예를 들면 과학자들은 도저히 입에 올릴 수 없는 안티에이징이란 용어가 대부분의 화장품 광고에선 빼놓지 않고 등장합니다.

강명신　　맞아요. 가령 어떤 과학 연구가 100개의 계단 중 1개만 올라간 상태인데, 광고나 언론 등 대중 매체는 그 연구 성과가 꼭대기에 다다른 것처럼 부풀리는 경우가 많아요. 이와 관련한 다른 예를 들어보겠습니다. 불임 부부가 생각하는 성공은 건강한 아기를 품에 안는 것입니다. 그런데 대중 매체는 배양 접시에서 수정이 됐다는, 출산까지 이르는 여러 단계 중 하나뿐인 사실을 마치 불임 부부가 체외수정으로 단번에 아이를 낳을 수 있는 것처럼 부풀려 홍보합니다. 대표적인 예로 성체줄기세포 배양 사실을 곧 척추 마비 환자를 일으켜 세울 것처럼 과장한 사태를 들 수 있습니다.

뇌과학의 쟁점, 자유의지에 대하여

김시천   뇌과학의 연구는 법과 윤리의 영역을 바꾸고 있다는 이야기가 나오는데, 이와 관련한 사례를 소개해주세요.

강명신   앞에서 언급한 대로 뇌 결정론은 불가능하기 때문에 그 결과는 유효한 증거가 아닌 참고사항 정도로 취급해야 하는데 남용 또는 오용될 소지가 많습니다.

몇 년 전 〈뉴욕타임스〉에 보도된 기사인데요, 한 남자가 창밖으로 부인을 내던져 살해한 사건이 있었어요. 피의자는 자신의 행위가 고의가 아니었음을 증명하기 위해 전두엽 종양이 나온 뇌 스캔을 제시했습니다. 법원도 이를 증거로 채택함으로써 그 사건이 피의자의 자유의지로 발생한 것이 아니라고 인정했습니다. 어떤 행위에 대해 행위자에게 책임을 지우려면 그가 자유의지로 그 행위를 했다는 사실이 전제돼야 합니다. 이런 차원에서 그 법원은 해당 사건을 가령 몽유병 환자가 의식이 없는 상태에서 그의 의지와 무관하게 저지른 일처럼 본 것입니다. 똑같은 뇌 병변이 있더라도 동일한 증상을 보이지 않는 경우가 많다는 점에서 뇌 영상 소견을 결정적 증거로 본 것이라면 대단히 위험한 판결입니다.

김시천　　　그 판례는 현재 뇌과학에서 철학적·윤리학적 쟁점으로 꼽히는 '자유의지' 문제를 보여주네요.

강명신　　　전통적으로 '자유의지'의 개념을 부정하는 학자가 많았어요. 학자들은 결정론과 인과론이 사람의 자유의지와 양립한다고 생각하느냐 그렇지 않느냐에 따라 양립론자와 비양립론자로 갈립니다. 후자의 사례로 미국의 뇌과학자 벤저민 리벳(Benjamin Libet)은 1983년 실험에서 '사람이 어떤 행동을 실제로 하기 전에 뇌가 더 빨리 움직임을 밝혔다'고 주장했습니다. 이에 앞서 19세기에 과학적 심리학의 태동이라 일컬어지는 빌헬름 분트(Wilhelm Maximilian Wundt)의 실험도 있었습니다. 이 실험에서 분트는 피실험자에게 처음에는 벨소리를 듣자마자, 다음번엔 '내가 벨소리를 들었음'을 의식했다고 느낀 순간 버튼을 누르라고 지시했어요. 결과는 전자가 가령 0.5초 걸렸다면 후자는 1초가 소요됐습니다. 리벳이 뇌가 먼저 움직였다고 한 것이나, 분트가 의식하는 데에 시간이 더 걸린다고 한 것이 제가 보기엔 의식하고 의도하기 전에 뇌가 상황 파악을 한 것으로 보는 게 맞고, 이것으로 자유의지가 없다고 하는 것은 말이 안 된다고 생각합니다.

물론 위 실험의 결과에 반박하는 뇌과학자도 있습니다. 저는 앞의 연구자들의 입장과는 반대로 윤리학자로서 자유의지가 중요하다고 생각합니다. 자유의지는 '선택'을 하는 내적 주체입니다. 위에서 소개한 연구처럼 자신이 어떤 선택을 했을 때, 그 선택은 내 '뇌'가 또는 '내가 모르는 나' (위에서 한 설명을 빌리면 '의식하지는 않지만 존재하는 나') 가 한 것일 수도 있어요. 하지만 우리는 대부분 '선택의 가치'를 중시합니다. 그리고 '내가 무언가를 선택했다'고 했을 때 '나'에 방점을 두고자 해요. 이런 바람은 적어도 도덕적 책임을 물을 때 그 근거인 자유의지가 완전한 허상이라고 간주할 수 없게 만듭니다. 자유의지가 신경과학적으로 따져서 실재하지 않더라도, 윤리적으로 중요하다는 말입니다. 뇌과학의 발달은 행위에 대한 책임을 누구에게 어떻게 묻느냐는 문제를 대단히 복잡하게 만들어, 법과 윤리 체계 등에 상당한 영향력을 끼친다는 사실은 분명합니다. 이와 관련한 논쟁을 들을 때마다 개인적으로 다행이라고 생각하는 부분이 있어요. 플라톤이 살던 때 '몸'은 영혼을 담는 껍데기로서 취급받았어요. 하지만 오늘날 '몸'은 '나'라는 자아가 활동하게 하는 '뇌'를 담고 살아 움직이는 것으로 대우받는다는 점입니다. 이로 인해 가령 손으로 컵을 쳐서 그것이 깨졌다면 자유의지의 실재 여부를 제쳐두고 일단 자신이 한 일임은 명확해집니다.

김시천　　　뇌과학이 다른 분야에 미치는 파급력을 감안하면 인문학과 뇌과학의 경계에 선 신경인문학은 어떤 미래 인문학보다도 더 중요한 위치를 차지할 것으로 보입니다. 이와 관련해 마지막으로 하고 싶은 말이 있으시다면요?

강명신　　　신경인문학이 등장하면서 인문학자들이 뇌과학자만큼 뇌과학의 연구를 면밀히 살펴보는 태도가 필요해진 것은 사실입니다. 하지만 그렇다고 인문학자들이 뇌과학의 전개에 너무 빠지지 말았으면 합니다. 무엇보다 왕성한 호기심과 깊이 있는 사유를 바탕으로 뇌과학자들에게 꼼꼼하게 질문을 던져 분명한 대답을 듣는 과정을 놓치지 않아야 합니다.

　또한 독자들에게도 한마디 남기고 싶습니다. '다중 자아론'에 따르면 내 안에는 '느끼는 나', '행동하는 나', '후회하는 나' 등 여러 '나'가 있어요. 그런데 과연 그 느끼고 행동하며 후회하는 등 '각기 달리 표출되는 나'와 그것들을 '주관하고 통제하는 나' 중 어떤 것이 진정한 '나'일까요? 다시 말해 어떨 때 자신이 살아 있다고 느낄까요? 우리는 '살아 있는 것처럼' 살고 싶어 합니다. 살아 있다는 사실을 일깨워주는 '나'에는 내가 가장 소중하게 생각하는 무언가가 있다고 생각해요. 거듭 말하지만 뇌만으로는 '나'를 다 알 수 없어요. 독자들이 신경인문학이란 낯선 학문들 간의 시냅스에 관심을 갖게 되는 데에 이 글이 도움이 되길 바랍니다. ✝

디지털 세대에게 인문학을 어떻게 가르쳐야 할까?

오준호

카이스트 문화기술대학원 박사를 마치고 현재 서강대학교 영상대학원 부교수로 일하고 있다. 매체의 물질성이라는 개념을 중심으로 실험영화, 미디어 아트를 연구해왔다. 디지털인문학에 대한 관심은 뉴미디어 연구에서 비롯되었다. 뉴미디어의 고유한 특성에 관심을 가지면서 자연스럽게 뉴미디어의 출현으로 인한 글쓰기, 출판, 미디어 제작 교육 등의 변화를 연구하게 되었고, 이러한 주제들이 디지털인문학의 한 분야를 형성하고 있기 때문에 디지털인문학에 관심을 두게 되었다.

intro

디지털인문학(Digital Humanities)은 정보통신기술(ICT)을 활용한 인문학 연구와 교육, 그리고 이와 관계된 창조적 저작 활동을 포괄하는 용어다. 디지털인문학이라는 정식 명칭은 2004에 출간된《디지털인문학 편람(A Companion to Digital Humanities)》에서 사용되었고, 2006년 미국인문학재단의 사업단 명칭으로 편성되면서 정착되었다. 하버드 대학 에드워드 와그너(Edward Wagner) 교수와 전북대 송준호 명예교수가 함께한 조선시대 문과 급제자 1만 4600명의 인맥 지도를 전산화한 프로젝트(1967), 조선왕조실록 국역본 시디롬 편찬(1995)이 대표 사례라 할 수 있다. 그리고 2015년 5월 한국디지털인문학협의회가 결성되면서 디지털인문학은 새로운 국면을 맞이하고 있다.

젊은 세대에게 디지털은 혁신이 아니라 일상

한때 우리는 휴가를 준비하며 여행 안내 책자를 뒤적거렸다. 하지만 이제는 인터넷을 검색한다. 지방자치단체는 여행지에 대한 교통 정보를 비롯하여 역사적 유래, 관광 코스 등 다양한 콘텐츠를 문자와 영상 그리고 이미지를 통해 입체적으로 보여준다.

이런 시대를 우리는 디지털 시대라고 한다. 구글의 구텐베르크 프로젝트(철학, 문학, 역사 등 인문 분야에서 저작권이 소멸된 작가와 사상가들의 저작을 무료로 제공하는 사이트)는 엄청난 양의 책과 문서를 디지털화했다. 구글 검색을 통해 책과 사진, 영상 정보를 얻을 수 있게 되자 "구글신은 무엇이든 알고 있다"는 표현까지 등장했을 정도다. 심지어 디지털 교과서, 디지털 마케팅 등 수많은 것들 앞에 '디지털'이라는 수식어가 붙을 정도로 디지털은 우리의 일상이 되었다.

예를 들어 1990년대 《조선왕조실록》 국역본이 시디롬으로 제작되었다. 《조선왕조실록》에서 필요한 부분을 찾기 위해 수십여 권의 책을 살펴야 했던 상황은 검색어를 입력하고 엔터를 누르는 간단한 작업으로 대체되었다. 드라마 〈대장금〉이 《조선왕조실록》에서 왕실의 음식문화와 관련된 내용을 참고할 수 있었던 것은 바로 위와 같은 환경에서 가능했다는 사실은 잘 알려져 있다.

이 때문인지 국내에서는 어떤 단어 앞에 '디지털'이란 단어가 붙으면 '새로운', '혁신적인', '진일보한' 등의 의미로 이해되었다. 그 결과 디지털 콘텐츠는 아날로그 미디어로 제작되고 유통되던 저작물보다 파급력과 전달력이 크고, 투자 비용 대비 경제적 부가가치가 막대할 것으로 기대되었다.

또한 디지털 미디어는 곧 뉴미디어이고, 뉴미디어는 올드미디어와는 달리 쌍방향으로 작동해, 개방, 공유, 참여, 협업을 확대하여 집단 지성과 직접 민주주의에 기여할 것이라는 기대를 낳았다. 디지털 하면 떠오르는 이 모든 긍정적 단어들은 사실 1990년대에 정부 정책과 언론을 통해 구축된 연상의 계열들이다.

20여 년이 지난 지금, 디지털 미디어는 더는 새로운 미디어가 아니다. 1990년 중반에 태어나 이제 막 대학에 입학하기 시작한 학생들은 디지털 세대이다. 그들을 둘러싼 미디어 환경 자체가 디지털 미디어다. 이런 상황에서 디지털이라는 용어를 새롭다거나 미래의 가치로서 서술하는 것은 시대착오적이다. 어쩌면 디지털을 혁신과 연계시키는 사고는 여전히 디지털이 낯설고 어려운 세대임을 고백하는 것에 다름 아닐지도 모른다.

디지털인문학의 두 물결

2010년대 초반까지만 해도 디지털인문학(Digital Humanities)은 매우 낯선 단어였다. 그런데 불과 몇 년 사이 디지털과 인문학의 만남은 현실이 되었다. 대학에서는 과학기술과 인문예술의 융합을 정체성으로 내세우는 학과를 신설하거나 역사콘텐츠학과, 한일문화콘텐츠학과 등학과 명칭 뒤에 콘텐츠를 덧붙이는 방식으로 학과 정체성의 변화를 시도하고 있다. 교육부 산하 한국연구재단은 2014년부터 디지털인문학 사업을 공모해 지원하고 있다. 참고로 한국연구재단에서 2014년에 공모한 〈디지털인문학 사업 신청요강〉에는 디지털인문학을 다음과 같이 정의하고 있다.

> "인문학 관련 디지털 콘텐츠 구축사업은 전 세계적으로 확산되고 있으며, 총칭하여 디지털인문학이라고 명명되고 있음"
>
> "2014년의 경우 무엇보다 개발 대상 인문학 소재의 맥락화·구조화에 입각한 체계적인 디지털 콘텐츠 개발을 모색함으로써, 향후 이 사업의 올바른 방향을 제시"
>
> "인문지식 텍스트와 그 내용 및 문맥을 시각적으로 보여주는 멀티미디어 콘텐츠(사진, 동영상, 파노라마 영상, 전자지도, 3D 모델링 등)를 학술적 스토리의 맥락에 따라 구조화한 하이퍼미디어 콘텐츠 개발"

디지털인문학이 학문적으로 중요한 논의의 대상이 된 것은 비교적 최근의 일이다. 그러나 그 기원은 1940년대까지 거슬러 올라간다. 디지털인문학의 효시는 컴퓨터를 언어와 문학 분석에 활용한 전산인문학(Computational Humanities)이다. 이를 처음으로 활용한 이는 이탈리아 출신의 예수회 신부인 로베르토 부사(Roberto Busa)이다. 그는 IBM의 도움을 받아 토마스 아퀴나스(Thomas Aquinas)의 저작을 비롯하여 중세 라틴어 텍스트의 용어색인을 디지털화하는 데 성공했다.

오늘날 디지털인문학은 인문학과 정보통신기술(ICT)이 합쳐진 융합 학문을 뜻한다. 앞서 소개한 로베르토 부사의 경우처럼 디지털인문학의 초기는 단지 컴퓨터를 인문학 연구에 활용하려는 시도에서 이루어졌다. 그래서 인문학 전산화(Humanities Computing) 또는 전산인문학으로 불렸다. 즉 다양한 텍스트를 입력하고 이를 검색, 색인, 통계 처리 등으로 활용하는 것을 의미하였다. 최근에는 전자적인 방법으로 의미 있는 사실을 찾아내는 데이터 마이닝(Data Mining)과 데이터 시각화에 힘입어, 한 개인이 접근하기 어려울 만큼 방대한 양의 텍스트를 분석하고 의미를 추출하여 이를 시각화하는 단계에 이르렀다.

디지털인문학에 대한 논의는 간단한 전제에서 시작한다. 디지털 기술이 학자들의 연구 도구에 그치는 것이 아니라 연구를 질적으로 변화시킨다는 것이다. 구글 스콜라(Google Scholar) 등을 이용해서 디지털화된 방대한 자료를 쉽게 검색할 수 있는 상황은 연구 주제의 설정, 문헌 연구, 연구 방법 등에서 질적인 차이를 만들어낸다는 점을 깨닫게 된 것이다.

디지털인문학은 논의가 진행되는 과정에서 많은 변화를 겪었다. 프레즈너(Todd Presner)는 〈디지털인문학 2.0(Digital Humanities 2.0)〉(2010) 이라는 글에서 이러한 변화를 두 가지 물결로 구분해서 설명했다. 그에 따르면 1990년대 후반과 2000년대 초반에 일어난 디지털인문학 연구의 첫 번째 물결은 인쇄된 자료를 디지털로 변환해서 아카이브를 구축하는 데 집중했다. 반면 두 번째 물결은 인쇄 매체의 영향에서 벗어나 지식을 창조하고 생성하는 새로운 시도라 할 수 있다.

프레즈너는 두 번째 물결의 예로 자신이 참여한 하이퍼시티스(Hypercities, http://hypercities.com)를 꼽는다. 하이퍼시티스는 맥아더 재단의 후원을 받아 캘리포니아 대학교와 서던캘리포니아 대학교가 개발을 맡은 프로젝트로 구글 지도 기반으로 전 세계 주요 도시의 역사적인 지도를 레이어로 배열하고 지리 정보와 그 지역의 문화, 역사 등과 관련된 멀티미디어 자료를 사용자가 추가할 수 있게 만들었다. 지리학, 역사, 문화 연구 등의 학자들이 정보기술을 기반으로 협업했다는 점과 텍스트를 벗어나서 영화, 사운드, 애니메이션, 그래픽 등의 멀티미디어 자료가 사용자에 의해 자유롭게 추가된다는 점에서 기존의 프로젝트와는 차원이 다른 시도였다.

디지털 자료를 읽는 방법, 거리 두고 읽기

최근 디지털인문학을 주도하고 있는 나라는 미국이다. 현재 미국에서 진행되는 디지털인문학 관련 연구는 시각화 프로젝트인 경우가 많다. 이를 '거리 두고 읽기'(Distant Reading)라고 한다. 기존의 인문학 연구는 연구자가 텍스트를 비판적으로 읽고 해석하는 방식으로 이루어졌기 때문에 이를 '가까이 혹은 면밀한 읽기'(Close Reading)라고 표현할 수 있다. 거리 두고 읽기는 이와 대비된다는 점에서 붙여진 이름이다.

'가까이 읽기' 방식으로는 한 연구자가 읽을 수 있는 텍스트의 양이 한정될 수밖에 없다. 반면에 연구자가 방대한 양의 텍스트를 직접 읽지 않고 디지털 미디어를 활용해서 텍스트 간의 관계를 분석하는 것이 '거리 두고 읽기'이다. 한마디로 패턴을 생산하고 이 패턴을 분석한다고 할 수 있다. 이렇게 보면 디지털인문학은 사회과학에서 유행하고 있는 빅데이터 분석과 관계가 있으며 인문학이 정량과학이 되어가는 것을 의미한다.

디지털인문학의 연구 결과가 패턴 분석이 많다고 해서 디지털인문학의 범위가 이에 국한된다는 의미는 아니다. 패턴 분석에 치중하는 연구들의 경우 지나치게 컴퓨팅 능력을 강조하는 경향이 있다. 개인적으로 흥미를 느끼는 디지털인문학은 디지털이 이미 우리 일상에 스며들어 있다는 것을 자연스럽게 받아들이고, 이로 인한 변화가 무엇인지를 연구하는 것이다.

이런 연구들은 디지털 기술이 우리 생활을 과연 어떻게 바꾸었고, 이에 따라 인간의 사고가 어떻게 달라졌는지를 기술적 차원에서 살펴볼 수 있다. 이를테면 인간이 디지털 미디어를 통해서 이미지를 소비하면서 이미지를 감각하는 방식이 어떻게 달라졌는지를 묻고 답하는 일은 디지털인문학의 중요한 과제 중 하나다. 이런 변화는 장기간에 걸쳐 이루어졌고, 연구자 스스로가 그러한 변화 안에서 살아왔기 때문에 실제로 이미지에 대한 감각이 어떻게 변했는지 구체적으로 답하기란 쉽지 않은 일이다.

이와 같은 예를 드는 이유는 디지털인문학을 논의할 때, 디지털이란 단어로 수식되는 인문학이 마치 진일보한 인문학, 새로운 인문학, 미래의 인문학과 같은 의미로 이해되는 것을 우려하기 때문이다. 디지털은 이미 우리의 일상 곳곳에 침투해서 장기간에 걸쳐 변화를 만들어내 왔다. 따라서 디지털인문학에서 다루는 과제들은 지극히 일상적인 문제라는 점을 잊지 않아야 한다.

디지털 세대는 디지털을 어떻게 활용할까?

미국에서 디지털인문학 연구의 성과가 광범위하게 축적될 수 있었던 배경에는 미디어 리터러시(Media Literacy, 미디어 문해력)를 교육한 역사가 있기 때문이다. 전통적으로 리터러시는 문자와 숫자를 읽고 쓸 줄 아는 능력을 의미했다. 미디어 리터러시는 현대의 매체 환경이 활자 중심에서 소리, 영상, 멀티미디어 등으로 변화함에 따라 이러한 미디어를 통해 전달되는 메시지를 비판적으로 읽고 또 생산할 수 있는 능력을 의미한다. 디지털인문학 역시 디지털 미디어를 비판적으로 읽고 쓰는 방법을 다룬다는 점에서 미디어 리터러시의 연장선상에 있다. 우리나라 교육 현장에서 시행되는 콘텐츠를 중심으로 한 융합교육에 중요한 것이 미디어 리터러시 교육이다.

매사추세츠 공과대학의 비교미디어연구 프로그램의 디렉터였던 헨리 젠킨스(Henry Jenkins)는 디지털 미디어에 관한 연구 보고서 〈참여문화의 도전들을 마주하기-21세기를 위한 미디어 교육〉에서 창의적인 십대 네 명을 소개한다. 이 보고서는 맥아더 재단이 2006년부터 5년간 5000만 달러를 지원한 "디지털 미디어와 학습" 연구 과제에 대한 보고서 중의 하나다. 이 자료는 디지털 기술이 어린 학생들의 학습, 놀이, 사교 등에 미치는 영향을 분석하고 새로운 세대를 위한 교육은 어떤 방향으로 나아가야 하는지를 제안하고 있다.

보고서에 등장하는 학생은 〈심즈 온라인〉 게임에서 가장 큰 도시인 알파빌의 시장이 되기 위해 선거에 나선 중학생 소녀, 학생들이 읽기와 쓰기에 관심을 갖도록 해리 포터의 배경이 되는 호그와트에서 매일 일어나는 가상의 사건을 구성해서 인터넷 신문을 만든 14세 소녀, 넷스케이프사에서 인턴으로 일하다가 전 세계 수천 명의 사람들과 협업해서 파이어폭스 브라우저의 개발을 이끈 14세 소년, 졸업을 앞두고 클레이 애니메이션 작품을 만들고 온라인으로 스티븐 스필버그가 그 작품을 보도록 설득하여 드림웍스(Dreamworks) 홈페이지에 작품을 올린 고등학생, 이렇게 넷이다.

젠킨스는 이 학생들이 미래의 정치인, 교육자, 기업인, 미디어 제작자로서 스스로를 교육하는 방식에 주목했다. 이 학생들이 각자의 관심을 실현하기 위해 배우고 익힌 기술이나 지식은 공교육이 제공하지 못하는 것들이었다. 학생들은 게임이나 온라인 커뮤니티 등의 새로운 미디어 환경에 참여하고 네트워크상의 다른 사용자들과 협업하여 자기주도적으로 학습하였다. 이 연구에서 젠킨스의 문제의식은 공교육이 어떻게 뉴미디어 환경에서 자라난 학생들의 사고방식과 학습방식을 반영할 수 있는가에 있었다.

젠킨스의 보고서는 미디어 환경 변화에 따른 학생들의 학습 태도를 관찰하여, 그 변화를 반영할 수 있는 교육 내용과 방법을 고민하자는 데에 그 의미가 있다. 현재 한국에서도 활발하게 전개되고 있는 융합형 인재를 양성해야 한다는 주장이 단지 기술개발 중심으로 이루어진다면, 이는 결국 신산업 인력 양성이라는 산업과 자본의 요구에 부응하는 결과밖에 되지 않는다.

신기술 창출보다 근본적인 융합교육의 내용과 방법론을 구성하는 것이 중요하다면, 미디어 환경의 변화를 교육에 반영하고자 한 숱한 시도와 현재의 논의를 살펴볼 필요가 있다. 미디어 환경 변화를 고려한다는 것은 미디어 기술이 인간의 사고와 행동에 미치는 영향을 기술과 인문학적 관점에서 동시에 성찰해야 한다는 것을 의미하기에 근본적으로 융합적인 관점이 필요하기 때문이다.

그리고 미디어는 학생들의 사고, 학습, 사교 등을 구성하는 주요인으로 변화하는 세대를 이해하고 그들에게 적합한 교육론을 고민하는 데 반드시 검토해야 하는 사항이기 때문이다. 여기서 나는 1970년대부터 미디어 교육을 통해 융합교육을 실천한 뉴욕 주립대학교 버펄로의 사례를 소개하고자 한다. 이를 통해 현재 디지털 기술이 일으킨 변화들을 인문학 학제 내에 반영하려는 디지털인문학 관련 논의를 소개하고 융합교육에서 인문학과 예술 교육의 가치를 살펴보고자 한다.

인문학과 디지털 융합교육의 성공 사례

뉴욕 주 서쪽에 에리 호수를 끼고 있는 버펄로 시는 19세기 초반에 뉴욕 시까지 연결하는 에리 운하가 개발되면서 호황을 맞았다. 20세기 초에는 시카고 다음으로 큰 기찻길의 중심부가 되면서 더욱 번영을 누렸다. 그러나 1957년 이후 에리 운하가 세인트로렌스 강을 통하는 해양 루트로 대체되고, 운송 수단으로서 기차의 중요성이 감소하면서 버펄로 시는 쇠퇴의 길을 걷기 시작했다. 경제적 쇠퇴를 극복하기 위해서 버펄로 시가 선택한 것은 문화였고, 이에 맞추어 뉴욕 주립대학 버펄로 캠퍼스를 중심으로 문화, 교육, 연구에 집중했다.

이러한 배경에서 1972년 영문학과 교수 제럴드 오그래디(Gerald O'Grady)는 미디어 연구와 미디어 아트의 전문적 교육을 뒷받침할 수 있는 세 개의 기관을 설립했다. 미디어 연구 센터, 교육 커뮤니케이션 센터 그리고 독립적이고 공공적인 성격의 기관인 미디어 연구·버펄로가 그 기관들이다. 이 세 기관의 책임자로서 오그래디는 탁월한 능력을 발휘해서 각 기관이 유기적으로 협업하는 모델을 만들고 미국 최초로 미디어 아트에 학위를 수여한 고등교육 기관으로 발전시켰다. 이 세 기관을 운영하는 방식에서 미디어 교육을 중심으로 한 오그래디의 교육철학이 드러난다.

첫 번째로 미디어 연구 센터는 학부생과 대학원생에게 융합교육을 제공하는 것을 목표로 하였고, 그 중심은 필름, 비디오, 컴퓨터에 대한 이해와 활용 능력을 가르치는 것이었다. 오그래디는 필름, 비디오와 컴퓨터 그리고 이와 관련된 활동을 기술적 차원과 창작 활동의 맥락은 물론 커뮤니케이션 매체들이 문화의 진화 과정에서 어떻게 이루어져 왔는가를 이해시키고자 했다. 교육의 목표를 예술과 기술로 분리시키지 않고, 역사적이고 구체적인 문화 양식과 공동체의 문제 상황에 관련해서 이해시키고자 한 것이다.

두 번째로 교육 커뮤니케이션 센터는 총 119개 학부와 프로그램에서 운영하는 정기적인 교과목에 교육적인 미디어 자료와 그에 필요한 장비를 제공하는 역할을 했다. 이 센터는 시청각 장비 서비스, 미디어 도서관, 시각 디자인·제작, 엔지니어링과 기술적 서비스, 교육용 개발, 언어와 학습 실험실, 보건학 학습 자료 센터, 공공 라디오 방송으로 구성되었다.

앞에서 언급한 맥아더 재단의 연구 과제가 뉴미디어 환경에 맞춰 디지털 리터러시와 교수법을 구성하기 위한 노력이었다면, 교육 커뮤니케이션 센터는 당시의 주류 미디어였던 텔레비전과 비디오에 맞는 미디어 리터러시를 교육하고 각 학제에 미디어 교수법을 도입시키고자 한 시도였다.

세 번째로 미디어 연구·버펄로는 교육의 공공성에 대한 고민에서 출발했다. 이 기관은 설립 당시부터 지역 공동체에 지속적인 교육을 제공하는 것을 목적으로 했다. 오그래디는 미디어 연구·버펄로의 목표를 "이미지와 사운드 실험 및 제작에 관한 워크숍, 창의적 미디어 교육 방법 지도, 전자 회로 구성과 전자 예술 도구의 디자인에 관한 교육, 모든 시민에게 장비 접근 허용, 영상이나 스틸 이미지, 새로운 음악에 사용되는 모든 포맷과 관련한 상영, 콘서트·전시·토론회 개최, 미디어 제작자들의 작품 배급과 경제적 보상 문제에 개입, 미디어의 심리-문화적 효과에 관한 모든 측면들의 연구와 보급"으로 제시하였다.

오그래디가 이렇게 목표를 설정한 것은 '이론-제작-배급-상영 및 전시-아카이브'라는 선순환을 만들어내고 모든 시민을 잠재적인 미디어 제작자이자 수용자로 교육해 미디어의 공공성을 확보하려고자 함이었다. 미디어 공공성에 대한 고민은 시민 권리 운동과 베트남 전쟁 반대 투쟁에서 비롯한 정치적 흐름과 관련이 있었다.

미디어 연구·버펄로에서 상영한 작품들은 실험영화 작가 홀리스 프램튼(Hollis Frampton), 영화 제작자이자 아방가르드 뮤지션 토니 콘라드(Tony Conrad), 미디어 미학자 페터 바이벨(Peter Weibel) 등 그 당시 혁신적인 예술가들의 작품이었다. 이들은 예술가이자 교사로 커리큘럼 구성과 학생 지도 그리고 공공 교육에 적극 참여하였다. 여기서 교육과 미디어의 공공성에 대한 이상적인 모델을 발견할 수 있으며, 대학의 사회 참여 의미를 다시 생각하게 된다.

오그래디의 교육철학은 텔레비전과 비디오가 초래한 새로운 미디어 환경을 반영하는 교수법을 발전시켰고, 교육의 공공성에 관련해서 지금도 시사하는 바가 크다. 새로운 미디어의 등장이 인간의 의식과 문화에 미치는 영향을 다양한 이론을 통해서 연구하고, 미디어 기술을 이해하고 이를 물적 토대에서부터 다룰 수 있는 능력을 키우도록 했다. 한편 과학적 연구 방법을 통해 미디어 기술의 심리적 영향을 분석하고, 예술가들이 교육과 창작에서 협업할 수 있는 구조를 만들고, 그 결과물이 최종적으로 시민 사회에 공개되고 지속적인 교육이 가능하도록 하였다.

디지털 미디어를 대하는 한국과 미국의 차이

21세기에 들어서면서 한국의 여러 대학들 또한 다양한 변화를 시도하면서 수많은 학과와 전공 과정이 이름을 바꾸면서 시대적 흐름을 반영하고자 했다. 그런데 디지털 미디어 환경을 수용하고 반영하는 학제들을 포괄하는 가장 상위의 카테고리를 보면 한국과 미국은 커다란 차이를 보인다. 국내에서는 디지털 콘텐츠 혹은 문화 콘텐츠라는 상위 카테고리가 하위의 영화, 게임, 출판, 만화, 캐릭터, 애니메이션, 음악, 방송, 지식정보, 문화기술 등을 포괄하고 있고, 관련 학과들이 디지털 콘텐츠 교육기관으로 분류된다.

주지하다시피 정부 주도하에 미래 성장 동력으로 추진된 콘텐츠 산업 육성에 대학이 호응해 관련 학과가 많이 생겨났는데, 각 학과별로 장르별 차이뿐만 아니라 제작 실기, 저작 기술, 스토리텔링 및 기획 중에서 무엇을 강조하느냐에 따라 발생하는 차이가 큰 편이다. 이러한 차이에도 디지털 콘텐츠라는 카테고리에 포함할 수 있는 것은 산업적인 구분에 근거하고 있기 때문이다. 그런 탓에 관련 학과들이 차이를 넘어서 공통의 기반으로 삼을 수 있는 이론적 연구와 교육 내용은 부실한 실정이다. 이와 다르게 미국에서는 디지털 미디어를 인문예술학에서 수용하는 상위 개념으로서 디지털인문학이 자리를 잡았다. 이 과정에는 국내의 경우와 같이 정부 기관의 적극적인 후원과 투자가 있었다. 다만 국내에서는 산업 육성에 초점을 맞춘 기관에 의해서였다면, 미국은 국립인문재단이라는 학술 진흥 성격의 재단에 의해서였다는 차이가 있다. 학술 연구 위주로 진행되는 성격 때문에 디지털인문학 관련 연구는 연구 센터를 중심으로 진행되고 있으며, 이는 외부 기관의 펀드에 센터 운영과 연구가 종속되는 한계를 갖는다. 연구 프로젝트 또한 주로 아날로그 자료들의 데이터화, 디지털 자료의 보존, 데이터 마이닝과 데이터 시각화를 통한 자료 해석의 새로운 방법 탐색 등으로 데이터베이스 구축과 이를 효과적으로 관리하고 검색할 수 있는 툴의 개발에 초점을 두고 있다.

따라서 국내에서 산업적인 기준으로 여러 학제를 재편하는 것이나 미국에서 정보기술을 인문예술 연구에 적용하는 방법을 중심으로 다양한 학제를 통합적으로 접근하는 것 모두 융합 학제의 편성과 운영이라는 측면에서는 한계가 있다. 그러나 국내의 디지털 콘텐츠 관련 학과들이 참고하고 고민해볼 만한 내용이 있으므로 참고하기 바란다.

마지막으로 이 글은 출판사의 요청으로 2012년 기초조형학연구 13권 6호에 게재한 〈융합교육으로서 디지털 미디어 교육에 관한 연구-뉴욕 주립대학교 버펄로와 디지털인문학 논의를 중심으로〉를 편집하여 원고와 대담의 형식으로 재구성한 것이다. 물론 단행본 형식에 맞게 각주 등을 본문에 포함시켰고, 시간이 흘러 첨언하고 싶은 부분을 덧붙였다.

2012년의 글이기 때문에 지난 4년간 발표된 연구 성과는 포함하지 못한다는 한계가 있다. 이 글이 2016년에 다시 디지털인문학을 다루는 챕터로서 책에 포함될 가치가 있다면, 최근의 성과들이 아니라 그 성과들을 얻기 위해 거쳤던 논의 과정을 다루고 있기 때문이라고 생각한다.

참고 자료

〈인문학 컴퓨팅을 위한 제도모델〉(*Institutional Models for Humanities Computing, Literacy and Linguistic Computing*, 18(4), 2003, pp.465-489.) : 윌라드 맥카티(Willard McCarty)와 매튜 커셴바움(Matthew Kirschenbaum)이 펴낸 보고서. 디지털인문학 관련 기관들의 목록을 볼 수 있다.

http://idah.indiana.edu/index.php/re/bib1 : 맥아더 재단의 디지털 미디어와 학습 연구 과제를 관리했던 HASTAC(Humanities, Arts, Science, and Technology Advanced Collaboratory)의 홈페이지. 디지털인문학 관련 기관들의 목록을 볼 수 있다.

기성세대도 디지털 용어를
이해해야 합니다

김시천　　본문을 읽은 독자들은 다른 글에 비해 내용이 어렵다고 생각할 수 있을 것 같습니다. 그 이유는 이 글의 성격 때문이기도 하겠지만, 더 정확하게는 글에 등장하는 용어들이 낯설기 때문일 듯한데, 선생님께서는 어떻게 이 낯설고 난해한 디지털인문학에 관심을 갖게 되셨나요?

오준호　　저는 학부에서 공학을 공부했어요. 그러다가 미디어 아트를 공부했고, 매체기술과 이론에 관심을 갖게 되었습니다. 그 연장선상에서 디지털인문학과 인연을 맺었다고 할 수 있죠. 이 점이 제가 인문학 연구자들과 다른 측면일 거라 생각해요.

김시천　　저도 몇 년 전부터 디지털인문학에 관심을 갖고 관련 자료를 찾아봤어요. 하지만 같은 말인데 전혀 다른 의미로 쓰이고, 관련 용어를 이해하지 못하면 책을 읽는 것 자체가 쉽지 않았어요.

오준호　　그랬을 겁니다. 인문학 용어와 달리 디지털과 관련된 용어는 무척 생경해요. 바로 우리가 문자를 읽고 쓸 줄 아는 능력을 지칭하는 용어, 즉 문해력으로 번역되는 '리터러시(literacy)'의 문제죠. 디지털인문학은 기본적으로 정보기술의 용어를 그대로 사용하기 때문에 이 용어들에 익숙해질 필요가 있습니다.

김시천　　디지털인문학에 입문하는 것은 소설이나 시를 읽는 차원이 아니라 영어나 수학 같은 새로운 언어체계를 익히는 것에 견줄 수 있겠네요.

오준호　　맞습니다. 모든 언어에는 그 언어 사용자가 있지요. 프랑스어나 영어, 독일어 그리고 한국어가 있고 그것을 사용하는 사람들은 언어로 구분되지요. 마찬가지로 디지털인문학을 이해하려면 그 언어를 익혀야 하는데, 이에 익숙한 이들을 디지털 원어민(Digital Native)이라고 부릅니다. 언어를 익히지 못하면 당연히 그 학문을 알 수 없는 것과 같아요. 그래서 제가 '디지털 리터러시'를 강조한 것입니다.

김시천　　최근 들어 디지털인문학에 대한 논의가 급증하고 있는데요, 특별한 이유가 있나요?

오준호 직접적 계기는 2008년 미국의 국립인문재단에 디지털인문학사무소가 설립되었고, 매년 상당한 규모의 프로젝트 지원 사업이 전개되면서라고 할 수 있어요. 그 외에도 다양한 기관에서 지원 사업이 이어지고 있어요. 그런데 더 중요한 사실은 디지털 기술이 학자들의 연구를 질적으로 변화시켰다는 점입니다.

캐서린 헤일즈(N. Katherine Hayles)는 미국에서 디지털 기술이 인문학 연구에 미친 영향을 조사했는데요. 그 결과로 스케일, 비판·생산적 이론, 협업, 데이터베이스, 복합 학문, 그리고 향후 연구 방향 등의 항목에서 변화가 감지되었다고 했어요. 이런 것만 보아도 매우 다양하고 포괄적인 변화가 일어나고 있음을 알 수 있습니다.

김시천 디지털인문학의 두 번째 물결로 지식을 '창조하고 생성한다'라고 표현했는데요. 구체적으로 어떤 의미인가요?

오준호 본문에서는 프레즈너의 하이퍼시티스를 소개했죠. 더욱 쉽게는 위키피디아를 생각해보세요. 다양한 콘텐츠가 사용자에 의해서 자유롭게 추가될 수 있죠. 바로 그런 점을 연상하면 될 것 같아요.

김시천 위키피디아나 지식사전과 같은 것을 이야기하니 더 구체적으로 이해가 되네요.

디지털은 전혀 다른 언어를 사용하는 새로운 매체

오준호　　하지만 그보다 학문적으로 의미 있는 제안이 있어요.《디지털인문학의 이해》(2012)에서 저자는 디지털인문학의 세 번째 물결로 디지털인문학의 디지털 구성 요소들을 매체 특정성의 관점에서 바라볼 것을 요구하고 있어요.

김시천　　조금 쉽게 설명해주시겠어요?

오준호　　매체 특정성이란 추상화가들의 작품을 이론화하기 위해 클레멘트 그린버그(Clement Greenberg)가 제시한 개념입니다. 추상화가 중에는 캔버스에 붓으로 그림을 그린다는 상식을 깨고, 캔버스를 바닥에 놓고 손으로 물감을 뿌리는 방식을 도입해서 회화의 개념을 바꾼 이가 있어요. 그래서 매체 특정성 개념은 예술 매체의 물질적 토대를 탐색하여 개별 매체 고유의 형식을 만들어야 한다는 제안으로 이해되고 실천되었어요. 앞서 소개한 뉴욕 주립대학교 오그래디 교수의 미디어 교육도 이러한 개념에 바탕을 둡니다. 필름, 비디오, 컴퓨터 미디어 교육이 학생들에게 각 미디어의 토대 기술을 명확하게 이해시키고, 그 물질적 특성들을 자유롭게 실험하고 변형시킬 수 있도록 한 이론적 배경에는 매체 특정성이 자리 잡고 있다는 이야기지요.

김시천　　백남준 선생님의 비디오 아트가 떠오르네요.

오준호　디지털 매체 이전에는 사용자가 직접 보고 만질 수 있는 물질적 요소들이 분명히 있지요. 캔버스, 물감 등은 구체적인 물질이고 그 고유의 특성이 있어요. 그러나 기호로 추상화되고 형식화된 디지털은 비물질적인 특성을 갖습니다. 이 때문에 물질성과 동일하게 취급된 매체 특정성의 개념을 새롭게 해야 한다는 문제가 제기된 것이죠.

김시천　매체 특정성이라는 개념이 무엇인지 조금 이해가 되네요. 비유하자면 '인문학' 하면 책을 떠올리고, 책을 읽는다는 것이 이른바 인문학의 매체 특정성인데, 매체가 바뀌면 다른 방식도 가능하다는 의미로 들립니다.

오준호　이와 관련해 더 생각해보아야 할 문제가 있어요. 그간 매체 이론 분야는 두 가지 대응을 해왔는데, 하나는 디지털 매체의 토대 기술에 직접 접근해서 물질적 특성을 규명해내는 것이고, 다른 하나는 사용자가 일상생활에서 디지털 매체를 이용하는 경험에서 나타나는 특유의 양식, 다시 말해서 사용자 경험을 통해 물질화를 분석하는 것입니다. 이 두 가지 접근 방법은 보통 동시에 이루어지는데, 이를 통해 새롭게 등장한 연구 분야가 소프트웨어 연구(Software Studies), 비판적 코드 연구(Critical Code Studies)와 플랫폼 연구(Platform Studies)라고 할 수 있어요.

　　그림은 뉴미디어 연구가 연구 대상에 접근하는 층위를 나타냅니다. 충분히 이해되지 않더라도 간단하게 살펴봐주기 바랍니다.

문화와 콘텍스트	**수용/작동** 관객 및 독자의 반응을 연구하는 단계로 수용자 심리 분석에 기반을 둔 연구
	인터페이스 인간과 컴퓨터의 상호작용(HCI). 영화이론, 예술사, 문화이론 등 융합 연구
	형식/기능 프로그램의 핵심을 다루는 단계. 게임의 규칙, 시뮬레이션의 본질적 특성 연구
	코드/알고리즘 개별 뉴미디어 콘텐츠나 작품을 구동하는 데 필수적인 코드와 알고리즘 연구
	플랫폼 하드웨어 차원에서 접근하여 상이한 플랫폼이 야기하는 상부구조의 차이를 연구

뉴미디어 연구의 층위
(출처: Nick Montfort and Ian Bogost, Racing the Beam: The Atari Video Computer System, MIT Press, 2009, p. 146.)

이렇게 단계를 구분하고 보면 상위의 세 단계는 하위의 두 단계와 비교했을 때 상대적으로 활발하게 연구되어왔다고 할 수 있어요. 그 이유는 상위의 세 단계는 정보기술의 결과로서 시각적으로 드러나는 현상을 다루기 때문이에요. 하지만 하위 두 단계는 개별 뉴미디어 경험에서 명시적으로 드러나지 않을뿐더러 인문사회학자들이 접근하기에는 다소 난해한 기술적인 부분입니다.

달리 말해 전통적인 인문학에서는 상위 세 단계에 주목해왔는데, 디지털인문학은 하위 두 단계가 중요하다고 주장하는 것이죠. 그래서 하위 두 단계는 최근에야 연구되기 시작하여 코드·알고리즘 단계를 연구하는 분야를 소프트웨어 연구로, 플랫폼 단계를 연구하는 분야를 플랫폼 연구로 각각 명칭하고 현재 활발한 연구가 이루어지고 있어요.

기존의 인문학과 디지털인문학이 다르다면 이런 부분과 연관되기 때문이에요. 전통적 인문학자들이 디지털인문학에 포괄적으로 접근하기가 어려운 이유도 바로 여기에 있어요. 뉴미디어로서 디지털 매체의 특정성과 관련되기 때문이에요.

김시천　　왜 디지털인문학을 소개하면서 디지털 리터러시와 미디어의 변화에 얽힌 매체 특정성을 말하는지 이제 분명히 이해되네요.

오준호　　디지털은 새로운 언어입니다. 그래서 기존 인문학에서 읽고 쓰는 능력과 마찬가지로 디지털인문학에서도 알고리즘, 코드, 회로를 읽고 쓸 줄 아는 능력, 다시 말해서 디지털 리터러시와 정보 리터러시가 중요한 것이죠. 하지만 디지털인문학은 여기에서 멈추지 않습니다. 인문학에서 비판적 사고를 이야기하듯이 디지털인문학에서도 단순히 알고리즘과 코드를 읽고 쓸 줄 아는 데에 머물지 않고 비판적으로 쓰고 읽을 줄 아는 능력이 필요한 것이죠.

그런 단계에 올라서야 이공계열 학생들은 자신들이 다루는 연구 주제를 실제 인간 경험과 문화의 맥락에서 접근할 수 있고, 인문사회계열 학생들은 자신들이 비판적으로 접근하는 기술 대상을 그 토대의 문법 차원에서 이해할 수 있습니다. 그래야만 기술에 상상력을 제공하는 인문학이라는 피상적 역할을 넘어서서 인문학이 융합교육에서 구체적인 역할을 할 수 있다고 봅니다.

디지털인문학은 대학에 어떻게 적용될까?

김시천　　아무래도 일반인이나 인문학 관련 학과에 재학 중인 대학생이 궁금해하는 것은, 디지털이 인문사회과학에 어떤 변화를 일으켰는가 하는 점입니다.

오준호　　기존의 인문학이 강조하는 읽기와 해석, 비판적 시각과 글쓰기는 기본적으로 인쇄 문화의 소산입니다. 그런데 매체 환경이 근본적으로 변화했다면, 인문학 연구와 교육도 그 변화를 반영할 필요가 있습니다. 캘리포니아 대학교 샌터바버라 캠퍼스의 영문학과 앨런 리우(Alan Liu) 교수는 매체 환경의 변화를 수용하고 반영하는 연구 및 교육은 글쓰기, 읽기, 해석, 비판적 판단, 동료 평가, 가르치기라는 인문학의 전통적 영역을 각각 디지털 편집과 협업, 소셜 컴퓨팅, 데이터 마이닝과 모델링, 정보 신뢰성, 논평, 협력 개발로 대체할 필요가 있다고 주장합니다.

김시천　　용어들이 생소합니다. 좀 더 구체적으로 설명해주세요.

오준호　　디지털 편집은 글쓰기를 포함해서 이미지 편집, 디자인, 프로그래밍 등을 포함하는 개념인데 다양한 기술이 필요하므로 협업이 중요합니다. 또한 읽기에서 소셜 컴퓨팅으로의 이행이란 온라인 독서에서는 전통적 독서와 달리 텍스트의 주변부, 예를 들어 태그, 트랙백 또한 중요하기 때문에 원저자가 쓴 텍스트 외에 사용자들이 자발적으로 부여한 부가 정보가 읽기의 중요한 요소가 된다는 것을 의미합니다. 데이터 마이닝으로의 변화는 인문학에서 전통적으로 강조해온 텍스트의 해석 문제에서 샘플링, 모델링, 시뮬레이팅을 통한 패턴 이해 혹은 새로운 의미 창출로 초점을 이동할 필요가 있다는 것이지요. 비판적 판단이란 웹 2.0 환경에서 집단 지성으로 창출되는 정보가 얼마나 신뢰할 수 있는지 판단하는 문제를 의미하고요. 단행본 형태로 출간되던 논문이 온라인상으로 출판되면서 전문가인 동료 평가와 함께 독자들의 평가 또한 중요해졌음을 말합니다. 협력 개발로의 이행은 교사가 학생에게 지식을 전달하는 모델에서 교사와 학생이 실험실 방식이나 프로젝트 개발 등을 역동적으로 동원해서 지식을 창출하는 모델로 변화하는 것을 의미합니다.

김시천　　그렇다면 기존의 문학, 역사, 철학이라는 학제와는 전혀 다른 모델의 학과 설계가 필요하겠군요.

오준호　　그런 셈이지요. 그래서 리우 교수는 학부 구성과 관련해서 학과 안에 문학·문화·미디어 센터를 설립한 경험을 바탕으로 학부 단위에 정보기술을 반영하는 커리큘럼을 구성하고 연구 아젠다 등을 발전시키자고 주장했어요.

하지만 다른 견해도 있어요. 지식을 생산하는 대안적인 구성 방법으로서 다양한 학제의 연구자 네트워크를 기반으로 인쇄문화연구 학부, 음성연구 기관, 비교문학 및 미디어 센터, 문화적 매핑 학제, 문화적 분석 실험실 등으로 학제를 재편하자고 제안한 학자도 있어요.

김시천　　지금 현재 한국에서 문학, 역사, 철학을 중심으로 한 인문대학과는 성격이나 차원이 정말 다르게 들리네요. 조금 더 구체적으로 각각의 학부나 기관이 어떤 내용을 다루는지 소개해주세요.

오준호　　인쇄문화연구 학부는 인쇄물 고유의 특성과 인쇄로 인해 가능해진 문화 형식을 탐구하고, 미디어 고고학적인 관점에서 인쇄와 그 선행 매체 그리고 후속 매체 사이의 관계 등을 다뤄요. 인쇄 문화와 디지털 문화의 충돌로 발생하는 다양한 문제도 연구하지요.

음성 연구기관은 기술의 발전으로 커뮤니케이션 수단으로 그 중요성이 커진 목소리를 연구 대상으로 삼으며, 근대 이전의 수사학에서 목소리의 기능과 역할 그리고 녹음 기술의 등장으로 생성된 수많은 목소리 데이터 마이닝에 관한 연구로 구분됩니다.

비교문학 및 미디어 센터는 매체 특정적인 비교 연구 프레임에서 시각, 청각, 촉각, 몰입형 미디어 등을 연구합니다. 이 센터에서는 예술사, 문학, 음악학, 영화 등의 학제가 통합적으로 운영됩니다.

문화적 매핑 학제는 프레즈너가 수행한 하이퍼시티스 프로젝트처럼 데이터 시각화에 기반해서 지리학적 분석과 역사학적 방법론이 시각적 패턴의 생성이란 관점에서 통합적으로 만나는 분야를 말합니다.

문화적 분석론 실험실의 목적은 응용 수학이나 통계학 그리고 사회과학적 방법을 동원해서 방대하고 복잡한 사회적·문화적 데이터를 분석적으로 접근하는 것을 의미합니다.

김시천　　　그렇다면 모든 인문학부를 폐쇄하고 그런 식으로 재편하자는 것인가요?

오준호　　　그렇지는 않아요. 앞의 제안은 지금까지 살펴본 인문학 재구성에 관한 논의 중에 정보기술이 초래한 변화를 가장 적극적으로 학제에 반영하려는 시도인 것이죠. 하지만 이 제안이 모든 대학의 인문학과를 위와 같은 학제로 개편하자는 주장은 아니고 또 그럴 필요도 없어요. 하지만 과학기술에 특성화된 대학 내의 인문사회학부와 기존의 인문대학 학과들의 전문성과 독립성이 훼손되는 방식으로 통폐합 정책을 실시하고 있는 대학에서는 참고할 만한 학제 제안이라 할 수 있겠죠.

김시천　　　디지털인문학이 성격상 다분히 융합적이고 전통적인 학과 체제와 다르다는 점은 충분히 이해했습니다. 참고할 만한 대학 내부의 연구기관으로는 어떠한 것이 있나요?

오준호   대학 안에 설치된 연구 센터 중에서 메릴랜드 대학의 MITH (Maryland Institute for Technologies in the Humanities)가 디지털인문학의 연구 분야를 다양하게 포괄하고 있어요. MITH는 1999년에 설립, 미국 내에서 가장 오랜 역사를 자랑하는 디지털인문학 연구 센터인데 문화유산 수집품의 텍스트와 이미지 분석, 데이터 큐레이션, 디지털 보존, 데이터 출판 등의 분야를 연구합니다.(http://mith.umd.edu/research/current-projects/)

현재 진행 중인 연구들은 고전 텍스트를 디지털화할 뿐만 아니라 텍스트 분석에 정보기술을 활용하고, 처음부터 디지털로 생성된 자료들, 게임이나 인터랙티브 미디어, 컴퓨터 하드웨어와 소프트웨어 등을 수집 보존하여 디지털 문화 연구 기반을 구축하고 있습니다. 그리고 디지털 문화와 창의성(Digital Culture & Creativity, http://dcc.umd.edu/)이라는 간학제적 프로그램을 개설해서 학부생이 2년간 총 16학점을 수강할 수 있도록 하는데, 핵심 과목 4개를 지정해서 학생들이 미디어와 관련한 기본 이론을 습득하도록 하고 학기별로 과학기술, 디자인, 정책 등과 관련한 세미나를 운영하면서 이론과 실습을 병행하도록 하고 있어요.

김시천   데이터 큐레이션이란 무엇을 말하는 것인가요?

오준호   디지털인문학에서 데이터 큐레이션은 연구를 통해 생성된 데이터와 데이터를 생성한 방법에 대한 정보를 수집 보존함으로써 다른 연구에 재사용되도록 관리하는 것을 말합니다. 인문학 연구 대상의 재현을 데이터화함으로써 의미의 복잡한 층위는 유지된 채로 기계에 의해서 처리되고 서로 다른 시스템에서도 작동될 수 있도록 하는 것이죠.(http://guide.dhcuration.org/intro)

학제를 바꾸는 것보다 중요한 것

김시천　　　그렇다면 현재 한국의 상황에서 디지털인문학과 관련하여 어떤 이야기를 하고 싶으신가요?

오준호　　　세 가지를 말하고 싶어요. 첫 번째는 미디어 연구에서 소프트웨어나 플랫폼 등 디지털 미디어에 특정적인 대상을 주제로 삼는 최근의 연구들이 콘텐츠의 토대를 연구하는 것이기 때문에 콘텐츠의 장르적 구분을 넘어서는 이론을 제공할 수 있다는 점이에요. 현재 융합형 콘텐츠나 스마트 콘텐츠가 관심을 끌고 있는 반면에, 새로운 미디어의 특성을 기존 미디어와 비교 분석하는 연구는 상대적으로 부족한 편이에요. 이는 기본적으로 빠르게 변화하는 미디어 기술과 그에 기반한 콘텐츠 그리고 사용자의 수용과 관련된 기록이 수집 및 관리되지 않기 때문이에요. 따라서 아카이브 구축에 관한 논의와 플랫폼, 소프트웨어 등에 대한 이론적 논의가 시급하다고 봅니다.

김시천　　　매우 중요한 지적으로 보입니다. 미디어 기술의 변화에 유연하게 대응하는 이론적 논의가 필요하다는 이야기로 들리는데, 그렇다면 그러한 목적을 위해 어떤 교육적 제도나 프로그램이 필요하다고 보시는지요?

오준호　그것이 바로 두 번째에 해당하는데, 융합형 학제 편성에서 시사점을 얻을 수 있다고 생각해요. 장르별로 구분된 디지털 콘텐츠 학제나 예술과 공학 과목이 적절하게 분배된 현재의 융합 학제를 넘어서 프레즈너의 제안과 같은 학제 편성을 논의할 필요가 있습니다.

김시천　학제를 바꾸는 것만으로는 쉽지 않아 보이는데요.

오준호　그렇긴 하지요. 그래서 세 번째로 교육 방법에 대한 논의가 필요합니다. 디지털 미디어와 콘텐츠를 교육하는 학제에서도 아직 전통적인 방식의 강의가 일반적이에요. 상호작용이라는 디지털 미디어의 특성은 누구나 인정하는 바이지만 이것이 실제 교육에서 적용되는 경우는 드물어요. 대부분의 경우 콘텐츠 저작 도구의 활용이나 프로그래밍 교육이 강의식으로 전개되죠.
　디지털 리터러시와 알고리즘 리터러시에 기반한 리우 교수의 제안은 교육 내용과 방법에서 개선해야 할 부분을 제시해주는데, 미디어 리터러시 교육을 통해 인문예술과 기술교육이 분리되지 않고 강의 환경과 방법이 학생의 참여를 유도하여 참여 과정에서 융합 교육이 체득될 수 있는 방향으로 나가야 한다고 봅니다.

기성세대와 달리 요즘 세대는 어릴 때부터 디지털 환경에서 성장한 디지털 세대입니다. 기성세대는 디지털 환경이 어렵다고 느껴질 수 있지만, 새로운 세대에게는 익숙한 환경입니다. 이 벽을 허무는 것이 무엇보다 중요해요.

김시천　　오랜 시간 다양한 이야기를 들려주어 고맙습니다. 독자들에게 큰 도움이 되었을 것이라 생각합니다. ✝

우리가 꼭 알아야 할
미래 인문학 트렌드

초판 1쇄 인쇄 2016년 11월 10일
초판 2쇄 발행 2017년 1월 10일

지은이 박석준 · 박은미 · 장시복 · 강신익 · 이채훈 · 이원태 · 강경표 · 신승철 · 강명신 · 오준호
기획 · 대담 김시천
녹취 강부경
펴낸이 김종길
펴낸 곳 글담출판사
책임편집 임현주 편집 임현주 · 박성연 · 이은지 · 이경숙 · 김보라 · 안아람
디자인 정현주 · 박경은 마케팅 박용철 · 임우열 홍보 윤수연 관리 김유리
출판등록 1998년 12월 30일 제2013-000314호
주소 (04043) 서울시 마포구 양화로 12길 8-6(서교동) 대룡빌딩 4층
전화 (02)998-7030 팩스 (02)998-7924
페이스북 www.facebook.com/geuldam4u 인스타그램 geuldam

ISBN 979-11-87147-10-7 03100

책값은 뒤표지에 있습니다.
잘못된 책은 바꾸어 드립니다.

이 도서의 국립중앙도서관 출판시도서목록(CIP)은 e-CIP홈페이지(http://www.nl.go.
kr/ecip)와 국가자료공동목록시스템(http://www.nl.go.kr/kolisnet)에서 이용하실 수 있
습니다. (CIP 제어번호 : 2016024911)

255p와 256p의 이미지는 저작권자의 동의를 얻고 사용했습니다.
Eduardo Kac, Genesis, 1999. Transgenic work with artist-created bacteria, ultraviolet light, internet, video.
Dimensions variable. Collection Instituto Valenciano de Arte Moderno (IVAM), Valencia, Spain.